KB214954

모두를 위한
설교 시리즈
6

요셉과 그의 형제들

언약 공동체를 돌보시는 하나님, 창세기 37–50장 강해

세움북스는 기독교 가치관으로 교회와 성도를 건강하게 세우는 바른 책을 만들어 갑니다.

모두를 위한 설교 시리즈 06

요셉과 그의 형제들

언약 공동체를 돌보시는 하나님, 창세기 37-50장 강해

초판 1쇄 인쇄 2022년 10월 20일
초판 1쇄 발행 2022년 10월 25일

지은이 | 조약돌
펴낸이 | 강인구

펴낸곳 | 세움북스
등 록 | 제2014-000144호
주 소 | 서울시 종로구 대학로 19 한국기독교회관 1010호
전 화 | 02-3144-3500
이메일 | cdgn@daum.net

교 정 | 류성민
디자인 | 참디자인

ISBN 979-11-91715-53-8 (03230)

모두를 위한
설교 시리즈
6

The BOOK
of
GENESIS

요셉과 그의 형제들

*

언약 공동체를 돌보시는 하나님, 창세기 37-50장 강해

조약돌 지음

세움북스

추천사

말씀의 기근은 아모스 선지자가 예언한 심판의 징조입니다. "주 여호와의 말씀이니라 보라 날이 이를지라 내가 기근을 땅에 보내리니 양식이 없어 주 림이 아니며 물이 없어 갈함이 아니요 여호와의 말씀을 듣지 못한 기갈이 라"(암 8:11). 따라서 바른 설교가 사라진 교회에는 미래가 없습니다. 넉넉 한 재정과 거대한 건물이 교회의 미래를 담보하지 못합니다. 교회의 희망 은 바른 말씀을 전하는 설교자와 그 설교에 귀를 기울이는 성도들에게 있 습니다. 저는 조약돌 목사님의 『요셉과 그의 형제들』을 읽으며, 한국 교회 의 희망을 보았습니다. 성경 본문을 철저하게 주해하실 뿐만 아니라, 이해 하기 쉽게 적용해 주셨기 때문입니다. 조약돌 목사님은 본문에 충실하면서 도 적용을 빈약하게 하지 않습니다. 적용을 풍성하게 하면서도 본문 연구 에 게으르지 않습니다. 주해와 적용, 본문과 현장이 황금률을 이루고 있습 니다.

　조약돌 목사님이 설교 본문으로 택하신 창세기에는 우리에게 익숙한 인 물들이 대거 등장합니다. 아담과 노아, 아브라함과 이삭, 야곱과 에서, 요 셉과 그의 형제들을 모르는 신자들은 거의 없습니다. 심지어 주일학교 아 이들도 창세기의 등장인물에는 익숙합니다. 하지만 성경 전체의 주인공이 예수님이듯, 창세기의 진짜 주인공도 예수님입니다. 창세기가 아담을 소개하는 궁극적인 이유는 예수님을 소개하기 위해서입니다. 노아와 아브라함, 이삭과 야곱, 요셉과 그의 형제들도 마찬가지입니다. 사실 그들은 예수님을 드러내기 위한 조연에 불과합니다.

하지만 그간 예수님을 보여 주는 창세기 설교는 접하기 어려웠습니다. 복음을 보여 주는 창세기 설교는 듣기 어려웠습니다. 그러한 점에서 조약돌 목사님의 『요셉과 그의 형제들』은 창세기 설교의 진수, 복음 설교의 진수를 보여 주는 책이라 할 수 있습니다. 창세기의 진짜 주인공이 예수님임을 알려 주기 때문입니다.

조약돌 목사님의 『요셉과 그의 형제들』은 매우 쉬운 문체로 되어 있습니다. 초등학교 고학년 수준이면 충분히 읽고 이해할 수 있을 정도입니다. 그래서 저는 성도들이 이 책을 주일학교 아이들에게 먼저 읽혔으면 좋겠습니다. 그리하여 설교는 이러한 것임을 알려 주었으면 좋겠습니다. 그리고 한국 교회의 현실에 가슴 아파하는 신자들이 이 책을 읽었으면 좋겠습니다. 그러면 아직 한국 교회에는 희망이 있다는 소망을 가질 수 있을 테니까요.

_ **김태희** (부산 비전교회 담임목사, 『웨스트민스터 대요리문답 해설』 저자)

❧

구약 창세기의 마지막 내러티브는 요셉을 중심으로 펼쳐지는 야곱 자녀들의 이야기입니다. 세움북스의 "모두를 위한 설교 시리즈"의 여섯 번째 책 『요셉과 그의 형제들』은 창세기 37~50장을 강해합니다. 열일곱 살 나이에 배다른 형들의 시기와 질투로 이집트로 팔려 간 요셉, 이집트에서 구십삼 년을 살다가 일백십 세에 죽어 입관해 이집트 땅에 묻힌 요셉. 외관으로 볼 때 그는 완전 이집트인이었지만 그의 가슴과 중심에는 하나님 언약의 피가 흐르는 온전한 히브리인인 요셉입니다. 그의 파란만장한 일생을 그의 조상 아브라함과 이삭과 야곱으로 이어지는 족장 언약 라인의 빛 아래 살피는 것은 성경 신학적으로 마땅할 뿐 아니라 그래야만 합니다.

이 사실을 간파한 저자는 첫 두 장의 서론에서 요셉 내러티브를 어떻게 이해해야 할지를 높은 곳에서 내려다보는 조감도(鳥瞰圖) 형식으로 설명합니다. 즉 요셉 내러티브의 시작인 창 37:2의 "야곱의 족보(톨레도트)는 이러하니라"에 관한 설명을 비롯하여, 요셉 내러티브와 앞선 족장 내러티브들과의 연관성과 독특성을 친절하게 진술합니다. 이렇게 시작한 강해는 마지막 26번째 강론까지 일관된 필체와 세심한 해설과 시의적절한 적용과 독자들을 향한 따스한 목회적 권고가 계속됩니다. 지루할 수도 있는 연속 강해는 저자의 살아 있는 글쓰기와 적절한 인용, 질문 던지기와 대답하기 등을 통해 끝까지 완주할 수 있게 합니다. 무엇보다 교회를 염두에 둔 성경 강해서이기에 신약적 적용(그리스도와 교회)이 돋보입니다. 부제가 이 점을 포괄적으로 말해 줍니다. "언약 공동체를 돌보시는 하나님"

전체를 읽고 나니 이 책의 장르는 뭘까 하는 생각이 들었습니다. 설교이기에는 강해집 같고, 읽다 보면 강해집이라기보다는 때때로 설교 같았습니다. 강해 쪽이 강한 설교라고 불러도 될 것 같습니다. 어찌 되었든 요셉 내러티브를 다루게 될 설교자들과 신학생들에게 소중한 안내서가 되리라 믿습니다.

_ **류호준** (백석대학교 신학대학원 구약학 은퇴 교수, 『일상행전』 저자)

❧

16살에 처음 교회에 다녔던 청소년기의 저는, 요셉과 같이 꿈을 꾸라는 설교를 종종 들어 왔습니다. 내가 꿈꾸며 하나님께 기도하면, 이루어 주시리라 믿었습니다. 마흔이 다 되어 가는 지금, 과거에 꾸었던 꿈은 온데간데없고, 아무것도 이루어지지 않은 현실만 있었습니다. 열심히 살고 있는데 풀리지 않는 일들, 여전히 빈곤한 내 모습, 쳇바퀴 같은 삶…. 지쳤고, 무기력했고, 때론 모든 것이 의미 없게 느껴질 만큼 내 마음은 가난했습니다. 그러던 어느 주일, 조약돌 목사님을 통해 전혀 새로운 『요셉과 그의 형제들』에 관한 설교를 마주하게 되었습니다. 믿음을 지키려 했지만 결국에는 미움받았고, 성실했지만 모함당했고, 최선을 다했지만 끝내 외면당했던 요셉. 그의 삶이 저의 삶과 겹쳐 보였습니다. 그렇기에, 저는 바로 그곳에서 소망의 빛을 발견할 수 있었습니다. 교회로 부르시는 하나님의 손길을 느낄 수 있었습니다.

요셉과 그의 형제들의 삶의 모든 궤적은 하나님의 꿈 안에 있었고, 내 인생 또한 언약 백성으로서 그와 같다는 것을 난생처음 온 마음으로 받아들이게 되었습니다. 내 안에 깊이 박힌 죄를 기억나게 하셨고, 돌이키고 싶게 하셨습니다. 결국에는 내가 가진 모든 것이 하나님의 것임을 인정할 수밖에 없게 하셨습니다. 제 가족들도, 일도, 돈도, 미래까지도…. 그것을 인정하는 것은 '이미 자유와 쉼을 얻음'이라는 것까지도 말입니다.

혹시 과거에 들어 온 설교 때문에 '요셉과 그의 형제들'의 삶을 오해하고 있으신 분은 물론이고, 완벽주의에 빠져 내 힘으로 많은 것을 이루려 고군분투하는 인생을 살고 있거나 숨 가쁜 오늘을 살면서 인생의 의미와 방향이 퇴색되어 버린 분들이 있다면, 반드시 이 책을 읽어 보시길 추천합니다. 이 책에 담긴 설교는 요셉이라는 성경 속 인물됨의 이야기가 아닙니다. 그처럼 꿈을 꾸라는 것은 더더욱 아닙니다. 오히려 이 책을 통해 우리와 비슷한 처지의 요셉과 그의 형제들을 보면서 울고, 웃고, 위로받고 안도하며, 실재하시는 하나님의 꿈 안에 그가 있었음을, 또한 지금의 우리가 있음을 기억하길 바랍니다. 내 삶이 흑백사진에서 컬러TV로 바뀌는 신세계를 경험하실 것입니다. 언약 공동체를 신실하게 이끌어 가시는 하나님의 선하신 손길을 경험하게 될 것입니다.

_ **양혜림** (고덕장로교회 교인)

요셉 내러티브는 창세기에서 가장 많은 분량을 차지하고 있음에도 불구하고, 설교자들은 상대적으로 적은 관심을 가지고 있는 것 같습니다. 물론 요셉의 꿈 이야기는 여전히 청소년 수련회 단골 본문이기는 하지만, 본문의 의도와 달리 '비전'이라는 이름으로 교회의 청년들에게 헛된 희망을 불어넣고 있을 뿐입니다. 요셉 사건이 오늘날 하나님의 말씀으로 제대로 선포되기 위해서는 훨씬 더 깊은 연구와 묵상이 필요합니다.

조약돌 목사님의 『요셉과 그의 형제들』은 무엇보다 본문을 통해 하나님을 알게 합니다. 하나님 중심으로 설교하는 것은 설교의 가장 기본인데, 의외로 설교자가 이 기본에 충실하기가 쉽지 않습니다. 창세기 설교를 자칫 잘못하게 되면 위인전으로 전락하기가 쉽습니다. 그렇게 되면 설교는 하나님의 말씀이 아니라 인간의 처세술이 됩니다. 요셉은 분명히 훌륭한 신앙인이지만 그 이전에 왕이요, 선지자요, 제사장이었다는 것을 잊어서는 안 됩니다. 하나님은 요셉이라는 직분자를 세우셔서 전혀 하나가 될 수 없었던 12지파를 하나의 몸으로 세우셨습니다. 이 관점을 가지고 있어야 요셉에 관하여 올바르게 설교할 수 있습니다.

구약 이스라엘 백성들은 서로 싸우거나 전쟁할 때마다 요셉 이야기를 읽으면서 하나의 교회로서 유지하는 힘을 얻었을 것입니다. 이 이야기 속에 담긴 복음의 진리는 오늘날에도 곳곳에서 교회를 세우는 모든 말씀의 사역자를 통해서 전파되어야 한다고 생각합니다. 목회하다 보면 언젠가는 요셉에 관하여 시리즈로 설교할 때가 있을 것입니다. 이때 『요셉과 그의 형제들』은 설교자들에게 아주 탁월한 길잡이가 될 것이라고 확신하면서 기쁜 마음으로 추천합니다.

_ **이성호** (고려신학대학원 역사신학 교수)

머리말

꿈의 사람 요셉! 17세 소년이던 저의 심장을 고동치게 한 이름이었습니다. 형들의 등살에 밀려 조연처럼 살아가던 요셉이 하나님의 은혜로 주인공이 되고, 겨우 목숨을 건졌으나 노예로 살아가던 인생이 대제국의 총리로서 사람의 생명을 살리는 모습은 그야말로 꿈과 희망의 대명사였습니다. 대학에 입학하고 얼마 지나지 않아 한국 사회는 IMF로 요동쳤습니다. 저와 주변 사람들의 삶이 무너져 가던 그때! 한국 컨티넨탈 싱어즈의 뮤지컬 〈꿈의 사람 요셉〉은 저에게 다시 한번 희망과 위로를 주었습니다. 요셉의 삶은, 청년의 시기에 만난 국가적 재난에 대해 하나님을 의지하기보다 시대를 잘못 만난 탓으로 여기면서 한숨과 원망 속에 살았던 저의 삶을 부끄럽게 했습니다. 요셉은 고난 중에서도 하나님에 대한 신뢰와 믿음을 잃지 않고 변하지 않는 승리의 삶을 노래하고 있었기 때문입니다.

오랜 시간이 흘러, 요셉은 다시 한번 저의 마음을 두드렸습니다. 전 세계가 코로나바이러스의 재난 앞에 갈피를 잡지 못하고 신음하고 있던 2021년이었습니다. 저는 개척 3년 차에 접어들면서 개인적인 우울과 패배감에 휩싸여 있었습니다. 아무 일도 할 수 없었던 교회 외적 상황이 한없이 원망스러웠습니다. 교회 내적으로는 하나 되기 위한 어려운 싸움을 하고 있었습니다. 개척 초기부터 아브라함으로 시작된 설교는 야곱 이야기가 끝난 다음 요셉으로 나아가지 못하고 있었습니다. 그런데 하나님께서는 저의 생각과 다르게 움직이셨습니다. 하나님께서는 저의 주저함과 달리, 요셉과 그의 형제들을 통해서 전혀 예상하지 못했던 신비한 은혜로 우리 공동체와 함께해 주셨습니다. 요셉과 그의 형제들에 담긴 하나님의 메시지는 우리에게 너무나 적실하고 적당하며 적절했습니다.

요셉을 통한 하나님의 말씀이 선포될 때마다 저와 공동체는 변화되기 시작했습니다. '꿈의 요셉'이라는 관점을 넘어, 고난을 이겨 내는 '불굴의 투지의 요셉'을 지나, '요셉과 그의 형제들'의 모습을 통해 언약 공동체인 교회로서 어려움 속에 있는 우리 자신을 볼 수 있었습니다. 요셉의 인생이 우리 앞에 펼쳐질 때, 요셉이 가진 불굴의 믿음이 도드라지기보다 그의 인생을 선하게 섭리하실 뿐 아니라 언약 공동체를 돌보시는 하나님의 신실하신 은혜와 사랑이 드러났습니다. 우리는 요셉과 그의 형제들이 다투고 화해하는 과정을 보면서 나와 주변에서 일어나는 수많은 시기와 갈등과 패배를 치유받는 유일한 길은 예수 그리스도의 복음뿐임을 확신할 수 있었습니다. 우리는 요셉의 형제들과 그 주변 사람들의 죄악이 드러나고 회개하는 과정을 통과하여 선한 양심으로 나아가는 과정을 통해 우리 자신의 변화가 고통스럽다고 할지라도 그 과정에서 역사하시는 하나님의 선하신 자비로움의 달콤함을 맛보는 즐거움도 누렸습니다. 이 책을 손에 든 여러분도 저희와 마찬가지로 요셉과 형제들의 실패와 좌절, 인내와 믿음을 통해서 복음에 담긴 우리 구주 예수님을 더욱 분명하고 확실하게 맛보고 즐기신다면 더할 나위 없이 기쁠 것입니다.

제가 '요셉과 그의 형제들'을 설교하면서 가장 많은 시간을 쏟은 부분은 행간에 숨어 있는 등장인물들의 마음 상태를 들여다보는 일이었습니다. 이 작업을 위해서는 본문을 넘어서는 상상력이 필요했습니다. 요셉과 그의 형제들을 중심으로 각각의 사건 속에서 등장인물들이 느꼈을 감정과 마음의 복잡한 상태를 탐구하며 그림을 그려야 했습니다. 저는 바로 왕, 두 관원장, 보디발과 그의 아내, 동료 죄수와 노예들, 그리고 야곱과 그의 아들들의 감정이나 마음, 생각이 어떠했을까를 궁리하며 많은 시간을 보냈습니다. 이 상상력이 어떤 분에게는 무리한 해석으로 다가올지도 모르겠습니다. 어떤 부분에서는 확실하지 않은 추론과 가정이라고 생각할지 모르겠습니다. 만약 그런 부분이 있다면 모든 책임은 저에게 있습니다. 다만, 이 상상력이 오늘 우리 시대를 살아가는 저와 고덕장로교회 교우들에게는 요셉 본문의 행간에 흐르는 신앙의 숨결을 느끼는 데 도움이 되었음을 기억해 주십시오. 저는 최대한으로 무리한 성경 해석이 되지 않도록 많은 주의를 기울였고, 그 과정에서 교회 역사의 선배들의 도움을 많이 받았습니다.

가장 많이 참고한 책은 저의 신학 함과 목회 함의 스승이신 이성호 교수님의 『창세기 강해』와 엘런 로스의 『창조와 축복』, 제임스 몽고메리 보이스의 『믿음의 삶』, 그리고 Don Anderson의 *Joseph: Fruitful in Affliction*과 John G. Butler의 *Joseph: The Patriarch of Character*, vol.1(Bible Biography Series), 그리고 Derek R. Brown의 *Joseph: Understanding God's Purpose*입니다. 그 밖의 다양한 주석들을 참고했습니다.

제가 '요셉과 그의 형제들'을 설교하고, 강단에서 선포할 수 있었던 것은 너무나 열악한 환경임에도 부족하고 연약한 목사의 설교를 하나님의 말씀으로 받아 누리는 사랑하며 존경하는 고덕장로교회 교우들이 있었기 때문입니다. 작고 무명한 자의 설교임에도 불구하고 책으로 엮도록 밝은 미소로 도전과 용기를 주신 강인구 대표님께 감사드립니다. 필자의 거친 표현과 투박한 글을 책으로 읽을 수 있도록 다듬는 데 큰 수고를 아끼지 않은 류성민 형제님께도 감사드립니다. 그리고 아들을 위해 평생 헌신과 수고를 마다하지 않을 뿐 아니라 기도로 동역하는 사랑하는 부모님, 장인 장모님 감사합니다. 무엇보다 모든 희생을 기쁨으로 감당하는 사랑하는 아내 송미나와 '아빠'라는 아름다운 이름을 하루에도 수십 번 따뜻하게 불러 주는 딸 가온, 하온, 그리고 아들 온에게 감사의 마음을 전합니다.

2022년 10월의 어느 날
고덕장로교회당에서
조약돌

Contents
목차

❧

01 서론-1: 야곱의 족보는 이러하니라

창 37:1-2

야곱이 가나안 땅 곧 그의 아버지가 거류하던 땅에 거주하였으니 야곱의 족보
는 이러하니라 요셉이 십칠 세의 소년으로서 그의 형들과 함께 양을 칠 때에 그
의 아버지의 아내들 빌하와 실바의 아들들과 더불어 함께 있었더니 그가 그들
의 잘못을 아버지에게 말하더라(1-2절)

요셉의 이야기인가? 야곱의 이야기인가?

족장들의 이야기는 '톨레도트'(Toledot)라는 독특한 구조를 가지
고 있습니다. 톨레도트는 '약전', '족보', '기사'들로 번역되는 용어
입니다. 아브라함의 톨레도트는 창세기 11장 27절에 "데라의 족보
는 이러하니라"로 시작되고, 야곱의 톨레도트는 25장 19절에 "아
브라함의 아들 이삭의 족보는 이러하니라"로 시작됩니다. 그래서
본문 2절에서도 "야곱의 족보는 이러하니라"로 시작하는데 여기서
이상한 점이 발견됩니다. 우리가 살펴볼 내용은 요셉 이야기인데,
'왜 야곱의 족보로 시작하는가?' 하는 것입니다. 그것은 다른 족장
의 기록과 달리 요셉의 기록에서 야곱의 역할이 두드러지기 때문
입니다.

요셉 이야기에서 요셉의 형제들을 포함하여 야곱과 관련되지

않은 기록은 39장의 보디발의 아내의 유혹을 뿌리친 장면뿐입니다. 40-41장에서도 요셉만 등장하는 것으로 보이지만 자세히 보시면 야곱과 관련된 본문입니다. 41장 51절에 요셉의 첫째 아들의 이름을 므낫세라고 하고 나서 "하나님이 내게 내 모든 고난과 내 아버지의 온 집 일을 잊어버리게 하셨다"고 함으로써 아버지와 연관시키는 것을 확인할 수 있습니다. 또한, 57절에 "각국 백성도 양식을 사려고 애굽으로 들어와 요셉에게 이르렀으니 기근이 온 세상에 심함이었더라"고 하신 말씀을 통해, 성경은 아버지 야곱과 아들들의 등장을 예고합니다.

요셉과 그의 형제들에 관한 이야기

요셉의 이야기가 야곱의 이야기 속에 포함되었다는 것은 이것이 다만 요셉 한 사람의 이야기가 아니라는 의미입니다. 1-2절의 말씀처럼 "야곱이 가나안 땅 곧 그의 아버지(이삭)가 거류하던 땅에 거주하였으니 야곱의 족보가 이러하니라"를 통하여 성경은 앞으로 하나님께서 선택하신 아브라함의 가문을 통해 이루실 하나님의 구원 역사를 보여 줍니다. 즉 아브라함을 통해 약속을 주시고, 아브라함의 아들 이삭을 통해 에서가 아닌 야곱에게 약속이 전달되게 하시며, 다시 야곱의 열두 아들들을 통해 그 약속이 실현되는 과정을 보여 주고 있는 것입니다.

또한, 37-50장 요셉의 이야기에 등장하는 르우벤과 유다가 굉장히 독특한 역할을 맡습니다. 나중에 유다는 44장 18-34절에서 요셉이 몰래 숨긴 베냐민의 은잔과 관련하여 꽤 많은 분량으로 등장하고, 논란이 많은 민망한 내용을 담은 38장이 야곱의 아들들 가운데 유다가 차지하는 지위를 설명하는 중요한 역할을 하게 됩니다. 그리고 49장에 이르면 야곱의 열두 아들 목록과 각 아들의 축복 이야기가 야곱의 톨레도트의 마지막을 장식하는 의미도 알게 됩니다.

따라서 요셉을 중심으로 한 형제들의 이야기는 하나님의 신실하신 약속의 실현이 어떤 방식으로 이루어지는가를 확인시켜 줍니다. 아브라함과 이삭과 야곱에게 하신 하나님의 영원한 언약의 역사라는 것이 분명하게 드러납니다. 이런 면에서 요셉의 이야기는 요셉이 주인공이라기보다 요셉을 중심으로 한 열두 형제를 통해서 이스라엘을 이루시는 하나님의 놀라운 구원 역사입니다. 우리는 요셉과 그의 형제들에 관한 이야기, 즉 하나님께서 요셉을 먼저 애굽에 보내시고 야곱과 모든 가족이 애굽에 내려갔다가 다시 약속의 땅으로 돌아오는 과정을 통해, 하나님께서 세우시는 하나님 나라와 교회 됨의 참된 의미와 언약 공동체를 돌보시는 하나님에 관하여 세세히 보게 될 것입니다. 이 첫걸음을 요셉이 담당하게 됩니다. 창세기 36장까지 아브라함과 이삭과 야곱이 중심이 되어 족장들의 의미를 설명해 주었다면, 이제는 요셉을 통해 이스라엘 민족을, 교회를 돌보시고 세우시는 하나님의 일하심을 보게 될 것입니다.

요셉 이야기의 특징: 족장들과의 연관성과 독특성

다른 족장 이야기와의 5가지 연관성

요셉과 그의 형들에 관한 이야기를 구체적으로 살펴보기에 앞서, 아브라함과 이삭과 야곱에게 주신 하나님의 언약이 요셉과 그의 형제들에게는 어떤 방식으로 재확인되어 가는지 보도록 하겠습니다. 다섯 가지 측면에서의 언약을 말할 수 있습니다.

첫 번째, 큰 민족을 이루게 하신다는 약속입니다(창 12:2-3; 13:16; 17:4-5; 18:18; 22:17). 아브라함을 선택하여 큰 민족을 이루게 하시는 하나님의 약속이 요셉과 그의 형제들에게는 특별한 방식으로 나타납니다.

> 당신들이 나를 이곳에 팔았다고 해서 근심하지 마소서 한탄하지 마소서 하나님 생명을 구원하시려고 나를 당신들보다 먼저 보내셨나이다 _ 창 45:5

하나님은 세계적으로 위협이었던 7년간의 흉년 때, 언약 백성을 보호하시기 위해 요셉을 사용하십니다. 그래서 결국 출애굽기 1장 7절에 이르러 "이스라엘 자손은 생육하고 불어나 번성하고 매우 강하여 온 땅에 가득하게 되었더라"라고 해서 하나님의 약속이 실현됨을 볼 수 있습니다.

두 번째, 아브라함의 약속의 자녀가 이방의 객이 되고, 400년이 흐른 후에 큰 민족을 이루게 될 것이라는 약속입니다(창 15:13-16). 야곱의 가족이 애굽에 내려가게 된 직접적인 원인은 기근이었습니다. 그러나 그것은 하나님의 명령이었습니다.

하나님이 이르시되 나는 하나님이라 네 아버지의 하나님이니 애굽으로 내려가기를 두려워하지 말라 내가 거기서 너로 큰 민족을 이루게 하리라 내가 너와 함께 애굽으로 내려가겠고 반드시 너를 인도하여 다시 올라올 것이며 _ 창 46:3-4

야곱 가족의 애굽행은 애굽에서 객이 되는 것이었습니다.

당신들은 이르기를 주의 종들은 어렸을 때부터 지금까지 목축하는 자들이온데 우리와 우리 선조가 다 그러하니이다 하소서 애굽 사람은 다 목축을 가증이 여기나니 당신들이 고센 땅에 살게 되리이다 _ 창 46:34

이는 야곱의 온 가족이 애굽으로 이주하여 애굽 사람들과 구별되어 살도록 하신 결과, 이스라엘 민족만의 삶의 독특성은 유지하지만, 생육하고 번성함으로 인해 애굽 사람들이 싫어하는 결과를 가져옴을 암시합니다.

세 번째, 하나님의 언약은 영원한 언약이며 가나안 땅을 영원한 기업으로 주시겠다는 약속입니다(창 17:7-8). 야곱은 애굽에 내려가기 전에, 삼촌 라반의 집으로 갔다가, 결국에는 "가나안 땅 그의 아버지가 거류하던 땅에 거주했"습니다(창 37:1). 긴 시간 돌고 돌았지만 약속의 땅에 들어왔습니다. 그런데 야곱의 가족은 거기에 계속 거주하는 것이 아니라 총리가 된 요셉을 따라서 애굽으로 이민을 갑니다. 그때 하나님은 야곱의 가족이 애굽으로 내려가도 반드시 돌아오게 할 것을 야곱의 마지막 유언을 통해서 약속하셨습니다. 47장 29절입니다.

> 이스라엘이 죽을 날이 가까우매 그의 아들 요셉을 불러 그에게 이르되 이제 내가 네게 은혜를 입었거든 청하노니 네 손을 내 허벅지 아래에 넣고 인애와 성실함으로 내게 행하여 애굽에 나를 장사하지 아니하도록 하라 _ 창 47:29

그러면서 30절 "내가 조상들과 함께 눕거든 너는 나를 애굽에서 메어다가 조상의 묘지에 장사하라"고 하는데, 묘지는 막벨라 굴을 말합니다. 그리고 50장 13절에서 이렇게 말합니다.

> 그를 가나안 땅으로 메어다가 마므레 앞 막벨라 밭 굴에 장사하였으니 이는 아브라함이 헷 족속 에브론에게 밭과 함께 사서 매장지를 삼은 곳이더라 _ 창 50:13

또한 요셉도 야곱과 같은 유언을 합니다.

요셉이 그의 형제들에게 이르되 나는 죽을 것이나 하나님이 당신들을 돌보시고 당신들을 이 땅에서 인도하여 내사 아브라함과 이삭과 야곱에게 맹세하신 땅에 이르게 하시리라 _ 창 50:24

네 번째, 하나님께서 아브라함의 자손인 언약 백성을 택하신 이유는, 여호와의 도를 지켜 의와 공도를 행하게 하려고 하신 것입니다(창 18:19). 선과 악의 주제가 뚜렷하게 반복됩니다. 무엇이 선과 악의 기준일까요? 여호와를 경외하는 것입니다. 이는 하나님의 말씀의 주 내용입니다.

야곱의 아들인 요셉의 형들 중에서 특별히, 38장의 유다의 행위는 요셉의 행동과 뚜렷하게 구분됩니다. 요셉은 자신이 어떤 부르심을 받았는지 확실히 알고 있었습니다. 50장 20절에서 하나님께서는 요셉을 선택하시고 부르신 이유가 "당신들은 나를 해하려 하였으나 하나님은 그것을 선으로 바꾸사 오늘과 같이 많은 백성의 생명을 구원하게 하시려" 하셨다고 합니다. 마찬가지로 하나님께서 이스라엘 민족을 택하시고 교회로 부르신 이유를 이스라엘 백성에게 출애굽기 19장 5-6절에서 다시 확증하여 보여 줍니다.

세계가 다 내게 속하였나니 너희가 내 말을 잘 듣고 내 언약을 지키면 너희는 모든 민족 중에서 내 소유가 되겠고 너희가 내게 대하여 제사장 나라가 되며 거룩한 백성이 되리라 _ 출 19:5-6

다섯 번째, 땅의 모든 민족은 너로 인해 복을 받을 것이라는 약속입니다(창 12:3; 18:18; 22:18). 요셉 시대에 들이닥친 기근과 기근의 해결을 위한 요셉의 지혜와 성품은 요셉 가정인 언약 백성에게만 해당되는 일이 아닙니다. 창세기 41장 56-57절을 보시면 "온 지면에 기근이 있으매 요셉이 모든 창고를 열고 애굽 백성에게 팔새 애굽 땅에 기근이 심하며 각국 백성도 양식을 사려고 애굽으로 들어와 요셉에게 이르렀으니 기근이 온 세상에 심함이었더라"라고 합니다. 이 지구적 어려움에 하나님께서 함께하시고, 지혜와 총명이 있으며 하나님의 영에 사로잡힌 요셉이 세상의 구원자 역할을 하는 것을 보여 줍니다. 하나님께서는 언약 백성을 통해 세상에 참된 복음의 진리인 기쁨과 평강과 복을 전달해 주고자 하셨습니다.

다른 족장과의 다른 독특성

요셉이 야곱의 이야기 내에 위치하면서, 하나님이 족장들에게 주신 약속과 연관성 속에서 확대되고 실천되었습니다. 동시에 요셉은 다른 족장들과 다른 독특한 차이점을 보여 줍니다.

첫 번째, 세 번의 꿈과 그것의 차이입니다. 다른 족장들과 달리 요셉에게 있어서 세 번의 꿈은 큰 역할을 합니다. 곡식단과 해달별의 꿈으로 인해 애굽으로 팔려 가고, 술과 떡 관원장의 꿈 해석 때문에 풀려날 수 있게 되며, 바로의 꿈을 해석함으로 자기 백성과 온 세상의 구원자가 됩니다. 반면에 아브라함과 야곱에게도 꿈이 독특한 역할을 하지만 요셉의 꿈과는 달리 극적인 반전이 없습니다. 아브라함과 야곱의 꿈은 하나님께서 주신 계시의 수단이요, 장면의 전환이나 약속의 재확인 정도로 사용될 뿐입니다. 예를 들면 야곱이 28장에서 벧엘에서의 꿈은 약속의 확인과 확신 보호에 대한 강조입니다.

두 번째, 요셉 형제들의 거듭된 애굽 방문입니다. 다른 족장의 경우, 어떤 곳에 갔다가 문제가 생기면 다시 가지 않습니다. 예를 들면, 이삭의 경우 자기를 시기하여 우물을 자꾸 메워 버리는 블레셋 사람들로부터 장소를 옮기는 것을 볼 수 있습니다. 야곱도 지긋지긋한 삼촌 집을 떠납니다. 다시는 쳐다보고 싶지도 않은 곳입니다. 그런데 요셉의 형제들은 애굽에서 첩자로 의심을 받아 3일 동안 갇혀 있다가 풀려났으나 43장을 보면 다시 이집트로 재차 방문하는 것을 볼 수 있습니다. 그리고 나중에는 애굽으로 완전히 이주하여 정착하게 됩니다.

세 번째, '구덩이' 혹은 '옷'이라는 거짓 증거로 인한 감옥 안에서의 두 가지 이야기입니다. 요셉의 이야기에서 옷은 결정적인 역할을 합니다. 요셉은 옷 때문에 구덩이라는 감옥에 한 번, 보디발의 아내에 의해 두 번 감옥에 갇힙니다.

> 그 여인이 그의 옷을 잡고 이르되 나와 동침하자 그러나 요셉이 자기의 옷을 그 여인의 손에 버려두고 밖으로 나가매 _ 창 39:12

하지만 총리가 되는 장면, 형들과 화해하는 장면에서 옷은 큰 역할을 하게 됨을 확인할 수 있습니다.

언약의 신실하신 하나님

이렇게 하나님께서는 요셉과 그의 형제들에 관한 이야기를 풀어 가면서 놀라운 하나님의 계획을 보여 주십니다. 언약에 신실하신 하나님께서는 요셉과 11명의 형제들, 곧 야곱의 아들들을 통해서 언약 백성인 교회를 보호하시고 이끄신 능력을 보여 주십니다. 요셉과 그의 형제들의 모습을 통해서 우리를 부르신 이유가 우리의 어떠함을 보시고 부르시는 것이 아니라, 우리의 연약함과 실수와 거짓을 보시면서도 인내하심으로 부르시고 모으셨다는 것입니다. 우리를 사랑하사 자기 몸을 버리시고 우리를 부르신 것입니다. 우리를 부르신 하나님은 우리를 끝까지 보호하십니다. 우리를 통해 만국 천하 백성들이 복을 받도록 쓰십니다. 이 놀라운 일이 요셉의 일생을 통해 드라마로 펼쳐집니다.

그래서 우리는 요셉과 그의 형제들의 모습을 통해 하나님의 놀라운 계획을 찬양하며 감사하게 될 것입니다. 우리의 작은 머리로 헤아리기 어려운 하나님의 놀라운 지혜를 탄복하게 될 것입니다.

> 깊도다 하나님의 지혜와 지식의 풍성함이여, 그의 판단은 헤아리지 못할 것이며 그의 길은 찾지 못할 것이로다 _ 롬 11:33

그러면서 "누가 주의 마음을 알 수 있을까?"라고 합니다. 그리고 로마서 11장 28절에서는 이렇게 말했습니다.

복음으로는 하면 그들이 너희로 말미암아 원수 된 자요 택하심으로
하면 조상들로 말미암아 사랑을 입은 자라 _ 롬 11:28

어떻게 이런 일이 일어났을까요? 이유는 하나입니다. 하나님의
언약 가운데 신실하게 베푸신 사랑 때문입니다. 로마서 11장 25절
에서 말씀하신 것처럼, "형제들아 너희가 스스로 지혜 있다 하면서
이 신비를 너희가 모르기를 내가 원하지 아니하노니 이 신비는 이
방인의 충만한 수가 들어오기까지" 하신 일입니다. 이 놀랍고 신
비한 일을 앞으로 우리가 이 족장들의 약속을 통해서, 요셉을 통해
서, 하나님의 교회의 영광을 통해서 보게 되기를 바랍니다.

02 서론-2: 나는 하나님을 경외하노니
창 42:18

사흘 만에 요셉이 그들에게 이르되 나는 하나님을 경외하노니 너희는 이같이
하여 생명을 보전하라(18절)

요셉과 그의 형제들 이야기의 특징

요셉과 그의 형제들에 관한 이야기는 아브라함과 이삭과 야곱
에게 약속하시고 실천하시는 하나님의 언약에 관한 내용입니다.
이야기의 주인공은 요셉 한 명이 아니라 야곱의 아들들인 요셉과
그 형제들, 모두입니다. 그럼에도 요셉에게는 분명히 독특한 점이
있습니다. 하나님의 신실하신 약속의 실현이 요셉을 통해서 이스
라엘을, 교회를 이루시는 역사를 보여 주기 때문입니다.

그러므로 우리는 요셉과 그의 형제들을 본격적으로 살피기 전
에, 요셉이 어떤 면에서 독특한 점이 있는지를 개괄적으로 살필 것
입니다. 하나님께서 요셉의 삶을 통해 어떤 방식으로 우리를 부르
시고, 어떤 방식으로 부르신 그들을 교회로 모이게 하시고 보전하
시는지를 보도록 하겠습니다.

요셉의 인물됨

야곱의 아들 중에서 요셉은 특별합니다. 요셉의 성격, 성품, 성장 과정, 문제를 해결하는 능력 등이 어우러져 요셉이라는 한 사람이 되었고, 그를 통해 많은 사람이 영향을 받기 때문입니다. 우리도 마찬가지입니다. 혼자서는 아무런 일도 하지 못합니다. 나라는 사람을 통해서 많은 사람, 가족들, 친구들, 직장 동료들에게 다양한 영향력을 행사하면서 살아갑니다. 그러므로 한 사람의 인물됨을 살펴보는 것은 굉장한 유익이 됩니다.

그렇다면 요셉은 어떤 사람이라고 한마디로 말할 수 있을까요? 제목과 같이 그는 '하나님을 경외하는 사람'입니다. 요셉의 독특성을 살피는 이유가 여기에 있습니다. 요셉의 인물됨의 특성은 불굴의 의지도, 굳건한 결기도, 모든 상황을 긍정적으로 만들어가는 재능도 아닙니다. 요셉은 하나님을 경외함으로써 하나님 앞에서 살아가는 인생의 모습을 보여 줍니다. 여기서 우리는 요셉을 보면서 인간의 참 형상으로서의 그리스도를 발견할 수 있습니다. 요셉은 직분자로서 대제사장이시요, 참 선지자이시며, 진정한 왕이신 그리스도를 모형으로 하고 있습니다. 하나님께서는 요셉을 통해서 우리가 그리스도를 바라보고 그리스도를 통해 하나님의 사람이 되기를 바라십니다. (앞으로 다룰 내용은 이 부분을 염두에 두고 보시길 부탁드립니다.) 요셉의 성품을 4가지로 요약할 수 있습니다.

요셉의 성품 네 가지

의로움

요셉은 의로운 자였습니다. 여기서 요셉이 의로웠다는 것은 죄가 없는 정결한 자였다는 뜻이 아닙니다. 하나님 앞에 뜻을 세우고 그것을 추구하는 자였다는 말입니다. 즉, 하나님을 경외하는 자가 의로운 자임을 보여 줍니다. 하나님께서는 요셉의 인생에 있어서 의로움을 보여 주는 대표적인 사건으로 보디발의 아내의 유혹을 뿌리치는 장면을 말씀하십니다. 하나님께서는 왜 이 사건을 통해서 요셉의 의로움을 보여 주려고 하신 것일까요? 잠언 6장 24-29절을 보겠습니다.

이것이 너를 지켜 악한 여인에게, 이방 여인의 혀로 호리는 말에 빠지지 않게 하리라 네 마음에 그의 아름다움을 탐하지 말며 그 눈꺼풀에 홀리지 말라 음녀로 말미암아 사람이 한 조각 떡만 남게 됨이며 음란한 여인은 귀한 생명을 사냥함이니라 사람이 불을 품에 품고서야 어찌 그의 옷이 타지 아니하겠으며 사람이 숯불을 밟고서야 어찌 그의 발이 데지 아니하겠느냐 남의 아내와 통간하는 자도 이와 같을 것이라 그를 만지는 자마다 벌을 면하지 못하리라 _ 잠 6:24-29

이 말씀은 하나님을 경외하는 자가 어떤 태도로 살아야 하는지를 보여 줍니다. 즉, 하나님을 경외하는 자는 상대방, 특별히 유혹하는 자의 달콤한 말, 아름다운 외모, 홀리는 눈빛에 속지 말라는 교훈입니다. 좋은 말과 좋게 보이는 모든 것이 다 좋은 것이 아니라, 나의 경건을 왜곡시킬 수도 있다는 경고입니다. 불을 가슴에 품으면 타버리고, 불을 밟으면 데입니다. 불은 몸에 상처를 남겨 자국이 된다는 것을 잊지 말라고 합니다. 언약 백성은 하나님을 경외하는 사람이어야 하기에 하나님께서 금하신 간음에는 분명히 벌이 있음을 기억해야 합니다. 하나님께서 금하신 모든 일에 의로움을 나타낸 요셉의 삶은 우리의 삶을 안내합니다.

지혜로움

요셉은 지혜로웠습니다. 하나님께서 알려 주신 대로 바로의 꿈을 해석하면서 드러난 그의 지혜로운 조언을 보십시오. 41장 33절에 요셉은 바로에게 "이제 바로께서는 명철하고 지혜 있는 사람을 택하여 애굽 땅을 다스리시게 하시"라고 조언합니다. 그러자 바로는 38-39절에서 "그의 신하들에게 이르되 이처럼 하나님의 영에 감동된 사람을 우리가 어찌 찾을 수 있으리요 하고 요셉에게 이르되 하나님이 이 모든 것을 네게 보이셨으니 너와 같이 명철하고 지혜 있는 자가 없도다"라고 합니다(잠 16:13, 21 참고).

바로가 요셉에게 말하던 시점은 요셉이 이방인이요 강간 미수범으로 감옥에 갇혀 있는 시점입니다. 바로가 이렇게까지 말할 이유가 없습니다. 그런데 바로가 요셉에게 이렇게까지 특별하게 말한 이유는 무엇입니까? 잠언 16장 13절에 따르면 "의로운 입술은 왕들이 기뻐하는 것이요 정직하게 말하는 자는 그들의 사랑을 입느니라"라고 했기 때문입니다. 그리고…

마음이 지혜로운 자는 명철하다 일컬음을 받고 입이 선한 자는 남의
학식을 더하게 하느니라 _ 잠 16:21

하나님을 경외하는 그의 지혜로움이 명철함으로 나타난 것이라
고, 달리 말할 수 없습니다.

오래 참음

요셉은 인내의 사람이었습니다. 우리가 만약 요셉이라면 요셉
이 당했던 일들을 어떻게 받아들일 수 있을까요? 요셉은 어떤 일
에도 인내하며 버티는 사람이라는 말일까요? 아닙니다. 우리가 흔
히 쓰는 오래 참음과 다릅니다. 요셉이 가진 오래 참음의 특징은
풍요로울 때 준비하는 일을 부지런히 함으로써 나타나는 오래 참
음입니다. 사람들은 대개 자기가 잘나갈 때, 풍요로울 때 오래 참
지 못합니다. 오히려 없을 때, 부족할 때, 어려울 때 오래 참습니
다. 하나님을 경외하는 자의 오래 참음은 다릅니다. 잠언 21장 5절
은 다음과 같이 말합니다.

부지런한 자의 경영은 풍부함에 이를 것이나 조급한 자는 궁핍함에
이를 따름이니라 _ 잠 21:5

요셉은 7년간 풍년의 시기에 그 풍부함을 흥청망청 즐기지 않
고, 오래 참음으로 궁핍함을 대비했습니다. 형들이 그를 찾아왔을
때 바로 복수하지 않고 오래 참음으로 그들과 화해의 길에 들어섰

습니다. 술 맡은 자와 떡 굽는 자들이 그를 잊었을 때에도 조급해하지 않고 무려 2년이나 오래 참음으로 기다렸습니다. 하나님을 경외하는 오래 참음은 절대 길지 않기 때문입니다.

당당함

요셉은 어떤 상황에서도 당당했습니다. 누구나 삶을 살다 보면, 어깨가 움츠러들고 걸음걸이가 활기차지 못하여 쪼그라드는 것처럼 느낄 때가 있습니다. 마치 빙판길을 걸어가는 사람처럼 불안과 긴장으로 소심해지곤 합니다. 문제는 이런 소심한 모습이 빙판길에서만 아니라 모든 일에서 나타날 때입니다. 요셉은 항상 당당했습니다. 특별히 형들을 만났을 때도 기죽지 않고 당당했습니다. 죄가 없고 당당했기에 형들을 피하지도 않고, 그렇다고 복수하지도 않았습니다. 요셉이 인생에서 당당한 이유는 하나님을 경외하는 자였기 때문입니다. 잠언 20장 22절을 봅시다.

너는 악을 갚겠다고 말하지 말고 영화를 기다리라 그가 너를 구원하시리라 _ 잠 20:22

잠언 24장 29절도 마찬가지입니다.

너는 그가 내게 행함같이 나도 그에게 행하여 그가 행한 대로 그 사람에게 갚겠다고 말하지 말지니라 _ 잠 24:29

당당한 자는 그와 같이 어리석게 행하지 않습니다. 하나님을 경외하는 자는 당당합니다.

하나님을 경외함

요셉이 삶 속에서 의롭고 지혜로우며 오래 참고 당당한 이유는 사람보다 하나님을 사랑하여 경외했기 때문입니다. 잠언 1장 7절은 말합니다.

여호와를 경외하는 것이 그의 지식의 근본이거늘 미련한 자는 지혜와 훈계를 멸시하느니라 _ 잠 1:7

잠언 2장 5-9절도 마찬가지입니다.

여호와 경외하기를 깨달으며 하나님을 알게 되리니 대저 여호와는 지혜를 주시며 지식과 명철을 그 입에서 내심이며 그는 정직한 자를 위하여 완전한 지혜를 예비하시며 행실이 온전한 자에게 방패가 되시나니 대저 그는 정의의 길을 보호하시며 그의 성도들의 길을 보전하려 하심이라 그런즉 네가 공의와 정의와 정직 곧 모든 선한 길을 깨달을 것이라 _ 잠 2:5-9

요셉의 삶은 하나님의 가르침에 순종하는 삶으로서의 지혜가 무엇인지가 강조되고 있음을 알 수 있습니다.[1] 창세기 39장 3절을

---

1 R. E. Longacre, "Joseph", ed. T. Desmond Alexander and David W. Baker, *Dictionary of the*

봅시다.

> 그의 주인이 여호와께서 그와 함께하심을 보며 또 여호와께서 그의
> 범사에 형통하게 하심을 보았더라 _ 창 39:3

그의 주인인 보디발이 무엇을 봤을까요? 그의 경건을 봤습니다. 하나님을 예배하는 모습을 본 것입니다. 그런 그와 함께하시는 하나님이 보일 수밖에 없습니다. 41장 15-16절에서도 마찬가지입니다.

> 바로가 요셉에게 이르되 내가 한 꿈을 꾸었으나 그것을 해석하는 자
> 가 없더니 들은즉 너는 꿈을 들으면 능히 푼다 하더라 요셉이 바로에
> 게 대답하여 이르되 내가 아니라 하나님께서 바로에게 편안하게(만
> 족스럽게) 대답을 하시리이다 _ 창 41:15-16

하나님을 경외하기에 죄를 멀리한 것입니다. 요셉은 아버지 야곱, 증조할아버지 아브라함과는 사뭇 다릅니다. 창세기에서 유일하게 죄로부터 도망친 사람입니다.[2] 죄악의 길은 사람에게 해를 가하여 피해를 줍니다. 하지만 하나님을 경외하는 자의 길은 하나님을 향한 자기 인식이기 때문에 다른 사람에게 유익이 됩니다. 요셉

Old Testament: Pentateuch (Downers Grove, IL: InterVarsity Press, 2003), 475 - 476.

2 V. P. Hamilton, "Joseph," in New Dictionary of Biblical Theology, ed. T. Desmond Alexander and Brian S. Rosner, electronic ed. (Downers Grove, IL: InterVarsity Press, 2000), 606 - 607.

은 다음과 같이 말합니다.

> 그런즉 내가 어찌 이 큰 악을 행하여 하나님께 죄를 지으리이까 _ 창
> 39:9

악을 행하는 것은 사람에게 피해를 주기 이전에 하나님께 죄를 짓는 것이라는 사실을 잊지 마십시오. 그렇다고 요셉이 완전무결한 사람이라는 뜻은 아닙니다. 무엇보다 요셉이 죄악을 저지를 상황에서 죄를 어떻게 바라보고 인식했는지가 중요합니다.

원형과 교훈

요셉은 또한 하나님을 경외하는 신자의 원형과 교훈의 역할도 합니다. 원형의 역할, 즉 하나님 앞에서 신자는 경건한 삶을 위해 일생을 통해서 시험받고 훈련받아야 함을 보여 줍니다. 이것은 마치, 요셉의 고난과 속박이 약속에 합당한지 알아보기 위한 하나님의 시험이었던 것처럼, 이스라엘 민족들의 속박은 훈련의 수단이자 미래의 책임에 대한 준비였던 것입니다. 또한 요셉은 교훈의 역할도 합니다. 모세를 통해서 요셉의 이야기를 들었던 언약 백성인 이스라엘 백성은 비록 현재, 노예 신분임에도 불구하고 주인인 애굽의 신보다 능력이 많고, 실제적 경제를 다스리고, 모든 지혜를 능가하는 하나님의 백성이었습니다. 그러므로 하나님을 경외하는 경건한 자에게 그가 있는 그곳에서, 그가 함께한 사람들에게, 그가

있는 그 시점에 복을 주신다는 확신을 주었습니다.

예수님 묘사

요셉은 야곱의 장자가 아님에도 불구하고 독특한 역할을 하고 있습니다. 그래서 교회사에서 수많은 성경 해석자들은 요셉을 예수님의 모형으로 해석해 왔습니다. 초대 교부 암브로시우스(Ambrosius, 340-397)의 경우『요셉에 관하여』라는 책에서 요셉의 꿈에서 일어선 단과 절하는 단이 예수님의 부활과 열한 제자를 계시한 것으로 설명합니다. 또한 요셉이 형제들을 찾아 나선 일, 거부한 일, 옷을 벗긴 일, 이스마엘에게 판 일, 염소 피를 묻힌 일, 이어지는 감옥살이, 굶주린 자들에게 음식을 예비한 일, 형제들을 용서한 일, 고센의 아버지와 형제들을 지킨 일, 그리고 요셉이 예언자로서 지파를 축복한 일 등은 그리스도와 그리스도의 교회를 향한 사역을 보여 준다고 이야기합니다. 이처럼 요셉은 유다를 통해 오실 그리스도가 어떤 분인지를 우리에게 잘 보여 줍니다.

그런데 이상한 점은 예수님은 요셉 지파가 아닌 유다 지파를 통해서 오셨다는 사실입니다. 요셉의 두 아들인 므낫세와 에브라임의 혈통으로 오시지 않았습니다. 그런데 왜 예수 그리스도의 모형이라는 말일까요? 요셉을 통해서 미래의 왕이 되실 그리스도를 보여 주기 때문입니다. 아브라함을 통해 주신 약속이 거절과 저주와 고통의 삶을 역전시켜서 마침내 성취되는 것을 보여 줍니다. 하나님께서는 모든 것이 불리해 보이는 상황에서도 하나님을 경외하는 자를 들어 쓰시는 놀라운 일을 보여 주십니다. 하지만 요셉이 아닌 유다를 통해 오신 것은 로마서 9장 15절에서 "모세에게 이르시되 내가 긍휼히 여길 자를 긍휼히 여기고 불쌍히 여길 자를 불쌍히 여기리라" 하신 것을 잘 보여 줍니다. 앞으로 계속해서 살펴보겠지만, 요셉과 그의 형제들 가운데 유다의 이야기는 분명 중심을 차지합니다. 요셉과 유다 두 인물은 자주 병행하여 나타나는 것을 알 수 있습니다. 결국, 우리가 확인할 수 있는 것은 유다를 통해 오실 그리스도의 모습이 요셉의 인생을 통해 그려지는 놀라운 하나님의 섭리라는 것입니다.

하나님을 경외하며 악에서 떠날지어다

요셉의 인생은 마치, 로마서 11장 33절의 "깊도다 하나님의 지혜와 지식의 풍성이여 그의 판단은 헤아리지 못할 것이며 그의 길을 차지 못할 것이라"는 송영과 같습니다. 잠언 3장 5-7절을 봅시다. 두 구절은 절묘하게 연결됩니다.

너는 마음을 다하여 여호와를 신뢰하고 네 명철을 의지하지 말라 너는 범사에 그를 인정하라 그리하면 네 길을 지도하시리라 스스로 지혜롭게 여기지 말지어다 여호와를 경외하며 악을 떠날지어다 _ 잠 3:5-7

요셉의 인생을 한마디로 하면 하나님을 경외하는 자입니다. 악을 떠나 하나님을 향한 신자의 길이 무엇인지를 보여 줍니다. 아브라함을 통하여 주신 약속이 요셉과 형제들을 통하여 실현될 때, 우리를 선택하신 이유, 우리를 교회로 부르신 목적이 무엇인지가 분명히 드러납니다. 다시 한번 떠올려 봅시다. 하나님께서는 우리를 "여호와의 도를 지켜 의와 공도를 행하게 하려고" 부르셨습니다(창 18:19). 간단하게 말하면 '하나님 사랑'과 '이웃 사랑'입니다. 하나님 나라와 그 의를 구하는 것입니다. 이는 하나님을 경외하는 사람이 보여 주는 성품입니다. 요셉의 일생을 적나라하게 보여 줌으로써, 교회로 부름받은 우리가 무엇을 구하며 무엇을 해야 하는지 가르쳐 줍니다. 마태복음 22장에서 한 율법사가 예수님께 질문하자 이에 대답한 내용도 마찬가지입니다.

선생님 율법 중에서 어느 계명이 크니이까 예수께서 이르시되 네 마음을 다하고 목숨을 다하고 뜻을 다하여 주 너의 하나님을 사랑하라 하셨으니 이것이 크고 첫째 되는 계명이요 둘째도 이와 같으니 네 이웃을 네 자신같이 사랑하라 하셨으니 이 두 계명이 온 율법과 선지자의 강령이니라 _ 마 22:36-40

하나님을 경외하는 자는 하나님을 사랑하고 이웃을 사랑하는 자입니다. 예수님은 분명히 말씀하십니다.

그런즉 너희는 먼저 그의 나라와 그의 의를 구하라 그리하면 이 모든 것을 너희에게 더하시리라 _ 마 6:33

03 그 형들이 그를 미워하여 시기하되
창 37:1-11

… 그의 형들이 그에게 이르되 네가 참으로 우리의 왕이 되겠느냐 참으로 우리
를 다스리게 되겠느냐 하고 그의 꿈과 그의 말로 말미암아 그를 더욱 미워하더
니 … 그의 형들은 시기하되 그의 아버지는 그 말을 간직해 두었더라(8, 11절)

꿈의 사람 요셉

요셉은 그야말로 꿈의 사람입니다. 요셉을 묘사하는 많은 말들
이 꿈과 관련됩니다. 그래서 우리는 요셉과 같은 꿈을 꾸어라, 요
셉처럼 되라는 말을 많이 듣습니다. 요셉과 같은 꿈을 꾸려면 어떻
게 해야 할까요? 요셉과 같은 꿈을 꿀 수 있을까요? 그럴 수 없습
니다. '꿈'과 '비전'은 다르기 때문입니다. 꿈은 내 의지와 상관없이
주어지는 것이고, 비전은 내가 계획하고 상상하는 것을 말합니다.
그러니 요셉의 꿈은 스스로 설정한 비전이 아닙니다. 요셉의 꿈은
하나님께서 주신 꿈이었습니다. 그것 때문에 형들의 미움과 시기
를 당하게 된 것입니다. 본문을 보면, 형들은 요셉을 미워하는 마
음을 한마디로 정리했습니다. "그의 형들은 시기하되"(11절). 시기
란 남이 잘되는 것을 시샘하고 미워하는 마음을 말합니다.

그러므로 저는 본문을 통해 형들이 요셉을 미워했던 이유인 그 꿈에 대해서 정확하게 밝히려고 합니다. 그리고 형들이 요셉에게 가졌던 시기는 구체적으로 무엇인지를 살핀 뒤, '시기를 버리고 사는 삶'에 관하여 함께 알아보도록 하겠습니다.

요셉이 미움을 받은 이유

형들의 잘못을 고자질했기 때문?

형들이 요셉을 시기한 이유는 몇 가지가 있습니다. 먼저, 본문은 요셉을 소개할 때, 형들의 잘못을 아버지에게 말하는 것으로 시작합니다(2절). 성경 해석자들은 요셉을 'a snitch'(밀고자), 'a tattletale'(고자질쟁이), 'a brat'(애송이), 'prideful'(교만하고 건방진), arrogant(오만하고 거드름 피우는) 등으로 묘사하기도 합니다. 요셉은 정말로 형들의 잘못을 아버지에게 일러바치는 철없는 행동을 했을까요?

형들은 실제로 악했습니다. 레아의 자녀인 르우벤의 경우, 창세기 35장 22절에서 "아버지의 첩 빌하와 동침하매 이스라엘(아버지 야곱)이 이를 들었다"라고 합니다. 둘째 형 시므온과 셋째 형 레위는 34장에서 여동생 디나가 세겜에게 강간을 당하자 말씀을 이용하여 전부 죽이는 일까지 했습니다. 이들은 전부 아버지의 통제를 벗어난 사람들이었음을 보여 줍니다. 특히, 눈여겨볼 사항은 요셉이 고자질한 형들은 빌하와 실바의 자녀들입니다. 정식 부인들이 아니라 첩의 자식들이었음을 기억할 필요가 있습니다. 레아의 자녀들도 저런 극악무도한 일을 저지르는데 첩의 자식들은 더하지 않겠느냐는 사실을 보여 줍니다. 그래서 요셉의 고자질은 철없는 아이의 행동이라기보다는 그들의 잘못을 도덕적 악함이라고 고발하는 것으로서 이해해야 합니다.

서론에서 살펴봤듯이, 요셉은 영적으로 맑고 순결한 지혜로운 믿음의 사람임을 기억합시다. 나중에 요셉을 보면 자신의 인생에 억울한 일을 당해도, 하나님의 신실함과 진실함을 보고 말을 함부로 하지 않는 사람이었습니다. 요셉은 이미 어려서부터 하나님 앞에서 신실하고 믿음 있는 행동을 하는 하나님을 경외하는 사람이었습니다.

아버지의 편애 때문?

또, 형들이 요셉을 미워하여 시기한 이유에 대해 아버지 야곱이 요셉을 많이 사랑했기 때문이라고 생각하는 사람들이 있습니다. 그렇습니다. 분명히 37장 3절에 "요셉은 노년에 얻은 아들이므로 이스라엘이 여러 아들보다 그를 더 사랑"했다고 합니다. 우리말에 '내리사랑'이라는 말이 있습니다. 할머니 할아버지가 손주를 보면 얼마나 이뻐하는지 아실 겁니다. 덕혜 옹주를 아시나요? 조선의 고종이 환갑 60세에 얻은 딸이라고 합니다. 왕은 자기 자녀가 태어나면 일주일 뒤에 찾아가서 보는 게 예(禮)인데, 고종은 덕혜 옹주를 너무나 보고 싶은 나머지 바로 다음 날에 찾아갔다고 합니다. 덕혜 옹주의 침실도 고종이 머무는 곳으로 옮겨 와서 시도 때도 없이 봤다고 합니다.

요셉은 하나님 앞에서도 경건한 아들이었습니다. 단순히 형들의 잘못을 시시콜콜 따지면서 고자질했던 자가 아니라, 형들을 바라보고 그들의 부끄러움을 영적으로 살피는 자였습니다. 아버지에게 하는 말도 고자질이 아니라 기도로서 말했습니다. 형들이 정직하지 못하고 행동이 바르지 못한 것을 하나님 앞에서 죄임을 알아 분별했습니다. 그러니, 야곱이 보기에 얼마나 기특하고 사랑스러우며 마음의 평안을 주었겠습니까? '어디서 이런 자식이 나왔나?' 너무나 감사하고 행복했을 것입니다. 그래서 야곱은 요셉에게 채색옷을 지어 줍니다. 채색옷은 왕실 의복에 해당하는 옷이었습니다.

형들은 이런 아버지의 편애로 인해 요셉을 미워합니다. 이는 야곱의 가정에 역기능적 가족의 그늘을 보여 줍니다. 사실, 누구보다도 야곱 자신이 부모의 편애로 인해 고통을 받았음에도 불구하고, 자신도 자녀들을 편애했습니다. 아이러니죠. 결국, 편애는 형들의 불신앙과 불성실이 고조되게 하는 결과를 가져왔습니다. 그래서 형들은 이제 요셉을 편안하게(샬롬) 대할 수 없게 됩니다. 요셉과 말도 섞지 않고 눈도 마주치지 않았습니다.

요셉이 꾼 꿈을 자랑했기 때문?

요셉이 형들에게 미움을 받은 사건의 최고조는 꿈입니다. 5절을 보면, "요셉이 꿈을 꾸고 자기 형들에게 말하매 그들이 그를 더욱 미워하였더라"라고 합니다. 어떤 사람은 요셉이 참 눈치가 없다고 합니다. 형들이 자기를 얼마나 미워했는지 그렇게도 몰랐냐는 것이죠. 그리고 꿈의 내용을 보면, 누가 봐도 형들이 화가 날 내용이고, 어려운 해몽이 필요한 꿈이 있는가 하면 특별한 해석이 필요한 꿈이 있는데, 요셉이 꿈의 내용을 형들에게 쪼르르 가서 말하는 천진난만하고 멍청한 일을 하고 있기 때문이며 스스로 화를 자초한 것이라고 평가합니다.

형들은 요셉의 꿈 때문에 샬롬(편하게 말할 수 없었음, 4절)할 수 없게 됩니다. 여기서 우리가 주목해야 할 부분이 있습니다. 왜 형들은 단순히 화가 난 것이 아니라, 샬롬의 문제로 해석를 하는가입니다. 요셉의 꿈에 대한 형들의 반응과 아버지의 반응을 주목해 봅시다. 아버지 야곱은 형들과 달리 요셉의 꿈을 듣고 마음에 둡니다. 자신에게 주셨던 하나님의 메시지를 떠올립니다. 하나님께서 벧엘에서 나타나셨던 경험을 잊을 수 없기 때문이었을 것입니다. 야곱은 자신의 경험에 비추어 하나님께서 요셉에게 꿈을 통하여 주셨던 메시지가 어떤 의미인지를 알았을 것입니다.

여기서 잠시, 요셉은 왜 꿈을 형들과 아버지에게 말하려고 했을까 하는 점을 살펴봅시다. 형들이 싫어한다면 두 번째는 말하지 않아야 하지 않았을까요? 그런데도 그는 계속해서 말합니다. 이유가 있습니다. 우리 번역과 달리 히브리어를 보면 독특한 점이 보입니다. '힌네'라는 단어입니다. 영어로는 Behold(봐라)라는 뜻입니다. 우리 번역으로 하면 '이것 좀 보세요.'라는 뜻입니다. 형들과 관련된 꿈 세 번, 아버지, 어머니, 형들과 관련된 꿈에서 두 번 사용합니다. 이것을 적용하여 창세기 37장 7절을 다시 번역해보면 이렇습니다. "그런데 보세요. 우리가 밭 한가운데서 곡식 단들을 묶고 있는데, 보세요! 내 단은 일어섰는데, 보세요! 당신들의 묶은 단들은 내 단을 둘러싸고 있고 그것들이 내 단을 향하여 절을 했어요." 9절에서도 "보세요! 제가 다시 꿈을 꾸었어요. 그런데 보세요! 해와 달과 열한 별들이 저를 향해 절하고 있었어요."

요셉이 무엇을 말하려고 하는 것으로 보이십니까? 요셉은 형과 부모님에게 꿈을 자랑한 것이 아니라 하나님의 말씀을 전하고 있는 것입니다. 11절에 요셉의 꿈을 들은 형들은 시기했으나 야곱은 "그 말을 간직해 두었다."라는 말이 이를 증명합니다. 하지만 야곱은 꿈을 통해서 하나님의 말씀이 있다는 것을 알았습니다. 그러나 거기까지였습니다.

시기심 폭발시킨 꿈의 정체

이제, 형들이 요셉에 대해 품은 시기심의 성격이 무엇인지 구체적으로 봅시다. 형들은 어떤 이유로 요셉을 시기했습니까? 요셉의 옷인가요? 아니면 아버지의 편애인가요? 4절에 "아버지가 형들보다 그를 더 사랑함을 보고 그를 미워"하고, 5절에 "요셉이 꿈을 꾸고 자기 형들에게 말하매 그들이 그를 더욱 미워"하고, 8절에 "그의 꿈과 그의 말로 말미암아 그를 더욱 미워"했다고 합니다. 마침내 11절에 "그의 형들은 시기"합니다. 형들이 가진 요셉에 대한 시기는 점층적으로 폭발하여 나타나고 있습니다. 시기는 분노를 일으키고 적개심으로 확장되어 갔습니다. 여기서, 형들의 시기심을 폭발하게 한 요셉이 꾼 꿈을 살펴보면 이상한 점이 발견됩니다. 시기심의 대상이 요셉을 넘어 무엇인가를 향하고 있다는 점입니다.

첫째, 야곱 가족은 목축업을 했는데, 첫 번째 꿈은 목축과 상관 없는 들판에서 곡식을 거두는 일이었습니다. 저희 가족은 섬에 살면서 바닷가에서 고기 잡고, 해산물을 먹으며 살았습니다. 그런데 동생 하나가 꿈을 꾸고 나서 이야기하기를, 산에서 여러 산삼을 발견했는데 갑자기 산삼이 벌떡 일어서더니 내 산삼에게 절을 하더라는 이야기와 같은 맥락입니다. 이 이야기에서 산삼이 어떤 역할을 할까요? 형들이 꿈 이야기를 들을 때, 신기한 물고기도 아니고 평생 한 번 볼까 말까 하는 산삼이 절을 하든, 무엇을 하든 상관이 없는 것 아니겠습니까? 그런데 하나님께서는 왜 목축업을 하는 그들에게 농경의 이미지를 꿈으로 보여 준 것일까요? 예상하다시피 앞으로 있을 7년 풍년과 7년의 흉년에서 나타나는 언약 백성인 야곱 가족의 미래를 보여 주고 있다는 것을 알 수 있습니다. 단순히 요셉이 형들의 주권자가 되는 것은 꼭 곡식단의 이미지만 필요한 것이 아니기 때문입니다. 그러므로 하나님은 요셉의 꿈을 통해서 하나님의 말씀을 전달하고 있습니다. 결국, 요셉의 형제들은 시기심으로 인해 요셉의 꿈에서 보여 주시는 하나님 말씀의 의미는 관심은 없고 듣고 싶은 대로, 상상하고 싶은 대로, 판단하여 분노하는 모습을 보여 줍니다.

두 번째, 형들이 품었던 시기는 곡식 단과 해와 달과 열한 별의 꿈을 통해 보여 주신 하나님의 선택과 주권적 행위에 대한 것입니다. 꿈의 진실이나 의미는 상관없이, 보기 싫은 너에게 우리가 절하는 것 자체가 싫다는 반응입니다. 있을 수 없는 일이라는 것입니다. 하지만 요셉의 꿈은 요셉이 상상하여 만든 것이 아니고, 하나님께서 요셉을 통해서 보여 주신 하나님의 말씀이었습니다. 따라서 형들이 보인 요셉에 대한 시기는 하나님에 대한 불만이요 불평이었습니다. 이는 하나님의 말씀이 선포될 때 보이는 자연인의 반응입니다. 가장 자비롭고 의로우며, 선하시며, 사랑이신 그분의 일하심에 대한 의문을 제기하는 것과 마찬가지입니다. 자연인은 하나님의 뜻과 목적에 감사하며 동의하지 않습니다. 하나님의 일하시는 방식을 극도로 혐오합니다. 그래서 모든 반기의 결국은 하나님의 뜻을 성취하는 도구인 하나님의 선택하신 자를 증오하고 적개심을 가지고 죽이려는 모습으로 나타납니다. 형들은 끝내 요셉을 죽이기로 합니다.

우리는 요셉이 꾼 꿈의 특징을 통해 요셉이 어떤 사람인지를 분명히 알 수 있습니다. 요셉은 선지자였습니다. 사도행전 7장에 스데반의 마지막 설교를 보면 가장 많은 분량으로 언급된 두 사람이 있습니다. 요셉과 모세입니다. 요셉은 7장 9-19절까지 나오고 모세는 20-44절까지입니다. 그리고 바로 다윗과 솔로몬을 잠깐 언급한 후 설교를 마칩니다. 스데반이 이 설교에서 하고자 하는 말의 핵심이 51-53절입니다.

목이 곧고 마음과 귀에 할례를 받지 못한 사람들아 너희도 너희 조상과 같이 항상 성령을 거스르는도다 너희 조상들이 선지자들 중의 누구를 박해하지 아니하였느냐 의인이 오시리라 예고한 자들을 그들이 죽였고 이제 너희는 그 의인을 잡아 준 자요 살인한 자가 되나니

너희가 천사가 전한 율법을 받고도 지키지 아니하였다 하니라 _ 행
7:51-53

스데반은 여기서 요셉과 모세가 누구라고 증언합니까? 선지자
입니다. 하나님의 말씀을 전하는 자라고 합니다. 스데반은 성령을
통해 분명히 증언합니다. 하나님은 요셉을 통해 말씀을 주었으나
형들은 요셉을 '박해'했습니다. 형들의 시기는 말씀에 대한 박해입
니다. 그러므로 형들은 곧은 목과 마음과 귀에 할례를 받아야 했습
니다.

말씀을 제대로 가르치지 않으면

야곱의 가정에 형제들이 서로 미워하고 질투하여 시기심이 일
어나 결국에는 죽이겠다는 마음마저 들게 한 이유가 무엇입니까?
일차적으로는 말씀을 가르치고 전하는 자의 역할이 부재했기 때문
입니다. 야곱의 가정에서 야곱이 해야만 했던 일입니다. 그런데도
야곱은 말씀을 전하기는커녕 형제들이 서로에 대한 불평등으로 싸
우도록 할 뿐 아니라, 형제들을 편애하여 불평등의 마음을 더욱 강
화합니다. 하나님께서 주신 꿈을 보고하는 요셉에게 제대로 된 가
르침을 주지 않았습니다. 심지어 형제들이 요셉을 죽이겠다는 시
기심의 폭발에도 불구하고 그것을 눈치채지 못하는 안타까운 지경
에 이릅니다. 다음 장을 보면, 시기심에 폭발하여 분노에 차 있는
형들에게 요셉을 보냅니다.

하나님께서는 지금 야곱의 모습을 통해 가정에서 아버지가 아버지의 역할을 제대로 하지 못하면, 교회에서 직분자들이 자기 역할을 제대로 감당하지 못하면, 어떤 일이 일어나는지를 보여 줍니다. 교회에 말씀이 올바로 선포되고, 선포된 말씀에 성도들이 민감하게 반응해야 교회가 하나님의 평강으로 지배를 받습니다. 가정과 교회에 말씀이 없을 때, 시기와 불화의 끔찍한 결과를 보게 된다는 것을 잊으면 안 됩니다. 우리 자신과 가정과 교회를 돌아봅시다.

작은 자를 세우시는 하나님

요셉의 형들이 시기심으로 가득 차 적개심을 품은 눈빛이 희번덕거리는 가운데서도 요셉에게 꿈을 주시는 하나님의 일하심은 참 신비롭습니다. 이스마엘이 아니라 이삭이, 에서가 아니라 야곱이, 르우벤이 아니라 요셉이 세움을 받습니다. 이런 일들은 인간의 눈과 생각으로는 헤아리기 어렵습니다. 그러나 분명한 것은 이 모든 일은 하나님의 정하심 가운데 일어난다는 것입니다. 선택을 받은 이유는 그가 이뻐서일까요? 잘나서일까요? 아닙니다. 하나님의 뜻은 측량치 못합니다.

그런데 이 문제는 우리에게 시기를 일으킵니다. 지음받은 물건이 어찌 나를 이렇게 만들었냐고 불평합니다. 이 불평은 힘이 셉니다. 요셉의 가정의 비극이 불평이 부풀어 시기로 작동하여 가정과 교회를 파괴하는 강력한 힘이 되었다는 사실을 잊어서는 안 됩니다. 나를 남과 비교하면 늘 불만족에서 살 수밖에 없습니다. 나에게 없는 것, 나에게 부족한 그것만 보입니다. 남에게 있는 것만 좋아 보입니다. 그러나 성경은 우리에게 이렇게 말합니다. 하나님의 말씀에 민감하여 곧은 목과 마음과 귀를 부드럽게 하여 하나님의 뜻을 분별하고 하나님의 선택이 우리를 향한 가장 행복한, 선한 결정이라는 것을 인정해야 한다고 말입니다. 이것이 믿음입니다.

04 꿈꾸는 자가 오는도다

창 37:12-36

요셉이 그들에게 가까이 오기 전에 그들이 요셉을 멀리서 보고 죽이기를 꾀하여 서로 이르되 꿈꾸는 자가 오는도다(18-19절)

타인의 아픔을 즐거워하는 감정 도착, 시기

요셉의 형들은 요셉을 미워하여 시기합니다. 시기란 구체적으로 어떤 감정일까요? 우리나라 말로는 시기할/혐오할 시(猜), 꺼릴/질투할 기(忌)입니다. 남이 잘되는 것을 샘하여 미워하는 것을 말하지요. 영어로는 'envy', 어원적으로 '악의를 가지고 보다'라는 의미를 함의하고 있습니다. 우리말과 영어를 보면 시기는 미움이라는 의미에 가깝습니다. 그런데 독일어로는 'Schadenfreude'(샤덴프로이데)인데, 'Schaden'이 '상해'이고 'fruede'가 '기쁨'입니다. 이 둘을 합쳐서, 타인이 입은 상처나 불행에 기뻐하는 마음을 표현하는 것이 바로 샤덴프로이데(시기)입니다. 이 단어가 지금 형들의 모습을 가장 잘 보여 주고 있습니다. 미워하여 시기하는 형들은 자신을 찾아온 요셉을 보자마자 '죽이기를 꾀하고'(18절), '채색옷을 벗기고'(23절), '구덩이에 던진'(24절) 후에 너무도 즐거워하면서 살려 달라는 요셉의 목소리를 외면한 채, '앉아서 음식을 먹었다'(25절)라고 합니다. 시기가 얼마나 무서운지를 보여 줍니다. 셰익스피어는 시기를 '녹색 눈의 괴수'로 비유하기도 했습니다. 초록빛이 감도는 덜 익은 과일을 먹으면 맛도 시지만, 속도 쓰리기 때문입니다. 무엇보다 고양이가 사냥할 때, 눈이 녹색으로 변하지요. 남을 해치려는 시기심의 눈빛은 녹색으로 번득거리게 합니다.

그러므로 우리는 이번 장에서 형들이 가진 시기의 구체적인 모습을 통해 우리에게도 일어날 수 있는 시기심을 돌아보려고 합니다. 더불어 녹색 눈의 괴수가 넘쳐 나는 세상 속에서 살아가는 언약 백성을 하나님은 어떻게 보호하시고 지키시는지 살펴보겠습니다.

시기의 구체적 모습

사기당하는 자

본문은 어느 날 야곱에게 매우 급한 소식이 전해지는 것으로 시작합니다. 12절에서 형들이 세겜에 가서 양을 치고 있다고 했는데, 세겜이 어떤 지역인가요? 34장에서 히위 족속 하몰의 아들인 추장 세겜이 디나를 강간하자, 시므온과 레위가 할례를 미끼로 기습하여 모든 남자를 죽이는 사건이 있었던 지역입니다. 이때, 주위의 많은 부족이 일어나 야곱의 일행을 죽이려고 했던 위험한 지역이기도 하죠. 이 급박한 상황에서 하나님께서 개입하셔서 벧엘로 부르시고 언약을 확인하신 후 생명이 보전되었던 일이 있었습니다. 그런 땅에 아들들이 갔으니 문제입니다. 아들들이 세겜을 선택한 이유는 그곳이 목초지로서 아주 좋은 땅이니 어쩔 수 없이 가게 되었을 것입니다. 이동하다가 그곳에 들어가게 됐는지도 모르겠습니다. 문제는 그 주변의 사람들이 아직도 야곱의 가족에게 호의적이지 않을 수 있다는 것과 아버지가 없이 성깔 있는 형제들만 있는 상황에서 어떤 일이 벌어질지 모르는 일이라는 것에 있습니다. 야곱은 요셉에게 "네 형들과 양 떼가 다 잘 있는지를 보고 돌아오라"(14절)라고 지시합니다. 여기서 야곱이 말한 '잘 있는지'는 '샬롬'인지 보고 오라는 말인데, 형들은 이제 요셉에게 샬롬할 수 없었다고 함에도 요셉은 형들의 샬롬을 전하러 가는 아이러니한 장면이 펼쳐집니다.

요셉은 아버지의 명령에 따라 헤브론에서 북쪽 약 80km 정도를 혼자 떠납니다. 본문은 아버지 명령에 요셉이 철저하게 순종하고 있음을 강조하고 있는 것으로 보입니다. 요셉은 "내가 그리하겠나이다"라고 대답합니다(13절). 그런데 요셉은 형이 있는 세겜을 가려면 어머니 라헬이 동생 베냐민을 낳다가 죽은 베들레헴을 지나가야 했습니다. 17세 소년인 요셉에게 어머니 라헬의 묘비를 지나기는 쉽지 않은 일이었습니다. 그런데도 요셉은 신실하게 철저하게 순종합니다. 혹자들이 말하듯 요셉이 만약 철부지 고자질쟁이였거나 채색옷을 자랑하는 응석받이 아들이었다면 아버지의 말을 과연 순종하려고 했을까요? 분명히, 이런 큰 심부름은커녕 작은 심부름에도 불평과 짜증을 냈을 것입니다.

요셉은 어렵게 세겜에 도착하여 형들을 찾았으나 만나지 못합니다. 15절을 보니까 "들에서 방황"했다고 합니다. 위험한 지역에서 혼자서 돌아다니는 것은 생명을 보장하기 어려운 일이지만, 요셉은 이런 큰 어려움에도 아버지의 명령을 따르기 위해 최선을 다합니다. 마침 어떤 사람이 "네가 무엇을 찾느냐"라고 묻자, 형들을 찾는다고 하니까 형들이 "도단으로 가자"라고 했던 것을 들었다고 알려 줍니다(17절). 형들이 있는 도단으로 가려면, 다시 20km를 더 가야 형들을 만날 수 있었습니다. 요셉은 어렵고 고된 여행 끝에 형들을 찾아 아버지의 샬롬을 전하려고 합니다. 그런데 그 순간, 형들은 "요셉을 멀리서 보고 죽이기를 꾀"합니다(18절). 기쁨으로 안부를 전하려고 찾아왔지만, 돌아오는 것은 죽음의 음모였습니다.

시기하는 자

형들은 요셉이 먼 거리를 혼자서 힘들게 찾아온 것을 보고 기특해하거나 부모님의 안부를 먼저 묻지도 않았습니다. 오히려 살기가 등등해져 녹색 눈빛으로 변했습니다. "눈엣가시인 저놈이 왜 여기까지 왔냐?"라고 도리어 불평했습니다. "우리의 잘못을 찾아서 고자질하려고 하는가? 이 먼 곳까지 저 옷을 입고 오다니, 우릴 놀리려는 거야? 아버지가 없는 이곳, 소식을 전해 들을 수 없는 이곳이 기회다."라고 말하면서 "그의 꿈이 어떻게 되는지를 우리가 볼 것이니라"고 하며 요셉을 죽이려고 했습니다(20절). 그런 다음, 형들은 아버지에게 "악한 짐승이 그를 잡아먹었다고 하자"라고 거짓말을 모의합니다. 형들이 요셉을 시기하는 목적은 그가 '꿈꾸는 자'

였으며, 그 '꿈'이 어떻게 되는지 보고자 했다는 것을 알 수 있습니다. "네가 우리의 왕이 되며 우리를 다스린다고 했는데, 이렇게 해도 너의 꿈이 이루어지는지 보자!"라는 말입니다. 시기는 살인으로 이어지고, 살인은 거짓으로 포장되어 자신의 의로움을 드러내는 역할을 하고 있습니다. 원인은 네가 제공한 것이고, 나의 잘못은 아무것도 없다는 것입니다. 우리도 비슷합니다. 혹시 우리 가운데 시기가 있습니까? 남과 비교하여 드러나는 시기는 결국 살인으로 이어진다는 사실을 잊으면 안 됩니다. 지난 장에서 우리는 형들이 꿈꾸는 자에 대해 시기한 근원이 요셉이 아니라, 하나님의 뜻이요, 하나님의 계시인 말씀이었음이 분명하게 드러나고 있음을 봤습니다. 그러므로 형들이 요셉을 시기한 것은 하나님께서 정하신 일에 대한 반기요, 불신앙을 보여 줍니다. 당신이 그렇게 정했다고 하는데, 내가 그것을 반대한다면 어찌 그 정하신 일이 진행되겠냐는 반응입니다.

그때, 갑자기 르우벤이 나섭니다. "우리가 그의 생명은 해치지 말자."라고 합니다(21절). 왜 르우벤이 나섰는지는 모릅니다. 아버지에 대해 미안함과 장남의 역할을 하려고 했는지도 모릅니다. 다만, 그의 마음속에 "요셉을 구출해서 아버지에게 돌려보내려는 마음"이 생기게 됩니다. 그러자 갑자기 형제들도 동의합니다. 르우벤의 말처럼, 구덩이에 던져 넣는 것으로 합의를 봅니다. 그런데 여기서 상상할 수 없는 일이 일어납니다. 형들은 구덩이에 빠진 요셉을 두고서 음식을 먹습니다(25절). 이 장면은 정말 너무 잔인합니다. 상상해 보십시오. 동생은 영문도 모른 채 구덩이에 빠져서 살려 달라고 애걸하는데, 형들은 그 위에서 배가 고파서인지, 놀리려고 하는 것인지, 음식을 먹고 있다니 말입니다. 이 모습은 르우벤이 요셉을 살리려고 제안했던 "악한 짐승이 그를 잡아먹었다 하자"(20절)라고 한 말속에서 악한 짐승이 바로 형들 자신임을 보여주고 있습니다.

그런데, 여기서 또 한 번의 극적인 반전이 일어납니다. 유다가 지나가는 이스마엘 사람들을 보고 마음이 움직입니다. "요셉을 죽이지 말자. 그의 피를 보지 말자"라고 제안합니다(27절). 그는 우리의 동생이고, 혈육이므로 살려 주자는 것입니다. 참 다행입니다. 목숨은 건지게 되었으니까요. 하지만 유다의 말은 좀 더 자세히 들여다보면, 더 잔인합니다. 유다가 요셉을 살리는 이유가 무엇이라고 소개되고 있습니까? '동생', '혈육'입니다. 세상에, 형제를 노예로 팔아버리다니요.

르우벤과 유다의 제안으로 요셉의 목숨은 건졌지만, 악한 일에 동참한 것은 매한가지입니다. 본문은 누가 더 나쁘고 누가 더 의로운지를 말하는 것이 아닙니다. 나중에 요셉이 형들을 만나 자신의 과거의 모습을 회상하는 장면을 보십시오. 42장 21절입니다.

> 그들이 서로 말하되 우리가 아우의 일로 말미암아 범죄하였도다 그가 우리에게 애걸할 때 그 마음의 괴로움을 보고도 듣지 아니하였으므로 이 괴로움이 우리에게 임하도다 _ 창 42:21

결국, 형들은 르우벤의 말대로 숫염소를 죽여서 옷에 피를 적시어 아버지에게 가져다줍니다. 그러자 아버지는 이 일로 인해 깊은 슬픔과 고통을 겪게 됩니다(35절). 형들은 아버지의 사랑을 얻고 싶어서 편애받는 요셉을 죽이면 아버지의 사랑을 다시 받을 수 있을 것이라 착각했습니다. 요셉으로 인해 기뻐하고 요셉을 자랑스러워하던 아버지의 모습이 눈엣가시였습니다. 하지만, 요셉이 사라지고서 형들은 요셉 때문에 보였던 아버지의 웃음조차 구경할 수 없게 됩니다. 요셉 대신에 자신들이 아버지의 기쁨이 되고 위로가 되기를 원했지만, 아버지는 그들의 위로를 거절합니다. 아버지가 무엇을 기뻐하는지, 아버지가 무엇 때문에 요셉을 사랑했는지 모르기 때문입니다. 시기하는 대상을 없애 버리면 기쁨이 찾아오리라고 확신하는 것은 엄청난 착각입니다. 시기는 우리의 입맛을 시게 하고, 속을 쓰리게 만듭니다.

하나님의 등장

그렇다면 하나님께서는 이런 요셉의 급박한 상황에서 무엇을 하고 계셨을까 궁금합니다. 하나님께서 주신 꿈 때문에 형들이 요셉을 죽이려고 하는데도 불구하고 하나님께서는 아무런 조치를 취하시지 않는 것으로 보이니까요. 야곱의 경우, 생명이 위태롭게 될 때마다 적극적으로 개입하지 않았던가요? 라반에게, 세겜 사람들에게 나타나셨습니다. 그런데도 본문에는 하나님께서 한 번도 등장하시지 않습니다. 하나님은 어떻게 일하고 계셨을까요?

그런데, 우리도 이런 상황이 생각보다 많습니다. 혼자서 해결할 수 없는 인생의 구덩이, 깊은 절망의 수렁에 빠질 때가 얼마나 많습니까? 내 편이 아무도 없고 내 말을 아무도 들어 주지 않는 상황, 누구도 나를 도와주지 못하는 상황을 경험합니다. 사방에 녹색 눈을 번득이며 시기심에 불타 나를 움켜잡고 있을 때 '하나님은 과연 어디에 계시며, 무엇을 하시는가?' 부르짖습니다. 그러나 하나님께서는 당신의 일을 하십니다.

요셉의 생명을 구원하시는 하나님

하나님께서는 요셉의 생명을 구원하시는 일을 착착 진행하십니다. 첫째, 형들이 요셉을 죽이려는 순간 르우벤을 통해 일하셨습니다. 사실 르우벤은 장자지만 별 역할이 없었습니다. 그런데 하필, 형들이 요셉을 죽이려는 그때, 르우벤이 나서서 "요셉을 그들의 손에서 구원하려 하여 이르되 우리가 그의 생명을 해치지 말자 피를 흘리지 말라 그를 광야 그 구덩이에 던지고 손을 그에게 대지 말라"고 제안합니다(21-22절). 르우벤이 그렇게 제한한 이유가 무엇입니까? "그가 요셉을 그들의 손에서 구출하여 그의 아버지에게로 돌려보내"려 했다고 합니다(22절). 이처럼 우리가 구덩이에 빠질 때, 하나님은 정말 뜻하지 않은 사람을 보내십니다. 절망 속에서 힘들어하는 자에게 뜻하지 않은 사람을 통해 새로운 길을 여신다는 것을 보여 줍니다.

둘째, 형들이 요셉을 던져 넣은 구덩이는 원래 물이 가득 차 있던 곳입니다. 우물로 사용하는 곳이었기 때문입니다. 하지만 "그

속에 물이 없었더라"라고 합니다(24절). 만약 물이 가득 차 있었다면 요셉은 분명 죽었겠죠. 이는 신자가 깊은 수렁에 빠진다 해도 하나님께서 생명을 보전하신다는 뜻입니다. 웅덩이가 깊어서 내 힘으로 도저히 빠져나오지 못한다고 할지라도, 그곳이 결코 죽음의 장소는 아닙니다. 나는 너무 힘들어서 죽을 것 같지만, 하나님은 절대로 죽지 않도록 하신다는 말입니다.

셋째, 형들이 요셉을 구덩이에 던진 후에 앉아서 음식을 먹을 때, 이스마엘 사람들이 그 곁을 지나 애굽으로 가고 있었습니다(25절). 이때 갑자기, 유다가 나서서 "우리 동생을 죽이고 그의 피를 덮어둔들 무엇이 유일할까 자 그를 이스마엘 사람들에게 팔고 그에게 우리 손을 대지 말자 그는 우리의 동생이요 우리의 혈육이니라"라고 합니다(26-27절). 그러자 신기하게도 "그의 형제들이 청종" 합니다(27절). 아니, 요셉을 죽이기로 모의했던 그들이, 구덩이에 던져 실제로 죽이려고 했던 그들이, 왜 갑자기 변했을까요? 어떻게 설명할 수 있겠습니까? 하나님께서 요셉의 생명을 구원하고자 섭리하신 일 말고 어떤 답이 있을까요?

넷째, 요셉을 은 20에 사들인 미디안 사람들(28절)은 그를 애굽까지 끌고 가서, 바로의 신하인 친위 대장 보디발에게 팔팝니다(36절). 사실 그들은 요셉을 도단에서 애굽까지 끌고 갈 이유가 없습니다. 중간에 되팔아도 됩니다. 그런데도 요셉을 먹이고 재워서 애굽까지 데려갈 뿐 아니라, 최고의 통치자인 바로와 관련된 인물인 보디발에게 파는 일이 일어납니다. 왜 그랬을까요? 이들이 무엇을 하는 사람들인가를 보면 알 수 있습니다. 이들은 25절을 보면 향품과 유향과 몰약을 싣고 애굽으로 가는 사람들이었습니다. 이 제품은 오늘날의 명품입니다. 그러니까 그들은 명품을 파는 상인이라는 말입니다. 명품은 누가 사나요? 누구에게 팝니까? 그 당시에는 왕족과 고위 관리입니다. 이렇게 보면, 미디안 사람들은 노예 상인이 아닙니다. 그런데 그들이 하필 그때! 요셉과 형들 사이를 지나갑니다. 하나님의 적극적인 개입이 아니면 설명이 안 되는 일입니다.

하나님은 결코 그냥 계시지 않았습니다. 언약 백성을 향한 구원을 헤아릴 수 없는 오묘한 지혜로 계획하시고, 요셉의 생명을 구원하시기 위해서 내내 당신의 일을 하고 계셨습니다. 그리고 하나님은 크신 구원의 계획을 요셉의 꿈을 통해 보여 주셨고, 그 꿈꾸는 자가 애굽으로 오게 하시는 놀라운 섭리를 행하고 계셨습니다.

하나님의 일하심의 놀라운 일들

하나님께서는 당신께서 선택하신 언약 백성을 두 가지의 방식으로 이끄시면서, 우리의 삶을 인도하시는 당신의 특별한 섭리를 이해할 수 있게 하십니다. 하나는 야곱의 경우처럼 적극적으로 개입하셔서 상황을 만들어 가시는 방식이고, 또 하나는 요셉의 경우처럼 간접적으로 일하시는 것을 볼 수 있습니다. 요셉의 형들은 요셉을 보자 "요셉이 그들에게 가까이 오기 전에 그들이 요셉을 멀리서 보고 죽이기를 꾀하"였지만(18절), 하나님께서는 "그 미디안 사람들은 그를 애굽에서 바로의 신하 친위대장 보디발에게 팔"게 하는 섭리(36절)로 생명을 보전하셨습니다.

이 놀라운 섭리는 하나님께서 아브라함과 맺으셨던 이방의 객이 되지만 400년이 흘러 큰 민족을 이루게 될 것이라는 약속(창 15:13-16)이 요셉을 먼저 보내심을 통해서 성취되는 것을 보여 줍니다. 아브라함이 이 약속을 받았을 때는 이방의 나라가 어떤 나라인지 몰랐지만, 요셉을 통해서 그곳이 애굽이라는 것을 확실하게 확인시켜 줍니다. 그래서 하나님께서 언약 백성을 어떻게 보호하셔서 교회로 모이시고 세우시는지를 봅니다.

우리는 하나님의 일하심에 대해 아무리 연구해도 다 이해하기 어렵습니다. 하나님의 지혜와 지식의 깊이와 풍성함은 헤아리기 어렵습니다. 그의 공의로운 판단도 측량하기 어렵습니다. 언약 백성을 인도하시는 길은 찾기 어렵습니다. 우리 삶의 질곡진 걸음도 여기에 있습니다. 그러나 수많은 근심과 고통이 우리 삶을 에워싸서 사방으로 피할 곳이 없게 만든다고 할지라도 우리가 낙심하지 않는 이유는, 하나님께서 우리의 아버지 되신다는 약속 때문입니다.

사도 바울이 고린도후서 7장 10절에서 "하나님의 뜻대로 하는 근심은 후회할 것이 없는 구원에 이르는 회개를 이루는 것이요 세상 근심은 사망을 이루는 것이니라"라고 했습니다. 우리의 근심은 우리 주변에 있는 상황과 현실이 아니라, 하나님의 뜻대로 하나님을 두려워하는 가운데 거룩함을 이루는 근심입니다. 우리 주변의 어떤 핍박도, 사망의 음침한 골짜기라도 결코 하나님을 이길 수 없습니다. 요셉은 이제 완전한 노예 신분으로 탈바꿈했습니다. 채색 옷이 아니라 노예 옷을 입었고, 아버지의 사랑이 아닌 눈물이 음식이 되었을 것입니다. 그런데도 하나님은 그의 생명을 살리셨습니다. 언약 백성이 하나님 말씀대로 살려고 할 때 당하는 수많은 고통과 시련과 시기와 미움과 박해 가운데서도 하나님의 뜻은 섭니다. 하나님께서는 악한 자들의 지혜를 역이용하시고, 우리를 무너뜨리려는 악한 의도를 선하게 바꾸실 것입니다.

우리 예수님께서도 녹색 눈의 괴수들로부터 죽임을 당하셔야 했습니다. 예수님은 하나님께서 주신 꿈인 '죄인을 향한 하나님의 나라'를 선포하셨기에 죽임을 당하셔야 했습니다. 수치와 모욕과 멸시와 천대와 고난을 겪으셔야 했습니다. 그런데도 그는 "마치 도수장으로 끌려가는 어린 양과 털 깎는 자 앞에서 잠잠한 양 같이 그의 입을 열지 아니하셨도다"(사 53:7)라고 합니다. 그렇다면 우리에게 필요한 것은 무엇일까요? 불평과 짜증일까요? 다윗은 "여호와 앞에 잠잠하고 기다리라 자기 길을 형통하며 악한 꾀를 이루는 자 때문에 불평하지 말지어다"(시 37:7)라고 권면합니다. 예수님 안에 있는 자는 하나님의 평안을 맛볼 수 있습니다. 요셉을 기억합시다. 이 믿음의 길을 걸어갑시다.

05 그는 나보다 옳도다
창 38:1-30

유다가 그것들을 알아보고 이르되 그는 나보다 옳도다 내가 그를 내 아들 셀라에게 주지 아니하였음이로다 하고 다시는 그를 가까이 하지 아니하였더라 (26절)

피하고 싶은 이야기

창세기 38장은 읽는 것도, 듣는 것도 심히 괴롭습니다. 우리 현실에서 잘 들을 수도 없고, 일어나기도 어려운 일입니다. 만약 이런 일이 일어난다면 가히 세계 토픽감입니다. 그렇다 보니 어떤 사람들은 이 창세기 38장이 설교 본문으로서 적당하지 않다고까지 주장합니다. 심지어 성경에서 빼야 한다는 사람도 있습니다. 게다가 문맥도 이상하다고 주장합니다. 38장을 빼고, 37장의 마지막 절 "그 미디안 사람들은 그를 애굽에서 바로의 신하 친위 대장 보디발에게 팔았더라"와 39장 1절 "요셉이 이끌려 애굽에 내려가매 바로의 신하 친위대장 애굽 사람 보디발이 그를 그리로 데려간 이스마엘 사람의 손에서 요셉을 사니라"의 연결이 더 자연스럽다고 말합니다. 중간에 38장이 끼어 들어갔다고 보는 것입니다. 하지만 사람들이 생각하는 것과는 달리 창세기 38장은 매우 적절하면서도 중요한 내용을 담고 있습니다. 하나님께서 38장 '유다의 이야기'를 통해서 우리에게 하고 싶은 이야기가 있기 때문입니다.

서론에서 다루었듯이 창세기 37장부터 50장까지의 주인공은 요셉이 아닙니다. 요셉이 주도적인 역할을 할 뿐입니다. 정확하게 야곱 아들들의 이야기로서 요셉과 그의 형제들이 주인공입니다. 유다는 지금 형제들의 대표로서 등장하고 있습니다. 나중에 요셉이 애굽의 총리가 되고 양식을 구하기 위해 요셉에게 온 형들의 대화 장면을 보면, 유다가 주도적인 역할을 하게 됨을 확인할 수 있습니다. 이런 차원에서 창세기 38장은 요셉을 제외한 형제들의 모습이 어떠한지 비교하고 대조하는 역할을 하게 됩니다. 요셉이 헤브론을 떠나 애굽으로 가고, 유다도 헤브론을 떠나 가나안으로 갑니다. 요셉은 39장에서 보디발 아내의 유혹에 휩싸이고, 유다도 창녀로 가장한 다말의 유혹을 받게 됩니다. 더불어 끔찍한 이야기를 만든 이방 여인인 다말이 어떻게 예수님 족보에 등장하게 되는지도 보여 줍니다.

그러므로 우리는 본문 말씀을 통해 요셉과 비교되는 유다의 행동을 살펴볼 것입니다. 그리고 자연스럽게 다음 장에서 유다와 비교되는 요셉의 모습을 보게 될 것입니다. 그런 다음 다말이 무엇 때문에 입에 담기에도 불편한 일까지 해야만 했는지를 살펴본 뒤, 유다가 다말의 행동을 자기보다 더 옳다고 인정한 내용에 대해 알아보도록 하겠습니다.

유다가 집을 떠난 이유

본문은 다음과 같이 시작합니다.

그 후에 유다가 자기 형제들로부터 떠나 내려가서 아둘람 사람 히라
와 가까이 하니라 _ 창 38:1

요셉은 집을 떠나고 싶은 마음이 추호도 없었지만, 형들의 시기
심 때문에 노예로 팔려 애굽으로 갔습니다. 그런데 유다는 주도적
으로 자기 뜻에 따라 "자기 형제들로부터 떠났다"라고 합니다. 유
다는 왜 갑자기 형제들을 떠났을까요? 그리고 성경은 왜 아버지의
집이 아닌 "형제들로부터 떠났다"라고 말했을까요? 몇 가지 추측
이 가능합니다.

첫째, 유다는 르우벤과 함께 형제들로부터 요셉을 살리려고 노
력했습니다. 애굽에 노예로 팔자고 제안한 사람이기도 합니다. 그
런 다음, 아버지에게 요셉의 상황을 알렸습니다. 그러자 아버지 야
곱은 요셉이 죽었다고 생각합니다. 형제들은 피 묻은 옷만 가져갔
지만, 야곱은 "그것을 알아보고 내 아들의 옷이라 악한 짐승이 그
를 잡아먹었도다. 요셉이 분명히 찢겼도다"(37:33)라고 하면서 오랫
동안 애통해하고 스올의 고통을 당합니다. 아들들의 따뜻한 위로
도 거절합니다(37:34-35). 이런 상황에서 형제들 간에 분란이 있었
을 것입니다. 서로에게 책임을 전가하면서 싸우지 않았을까요? 형

제들은 자신의 악함은 가린 채, 문제를 제공한 유다에게 모든 책임을 전가하는 상황이 되었을지도 모릅니다. 진짜 죽었을 수도 있는 요셉을 자신이 살린 것인데 말이죠. 유다는 이런 환경에서 벗어나고 싶었을 것으로 보입니다.

둘째, 유다는 형제들의 실제적인 장남이었습니다. 유다가 요셉을 팔자고 제안할 때 "그의 형제들이 청종하였더라"라고 합니다 (37:27). 형제들은 원래 죽이려고 했습니다. 그런데 갑자기 그의 말을 청종했다는 것은 유다의 실제적 지위를 반증해 줍니다. 하지만 아버지에게 장남은 유다가 아니라 요셉이었습니다. 그래서 유다는 요셉만 제거되면 실제적인 장남의 지위를 얻을 것이라 여겼을지도 모릅니다. 하지만 기대와는 달리, 요셉이 제거되었어도 변화된 것은 하나도 없었습니다. 오히려 그나마 통제되던 형제들 사이만 나빠졌을 뿐입니다. 그래서 자신의 길을 찾아야겠다고 생각하지 않았을까요? 희망 없는 이곳보다는 자기 뜻을 펼칠 곳을 찾아 나선 것으로 보입니다.

셋째는, 38장 1절과 39장 1절의 공통점에서 나타납니다. 39장 1절을 보면 "요셉이 이끌려 애굽에 내려가매 바로의 신하 친위 대장 애굽 사람 보디발이 그를 그리로 데려간 이스마엘 사람의 손에서 요셉을 사니라"에서 "내려가매"라는 표현이 있는데, 38장 1절에서도 "유다가 자기 형제들로부터 떠나 내려가서"라고 합니다. 유다가 왜 형제들을 떠났는지는 추측할 수밖에 없지만, 헤브론의 언약 공동체를 떠나 가나안으로 '내려가서' 그들과 함께 살았다는 것은 확실합니다. 반면에 요셉은 형들의 손에 의해 노예로 팔려 애굽으로 끌려 내려가서 삽니다. 본문은 가나안에서 살게 된 유다와 애굽에서 살게 되는 요셉을 비교 대조하여 설명하고자 하는 것으로 보입니다.

종합해 보면, 유다가 자기 형제들로부터 떠나 내려가서 아둘람 사람 히라와 가까이하면서 살게 된 것은, 의무와 관계로부터 자유로워 자기 마음대로 하고 싶었기 때문이라고 여겨집니다. 친구도 마음대로 사귀고, 마음대로 결혼하고, 마음대로 돈도 벌고 싶었기 때문입니다. 내가 하고 싶은 대로, 내가 보기에 좋은 대로, 내가 좋아하는 것, 마음대로 하고 싶었던 것이죠. 누구 눈치 살필 필요도 없고, 누구를 배려하거나 말을 들을 필요도 없기 때문입니다.

그러나 문제는 이것부터 시작된다는 점입니다. 아담, 가인, 노아의 가족을 제외한 인류, 바벨탑은 쌓은 사람들의 생각이 다 이러했습니다. 하나님께서는 우리를 이렇게 부르지 않으셨습니다. 우리에게 자기 마음대로 살라고 하지 않으셨습니다. 아브라함을 통해 언약 백성인 우리를 부르신 목적은 분명합니다. "여호와의 도를 지켜서 의와 공도를 행하게 하려고"(창 18:19) 우리를 선택하시고 부르셨습니다. 자, 유다의 문제가 무엇인지 이제 구체적으로 드러납니다. 자세히 살펴보도록 합시다.

내려가서 한 일

친구를 사귐

유다가 언약 공동체로부터 떠나 처음 한 일은 친구 아둘람 사람 '히라'를 사귀는 일이었습니다(38:1, 12). 히라는 38장의 유다 이야기의 분기점마다 등장하는 독특한 친구입니다. 38장을 세 부분으로 나누면 1–11절, 12–23절, 24–30절인데, 유다가 가나안에 정착한 내용인 첫 번째 단락 1절에서, 또 두 번째 단락 12절에 다말과의 관계를 맺게 되는 이유로, 그리고 세 번째 단락 20–23절에서 다말이 가진 담보물을 찾기 위해 유다 대신 나서는 장면에 등장합니다. 히라는 각 단락마다 아주 중요한 조언자와 조력자로서 등장하고 있습니다. 그만큼 유다에게 히라의 존재는 대단했습니다.

유다는 아브라함의 자손입니다. 하나님께서 선택하신 언약 백성입니다. 말과 생각과 행동이 하나님의 뜻과 하나님 나라와 하나님 영광을 위해 살도록 부름을 받은 사람입니다. 그런데 지금 누구의 말을 듣고, 누구의 조언을 따라 살고 있는 것으로 보입니까? 어려울 때마다, 중요한 선택을 할 때마다 누구를 신뢰하고, 어떤 도움을 받아 살아갑니까? 우리말에 "끼리끼리 논다"는 말이 있습니다. 누구랑 어울리며, 누구랑 대화하느냐에 따라서 언어와 생각이 변하게 됩니다. 가치관에 영향을 받게 됩니다. 유다가 점점 어떻게 무너지나요? 히라와 '가까이' 하면서 그의 정체성은 무너지기 시작했습니다. 여러분은 지금 누구랑 어울리며 살아가고 있습니까? 여러분의 친구는 누구입니까? 여러분은 주로 누구랑 어떤 주제로 대화합니까? 하나님과 하나님의 말씀을 나누는 시간은 많습니까?

결혼과 출산

유다는 히라와 가까이하면서 자연스럽게 가나안 사람 수아의 딸을 보고 그녀와 결혼합니다(38:2). 유다가 수아의 딸과 결혼한 이유는 단 하나, '보고' 데려온 것뿐입니다. 이것이 결혼인가요? 그냥 보고 데려와 동침했다고 합니다. 수아의 딸이 얼마나 대단한 미인인지는 모르겠지만, 확실한 사실은 아무것도 묻지도 따지지 않고 자기 좋은 대로, 자기 하고 싶은 대로 했다는 사실입니다.

여러분, 결혼은 어떻게 해야 하나요? 아버지 야곱이 결혼하기 위해 얼마나 고생했나요? 자기 어머니 레아가 아버지 때문에 얼마나 고생이 많았습니까? 할아버지 이삭의 결혼은 또 어떤가요? 모두가 아내를 가나안 땅에서 얻지 않으려고 노력했던 것을 유다는 정녕 잊었단 말인가요? 도대체 유다는 무슨 생각으로 이런 일을 했을까요? 수아의 딸이 이방인이라서 문제가 되는 것은 아닙니다. 이방인이라도 언약 공동체에 들어와 머물 수 있습니다. 문제는 언약 공동체를 떠나 자기 마음대로 하면서 살아가는 인생의 모습입니다.

그리고 유다는 연이어 엘, 오난, 셀라 모두 3명의 아들을 낳습니다. 유다의 자녀 교육은 어땠을까요? 엉망입니다. 혹 자녀에 대한 사랑이 컸을지 몰라도, 그 자녀들은 하나님 보시기에 악했습니다. 첫째 엘은 "여호와 보시기에 악"했다고 하는데(38:7), 여기서 악했다는 것은 하나님께 대한 예배와 관련된 용어입니다. 엘의 삶 자체가 하나님과 상관없는 인생이었다는 말입니다. 건강, 행복, 재물, 즐거움만 추구했을 것이 분명합니다. 그러자 하나님께서는 회개할 기회도 주시지 않고 진노를 쏟으셨습니다. 둘째 오난도 마찬가지입니다. 형이 죽자 형사취수제(계대결혼)를 따라 규정된 의무는 행했지만 형의 대를 이어야 하는 자신의 임무는 거부했습니다. 그의 관심은 오롯이 아버지의 유산이었습니다. 당시 유산 상속은 장자에게 50%를 주고 나머지를 형제들이 나눠 가졌는데, 자기가(오난) 형수에게 아들을 낳아 주면 자기의 몫이 줄어들기에 "그 씨가 자기 것이 되지 않을 줄 알므로" 거부했습니다(9절). 오난의 문제는 형수를 자기의 아내로 맞아들여서 육체적인 즐거움을 얻는 일에는 동의하면서, 아들을 낳아 대를 잇게 하는 일에는 악의적인 일을 했다는 것입니다. 이 일은 여호와 보시기에 악하였으므로, 하나님께서는 오난도 죽이셨습니다. 유다의 아들들의 모습은 언약 공동체를 떠나 악한 문화 속에서 하나님의 영광과 아무런 상관없는 인생의 걸음을 보여 줍니다. 이 일은 유다로부터 시작된 일입니다. 유다는 아들이 죽어 나가는데도, 어찌하여 이런 일이 일어났는지 상황을 살피거나 하나님께 묻지도 않고, 허겁지겁 남은 막내아들만 보호하기에 급급합니다.

유다가 가나안으로 내려가 친구를 사귀고 결혼하여 아들을 낳았다는 것은 무엇을 의미할까요? 우리가 세상의 문화와 평화롭고 조화롭게 살아가게 될 때, 우리 자신도 모르게 세속적 가치에 빨려 들어가게 된다는 것을 보여 줍니다. 신앙으로, 말씀으로 자신을 둘러싸지 않으면, 외부의 세속적인 영향력이 나를 감쌀 것이라는 말입니다. 이처럼, 유다의 가정 이야기는 하나님의 백성이 하나님의 말씀에 지배되지 않으면 어떻게 되는지를 여실히 보여 주고 있습니다.

다말은 마녀인가

이제 유다에게는 아들이 하나밖에 남지 않았습니다. 귀한 자식 둘을 잃은 유다에게 큰 아픔과 고통이 있었을 것입니다. '끔찍이 사랑하는 아들 둘이나 죽었으니 살아남은 아들을 어떻게 해야 하는가?' 생각해 보니 문제의 근원이 다말이라고 생각했습니다. 유다는 다말 때문에 정상적인 첫째 아들 엘이 죽고, 다말과 결혼한 둘째 아들 오난도 죽는 것을 보니 덜컥 겁에 질렸을 것입니다. '이 여자가 우리 집안을 다 말아먹는구나'라고 생각했을 것입니다. 마치 마녀처럼 생각했을지도 모릅니다. 그래서 유다는 다말에게 막내아들을 주지 않으려는 계략을 폅니다. 그런데 문제가 하나 있습니다. 그 당시 과부는 사회적으로 가장 약자의 신세였습니다. 아무도 과부인 그녀를 보호하지 않았습니다. 그래서 11절에 친정으로 가서 너의 아버지 집에서 보호를 받다가 막내아들 셀라가 준비되면 그때 다시 오라는 말을 한 것입니다. 하지만 유다의 속마음은 다릅니다.

셀라도 그 형들같이 죽을까 염려함이라 _ 창 38:11

막내가 아직 결혼하기에 이른 나이인 것은 사실이지만, 문제의 근원인 다말을 제거하기 위한 유다의 속임수였을 뿐입니다. 유다는 하나 남은 내 자식이 죽으면 안 되는 것에 온통 정신이 팔립니다. 자식은 자기의 소유가 아니라 하나님께서 주신 기업임에도 불구하고 자기 마음대로 하려고 하는 유다의 모습을 보여 줍니다. 그런 다음, 다말이 어찌 되든지 상관하지 않고 그녀와의 약속도 무시합니다. 다말보다 아들이 더 중요하니까요.

이렇듯 유다가 언약 공동체인 교회를 떠나 가나안에 머무는 기간이 길어질수록 생각과 행동은 그 땅의 사람들처럼 변해 갔습니다. 무엇이든 처음에는 조금 물들어 변색이 될지라도, 오래되면 굳어 딱딱해지는 법입니다. 다말은 마녀가 아니었습니다. 그저 평범한 여인이었습니다. 유다는 다말이 가장 약자인 과부로서 보호를 받아야 하는 여인임에도 불구하고, 모든 잘못을 그녀에게 전가하는 부도덕한 사람으로 변해 갑니다. '유다가 아무리 변해 갔다고 해서 모든 것이 나빴겠는가?'라고 두둔할 수 있을지 모르겠습니다. 히라와 친하게 지내는 것을 보면 악마는 아니지 않냐고 할지도 모르겠습니다. 그러나 유다는 하나님의 백성으로서의 삶에서 이미 멀어졌습니다. 그것이 그의 가장 큰 문제였습니다.

언약을 붙잡는 것이 옳도다

다말은 이런 상황에서 자신이 살 방법을 찾습니다. 우리 상식으로는 잘 이해가 안 되지만, 그녀는 과부의 옷을 벗고 창녀의 모습으로 가장합니다(14절). 사실, 자신을 알아보지 못하도록 아무리 너울로 얼굴을 가린다 하더라도, 유다가 못 알아볼 수는 없었습니다. 다말을 데려다 며느리로 삼은 것은 유다였기 때문입니다(5절). 그럼에도 불구하고 유다가 창녀로 가장한 다말을 못 알아본 이유는 다말이 단순한 창녀가 아닌 신전 창녀의 모습을 하고 있었기 때문입니다. 유다가 다말을 만난 시기가 "양털을 깎으려고 딤나에" 왔을 때라고 했습니다(12-13절). 고대에는 양털 깎을 때 축제가 있었고, 풍년을 기원하며 신전 창녀들과 관계를 맺던 풍습이 있었습니다. 다말이 신전 입구 에나임 문에 앉아 있었기에, 유다는 그녀가 당연히 신전 창녀라고 생각했을 것입니다.

신전 창녀로 둔갑한 다말은 자신과 관계하기를 원하는 유다에게 담보물로 도장과 끈과 지팡이를 요구하고서 받아 냅니다. 그러고는 유다와 관계를 맺고, 임신을 하게 되죠(18절). 그런 다음 그녀는 도로 과부의 옷으로 갈아입습니다(19절). 이후에 유다는 자신의 담보물을 돌려받기 위해 히라에게 신전 창녀를 찾으라고 합니다. 그러나 쉽게 찾을 수가 없었기에, 이내 찾는 일을 그만두라고 하는데요. 왜냐하면, "부끄러움을 당할까" 두려웠기 때문입니다(23절). 뒤늦게 자신의 잘못을 알게 된 것입니다. 유다가 다말과 관계했을 때는, 아내가 죽은 지 얼마 되지 않은 시점이었거든요(12절). 마치 둘째 오난이 육체적인 만족만 얻으려고 다말과 관계했던 것과 같은 모습입니다. 아내가 죽자 육체적인 만족을 위해 창녀와 관계를 맺었으니 누구에게 알려질까 두려웠던 것입니다. 유다는 여전히 자신의 명예가 중요했습니다.

하나님께서 인류 가운데 아브라함을 선택하여 부르시고 언약을 맺으시면서 복을 주셨습니다. 이 언약의 복은 아브라함 혼자에게만이 아니라 대대손손 자녀들에게 주신다고 하셨습니다. 따라서 그 가족의 일원이 되는 것, 즉 아브라함의 자손으로서 함께 하는 것은, 하나님의 복에 참여하는 일이 됩니다. 반면 이스마엘과 에서를 통해서 우리가 확인하는 것은, 언약 공동체를 떠나면 아브라함의 복을 누리지 못한다는 사실입니다. 그러므로 유다가 야곱의 집안을 떠나서 가나안에 머물렀다는 것은, 언약의 하나님을 잊고 언약을 주신 하나님의 뜻을 가볍게 여기고 있음을 보여 주는 것입니다. 그런데도 유다는 자신의 신분을 자랑스럽게 여겼습니다.

그렇다면 다말은 왜 이런 일을 꾸몄을까요? 이방 여인, 가나안 여인으로서 유다 집안의 며느리가 된 다말은 유다와 함께 살면서 시아버지가 어떤 인물인지 아브라함의 집안 내력을 듣게 되었습니다. 한 번도 듣지 못한 하나님의 언약 이야기를 듣게 되었습니다. 시아버지는 옛날이야기 하듯 했을지 모르지만, 그녀는 하나님의 언약과 관련한 복을 사모하게 되었고, 언약을 통해 구원의 소식을 기쁨으로 받아들였습니다.

그리고 다말은 첫 번째 남편의 죽음을 보면서, 하나님의 놀라운 일을 다시 확인하게 되었을 것입니다. 두 번째 남편인 오난의 죽음은 더 확실했습니다. 유다는 몰랐겠지만, 다말은 하나님이 살아 계시고 악한 일에 대해 심판하시는 분이시라는 확신을 갖게 되었습니다. 그리고 아버지가 막내를 저렇게 아끼는 것을 보면서, 이 집안의 '씨'가 얼마나 중요한지를 확증했을 것입니다. 따라서 어떻게든 이 언약의 집안을 붙잡기로 합니다. 다말이 어떻게 해야 언약을 붙잡을 수 있을까요? 다말이 어떻게 해야 이 언약에 동참하게 할 수 있었을까요? 바로 언약의 어머니가 되는 것이었습니다. 부부는 혈통적으로 함께하지 못하지만, 엄마는 언약의 자손과 혈통적으로 연결되기 때문입니다. 자연스럽게 아들이 중요하게 되었습니다. 그래서 다말은 이 일을 위해 자신의 모든 것을 걸었던 것입니다.

이 모든 일이 밝혀졌을 때, 유다는 의외로 다말의 행동을 책망하지 않았습니다. 오히려, "그는 나보다 옳도다"라고 했습니다(26절). 그녀가 죄가 없다는 말이 아닙니다. 선한 결과를 위해서 잘못된 선택을 정당화하는 것은 더더욱 아닙니다. 다만 유다는 "내가 그를 내 아들 셀라에게 주지 아니하였"기 때문이라고 합니다. 즉, 그녀가 언약의 상속자가 되려고 한 사실이 옳다고 말하는 것입니다.

여러분, 우리는 죄인입니다. 우리는 하나님 앞에서 이방인입니다. 우리의 행위는 어느 것이든지 하나님 앞에서 더러운 자입니다. 그러나 우리는 은혜로 주신 언약을 붙잡고, 그분의 자비하심과 의로우심을 붙잡고 나아가야 의롭게 됩니다. 그것이 가장 큰 행복이라는 사실을 다말이 보여 주고 있습니다.

죄는 죄를 더하여 낳고

유다가 자기 형제들로부터 떠나자 죄는 죄를 낳고, 죄를 더하여 죄를 짓는 일이 발생했습니다. 언약 공동체로부터 떠나 자기가 보기에 좋은 대로, 자기 마음대로 사는 사람이 할 수 있는 일이란 죄를 짓는 것뿐입니다. 죄는 고의로, 계획을 세워서 짓는 것이 아님을 기억해야 합니다. 하나님께서는 우리가 언제 죄를 짓는다고 하셨나요? 선을 행하고 있지 않은 때입니다. 하나님의 말씀에 귀를 기울임으로 하나님의 뜻을 묻지 않고 행하는 모든 행위가 죄라는 것을 잊어서는 안 됩니다. 두려움과 떨림으로 일상의 모든 일을 돌아보지 않으면, 어느덧 죄 가운데 서 있는 자신을 발견하게 됩니다. 믿음이 활동하지 않고 힘으로 작용하지 않을 때, 은혜에서 가파르게 추락한다는 사실을 잊으면 안 됩니다.

유다, 다말을 보라

유다는 이 사건 후에 형제들에게 돌아갑니다. 헤브론에 기근이 들어 애굽에 양식을 사러 갈 때 "요셉의 형 열 사람이" 왔다고 합니다(42:2). 또한, 그냥 돌아가는 것으로 그치지 않고 변해서 돌아갑니다. 요셉이 형들을 시험하여 베냐민을 억지로 데려오라고 할 때, 베냐민까지 잃을 수 없다고 절대 안 된다는 아버지에게 자신의 목숨을 걸면서까지 막내인 베냐민을 지키겠다고 나서는 유다를 보게 됩니다(43장). 어찌 된 일이죠? 유다는 다말의 행동이 "나보다 옳도다"라고 말한 것을 기점으로 변화된 것입니다. 다말의 행동은 사실 "불사름"을 당할 만한 일이었습니다. 하지만 다말의 행동은 유다 자신 때문에 일어난 일이었고, 유다의 죄 때문에 다말이 수치를 무릅쓰고 일을 저지른 것이었습니다. 그러므로 유다가 다말에게 너의 허물은 내 탓이라고 한 것입니다. 유다는 친구를 통해서, 결혼을 통해서, 자식을 통해서, 명예를 통해서 자신의 정체성을 확인하는 죄를 지었습니다. 그러나 하나님 백성의 자기 정체성은 하나님의 언약을 통해서 확인됩니다. 이것을 다말이 확인시켜 주었고, 확신을 주었습니다. 유다는 다말을 통해 하나님의 은혜를 다시 받은 것입니다.

하나님은 다말을 정죄하지 않으셨습니다. 오히려 다말을 통해 예수님 탄생의 위대한 일이 이루어집니다. 마태복음 1장 3절을 보면, 베레스(유다의 아들, 창 38:29)를 통해 다윗을 낳게 되고, 다윗은 예수님을 낳게 됩니다. 유다의 이야기에서 하나님은 자기 뜻을 분명하게는 알려 주시지 않았기 때문에, 그 목적과 뜻이 무엇인지 정확하게 읽어 내기란 쉽지 않지만, 인간의 부침(浮沈)에도 하나님의 일은 좌절되지 않음이 은밀하게 드러나고 있습니다. 유다는 큰 죄 가운데 있지만, 하나님의 자비는 언제나 우리를 향하고 있습니다. 우리는 실패와 좌절을 맛봅니다. 때론 악한 일에 동참하거나 악한 일의 주동자가 되기도 합니다. 하지만 하나님은 그것을 선으로 바꾸사 당신의 일을 하고 계심을 기억합시다. 죄인이요, 의의 모습은 하나도 볼 수 없는 자들을 '의의 백성'이라, '하나님의 자녀'라 부르시는 놀라운 일들이 예수 그리스도를 통해 우리 앞에 있습니다.

06 여호와께서 요셉과 함께하시므로
창 39:1-6

> 여호와께서 요셉과 함께하시므로 그가 형통한 자가 되어 그의 주인 애굽 사람
> 의 집에 있으니(2절)

유다와 비교되는 요셉

옛말에 뒤로 넘어져도 코가 깨진다는 말이 있습니다. 재수가 없는 사람은 무엇을 해도 안 된다는 말입니다. 마치 39장에서의 요셉의 인생을 말하는 것으로 보입니다. 노예로 끌려갔었지만, 그의 성실함으로 인해 성공의 길에 들어서자마자 유혹은 그를 가만두지 않았습니다. 진실함의 무기로 유혹을 물리치려 했지만, 도리어 상처투성이 패잔병이 되어 감옥에 갇힙니다. 뭘 해도 안 되는 인생이지 않습니까?

하지만 하나님은 다르게 말씀하십니다. 39장의 시작과 마지막 부분에 공통으로 말씀하십니다. 2절입니다.

> 여호와께서 요셉에게 함께 하시므로 그가 형통한 자가 되어 그의 주
> 인 애굽 사람의 집에 있으니 _ 창 39:2

비록 노예이지만, 하나님이 함께하셔서 형통한 자가 되었음을 보여 줍니다. 마찬가지로 23절에서 "여호와께서 요셉과 함께하심이라 여호와께서 그를 범사에 형통하게 하셨더라"라고 합니다. 요셉이 억울하게 감옥에 갇혔지만, 여호와께서 함께하심으로 형통한 자가 되었다는 말입니다. 여기서 하나님은 중요한 삶의 원리를 말씀하고 계십니다. 하나님께서 계신 그곳이 어디나 하늘나라요, 우리의 참된 복이라는 사실 말입니다.

하나님께서는 38장의 유다와 39장의 요셉을 대조하여 보여 주십니다. 유다는 번영의 땅인 가나안에 살았지만 비참한 삶을 살게 되고, 요셉은 노예로 팔렸어도 풍성한 삶을 살게 됩니다. 유다는 자유롭게 친구도 사귀고, 이쁜 아내도 얻고, 자식도 얻으며, 며느리도 얻고, 재산도 많이 불렸습니다. 하지만 요셉은 노예로서 자유도 잃고, 억울함을 당하고서 또 다시 감옥행입니다. 그런데도 유다의 삶에는 하나님이 없습니다. 이는 부족함이 없어 보이는 삶이 복된 삶과 풍성한 삶이 아님을 가르쳐 줍니다. 환경이나 사람이 행복을 결정하는 것이 아니라, 내가 서 있는 곳, 내가 일하는 곳에 하나님이 함께하시는가가 참된 복을 결정한다는 것입니다. 이 강조가 39장을 휘감고 있습니다. 2절과 23절이 샌드위치로 정확하게 표현합니다. "여호와께서 함께하시므로 형통하게 되었다."

이렇게 본다면, 우리의 처지나 형편으로 하나님의 복을 평가할 수 없습니다. 잘 풀리고, 잘 살고, 돈 많이 벌고, 근심 걱정이 없어지는 것이 과연 행복이며, 형통일까요? 반대로, 일이 꼬일 대로 꼬이고, 계획하던 일이 제대로 되지 않고, 돈은 늘 부족하고, 자녀들은 내 의지와 다르게 커가는 것이 곧 불행이며 하나님의 부재일까요? 코로나19 때문에 당하는 수많은 상황들이 우리에게 복일까요, 불행일까요? 나뿐 아니라 모든 사람이 고통받으니까 그저 잘 견디면 되는 건가요?

우리의 행복과 형통은 우리의 처지나 형편과 무관합니다. 우리가 어떤 상태에 있든지, 우리의 형편이 어떠하든지 하나님은 항상 함께하신다는 사실이 곧 복이요 형통함입니다. 본문은 이러한 사실을 우리에게 가르쳐 주고 있습니다.

그러므로 우리는 본문을 통해 하나님께서 요셉과 함께하심으로 누리는 복의 정체성을 살필 것입니다. 우리 모두에게 하나님의 함께하심으로 누리는 복이 임하기를 바랍니다.

하나님을 경외하는 요셉

형들에게 노예로 팔린 요셉은 앞이 깜깜했습니다. 정서적으로 굉장히 불안했겠죠. 가족과 멀리 떨어져 낯선 땅으로 끌려가는 모습을 상상해 보십시오. 시편 105편 18절이 이때의 모습을 알려 줍니다.

그의 발은 차꼬를 차고 그의 몸은 쇠사슬에 매였으니 _ 시 105:18

유다는 자신이 원해서 세상의 많은 것을 즐기기 위해 가나안으로 갔지만, 요셉은 억울하게 고난을 당하기 위해 애굽으로 갑니다.

그러나 상황은 다르게 진행됩니다. 예상과 달리 요셉은 승승장구하게 됩니다. 어떻게 된 일일까요? 요셉의 삶은 무너진 삶이요, 희망이 없는 삶처럼 보였는데, 대체 무슨 일이 일어난 것일까요? 노예 요셉을 산 주인 보디발에게 어떤 변화가 일어났기 때문입니다. 3절에서 보디발은 요셉과 함께하시는 하나님을 "보며", "보았더라"라고 합니다. 도대체 무엇을 봤다는 말일까요? 보디발은 하나님을 모르지 않습니까? 1절과 2절, 3절의 행간에 숨겨진 내용을 찾아야합니다.

보디발은 이스마엘 사람들에게서 요셉을 삽니다. 요셉이 가치가 있었기 때문입니다. 요셉은 보디발의 눈에 띄었음이 분명합니다. (나중에 문제가 되는 발단이기도 한) 그의 용모가 빼어나고 아름다웠기 때문입니다. 증조할머니인 사라, 할머니 리브가, 어머니 라헬까지 모두 미인이었다는 것을 기억해 봅시다. 여기서 용모가 빼어났다는 건 신체도 건강했다는 뜻을 포함합니다. 보디발은 17세 청년인 요셉이 너무나 마음에 들었습니다. 처음에는 보기에 좋으니 요셉을 샀지만, 나중에 보니 자신이 횡재했다고 생각하게 되는데요. 요셉에게는 다른 사람에 없는 특별함, 뭔가 다른 '무엇'이 있었기 때문입니다. 그것은 바로 '하나님이 함께하심'입니다. 한마디로, 하나님을 경외하는 요셉을 보았다는 말입니다. 그렇다면 요셉은 어떻게 자신과 함께하시는 하나님을 보디발이 볼 수 있도록 했을까요? 노예로서 자신의 경건을 유지한다는 것이 그렇게 쉬운 일인가요?

80-90년대, 서울에 청년 대학생들이 많이 모이는 유명한 교회

가 있었습니다. 합동 측은 내수동교회, 제자들교회, 사랑의 교회 등입니다. 고신 측은 서문교회, 서울중앙교회, 서울시민교회입니다. 지방에서 서울에 있는 대학에 진학거나 취직한 청년들이 학사나 주변의 하숙집을 통해 정착하여 머문 교회입니다. 이 교회에서 한국 교회의 많은 위대한 인물들이 탄생했습니다. 그런데 사실, 대학 생활에서 학사와 교회는 방해가 될 때가 많습니다. 특히 교회에서 제공하는 학사에 머물 경우, 통금 시간, 새벽 기도회, 수요 기도회, 금요 기도회, 토요일 모임, 주일에 이루어지는 각종 봉사로 쉴 틈을 주지 않습니다. 사람들과 어울릴 시간도 별로 없겠죠. 그렇다 보니 처음에 타향살이 시작할 때, 발판 삼아 교회를 이용하는 사람들이 있습니다. 적응이 좀 되면 떠납니다. 더불어 시간이 지나면서 세상이 주는 기쁨이 크다는 것을 알게 됩니다. 놀 것이 얼마나 많고, 얼마나 재미있겠습니까? 이민 사회도 마찬가지라고 합니다. 이민 교회는 이민자에게 필수 코스입니다. 아무것도 모르는 사람들이 교회의 도움을 받아 집과 차를 얻고, 각종 문화를 배우고 익혀 갑니다. 그러다 이민 생활이 적응되면 자기 살기에 바빠서 교회를 잊거나, 자기 마음에 드는 교회로 이동한다고 합니다. 이렇게 낯선 땅에 나선 사람들은 지방에서, 혹은 한국에서 누리지 못한 문화의 공격에 앞에 맥없이 무너지는 경우가 많습니다.

보디발이 본 요셉의 하나님

요셉도 마찬가지였습니다. 아니, 더 어려운 상황이었습니다. 요셉은 노예였습니다. 거기에다 이방인이었습니다. 한적한 시골 산 골에 살던 사람이 가장 찬란한 문명을 자랑하던 애굽으로 끌려왔 습니다. 얼마나 놀라웠을까요? 그런데도 요셉은 찬란한 문명이 가 진 애굽에 동화되지 않았습니다. 오롯이 하나님과 함께했습니다. 대체 요셉은 어떻게 애굽 문화에 동화되지 않을수 있었을까요? 보 디발이 요셉을 통해서 보게 된 것은 다음과 같습니다.

첫째, 요셉은 말씀을 굳게 붙잡았습니다. 요셉의 꿈은 하나님의 특별한 계시이므로 아브라함을 통해 주신 하나님의 약속이 자신을 통해서 펼쳐진다는 사실을 확신했습니다. 지금 현재, 하나님의 약 속이 어떤 방식으로 이루어지는지는 모르지만, 하나님의 뜻은 분 명했습니다. 자신이 비록 노예로서 산다고 할지라도, 감옥에 갇혀 빛을 보지 못한다고 할지라도, 하나님께서 반드시 곡식단의 꿈과 해와 달과 열한 별이 자신에게 절하게 될 것이라고 자신을 높이 쓰 실 거라고 믿었습니다.

둘째, 요셉은 자기가 언약 백성임을 분명히 했습니다. 하나님 을 섬기는 히브리인임을 분명히 했습니다. 보디발의 아내가 요셉 을 모함하면서 곤경에 빠뜨리려고 할 때, 요셉을 무엇이라고 불렀 습니까? "히브리 사람"이라고 합니다(14절). 요셉은 동료들과 주인 에게 자신을 분명하게 알린 것입니다. 그는 예배와 기도를 눈치 보 며 하지 않았을 게 분명합니다. 40장에서 관원들의 꿈을 해석할 때 도, "해석은 하나님께 있지 아니 하니이까"라고 분명하게 밝혔으며 (40:8). 41장에서 요셉이 바로의 꿈을 해석할 때도 "히브리 청년"으로 소개되었고(41:12), 꿈의 해석 또한 "내가 아니라 하나님께서 바로에게 편안한 대답을 하시리이다"라고 분명히 말합니다(41:16).

셋째, 하나님께 진실함이 사람에게 진실함으로 나타납니다. 요셉이 보디발의 가정 총무가 된 이유는 "그의 주인에게 은혜를 입어 섬기게" 되었다고 합니다(4절). 이 말은 그가 노예 신분에서 벗어나기 위해 주인의 눈에 띄어야겠다는 목적으로 온갖 수단을 동원하여 일했다는 말이 아닙니다. 아첨과 허영은 순간적으로 사람의 눈을 가릴 수 있지만, 시간이 지나면 점점 분명해집니다. 반면에 성실과 노력은 당장에 보이지 않지만, 시간이 지날수록 진가가 드러납니다. 요셉은 애굽의 언어와 문화에 적응하고 공부해야 했으며, 주어진 일을 정말 열심히 했을 것입니다. 하나님의 지혜를 가지고 은혜받은 자로서 성실하게 살았을 것입니다. 그래서 보디발은 "자기의 소유를 다 그의 손에 위탁"했다고 합니다(4절). 그러자 더 확실하게 하나님의 함께하심이 증명됩니다. 5절을 보면 "그가 요셉에게 자기의 집과 그의 모든 소유물을 주관하게 한 때부터 여호와께서 요셉을 위하여 그 애굽 사람의 집에 복을 내리시므로 여호와의 복이 그의 집에 밭에 있는 모든 소유에 미친지라"라고 하는데, 요셉은 사람에게 보이기 위해서 부지런하게 성실함으로 일한 것이 아니라 하나님 앞에서 진실하게 행동했습니다. 그러자 그 행동이 사람들에게 자연스럽게 드러난 것입니다.

하나님이 함께한다는 것이란

자전거를 처음 배울 때, 빨리 배우는 방법이 무엇일까요? 단순히 안장에 앉아 몸의 중심을 잡고 페달을 밟으면 빨리 배우게 될까요? 아닙니다. 수없이 넘어져야 배울 수 있습니다. 넘어지는 것도 그냥 넘어지는 것이 아니라 다치지 않게 넘어지는 법을 배워야 자전거 타는 법도 빨리 배울 수 있습니다. 스케이트나 롤러블레이드도 마찬가지입니다. 잘 타는 법을 배우기 위해서는 우선 잘 넘어지는 법, 다치지 않고 넘어지는 법을 배워야 합니다. 자전거를 빨리 배우지 못하는 이유는 대개 넘어지는 것에 대한 두려움 때문입니다. 넘어져도 다치지 않는다면 두려움 없이 배울 수 있습니다. 넘어지는 것이 두려우면 실패에 대한 저항으로 인해 잘 배우지 못합니다. 우리의 삶도 마찬가지입니다. 많은 사람이 자신의 인생과 마음에 생채기가 나는 것이 두려워 전전긍긍합니다. "실패는 성공의 어머니"라고 하지만 그것은 성공한 사람들의 이야기이고, 내 인생에는 성공하는 경우보다 실패하는 경우가 더 많아 보입니다. 도대체 우리는 언제까지 깨져야 하고 부서져야 하는 것일까요? 요셉도 마찬가지였습니다.

요셉이 구덩이에 빠졌을 때, 얼마나 살려달라고 외쳤습니까. 형들이 요셉을 팔려고 구덩이에서 끌어올렸을 때 요셉은 정말 다행이다 싶었을 것입니다. '이제, 형들이 용서했구나' 하고 생각했을 것입니다. 하지만 돌아온 것은 쇠사슬과 차꼬였습니다. 전혀 상상하지 못했던 '노예'로 전락해 버린 것입니다. 그런데도 요셉은 자신이 비록 넘어졌으나 다 망가져 버린 인생이라고 생각하지 않았습니다. 넘어지고 엎어지고 꼬꾸라져도 일어서는 법을 알았습니다. 요셉은 노예였지만 보디발의 집에서 높임을 받았던 이유를 2절에서 먼저 말하고 있습니다. "여호와께서 요셉과 함께하시므로 그가 형통한 자가" 되었다고 말입니다(2절).

주시는 하나님

재미있게도 보디발의 이름의 뜻은 애굽의 신 '라가 준 사람'이라는 뜻입니다. 그런데 5절에 보면 보디발은 '라'가 아니라 요셉의 하나님이 주고 있다고 고백합니다. 보디발의 이 말은 요셉과 함께하시는 하나님께서 보디발의 입을 통하여 요셉에게, '우리에게 모든 것을 주시는 분은 하나님'이심을 말씀해 주고 있습니다. 즉 하나님께서 복을 주셔야 번성하게 된다는 것을, 세상의 통치는 인간의 재능과 열심이 아니라 세상의 주관자이신 하나님의 손길에 달려 있음을 말입니다. 혹시 우리의 삶이 반복되는 실패의 경험 속에 있거나, 실패의 연속으로 인해 엄청난 좌절과 자기 비하에 시달리거나, 갖은 방법으로 실패의 자리에서 벗어나고자 노력하나 여전히 제자리인 것처럼 느껴진다면, 여러분의 그 치열한 삶의 현장에 과연 하나님이 계시는가를 살펴보기 바랍니다.

암울한 그림자

단, 오해하지 맙시다. 하나님께서 함께하시면 무조건 실패가 아닌 성공이 우리 삶을 지배할 것이라는 오해 말입니다. 요셉은 보디발의 가정 총무가 되어서 승승장구하는 것처럼 보입니다. 물론 하나님께서 함께하시니 그의 삶은 형통했습니다. 그러나 그는 다시 감옥에 갇힙니다. 자신의 불성실과 거짓과 불순종에 의한 도덕적 타락이 아닌 모함과 유혹을 거부했다는 것 때문에 감옥에 갑니다. 이것은 우리에게 하나님께서 함께하시면 모든 어려움으로부터 완전히 구출을 받게 된다는 말이 아님을 알게 해줍니다. 우리가 요셉처럼 말씀에 깨어 있고, 언약 백성임을 분명히 하고, 진실함이 여럿에게 증명된다고 할지라도, 현실 세계에서는 어려움에 부닥칠 수도 있음을 보여 주는 것입니다. 그러나 놀라지 말라고 하십니다. 왜냐하면, 하나님께서 우리와 함께하시기 때문입니다.

다말과 같은 요셉

요셉은 다말과 유사합니다. 다말이 이방인임에도 불구하고 예수님의 계보를 잇는 위대한 믿음의 조상이 되었던 이유가 무엇이죠? 언약 백성의 특권을 붙잡은 것이었습니다. 언약 공동체인 교회로부터 자신을 분리하지 않았다는 것입니다. 요셉도 마찬가지입니다. 자신은 하나님의 약속을 붙잡고 살아가는 언약 백성이라고 여기며, 어쩔 수 없이 노예로 팔려 왔지만 환경을 탓하지 않고, 있는 자리에서 자신의 정체성을 확인하면서, 지금 이곳에서도 살아 계시사 역사하시는 하나님을 붙잡고 신실하게 살아갔습니다. 다말 에게 유다의 증표인 도장과 끈과 지팡이가 자신의 목숨을 구하는 담보물이 되었듯이, 요셉은 하나님의 꿈을 담보물로 붙잡고 살아 갔습니다. 그러니 어떤 상황에서도 교회를 떠나서는 안 됩니다. 교 회를 통해 주시는 주님의 은혜가 있기 때문입니다. 동시에 우리는 예수 그리스도의 흔적을 몸에 새기고(갈 6:17) 예수 그리스도의 향 기를 내야 합니다(고후 2:14-17). 그리스도의 향기로 말미암아 사망 에서 생명으로 나아가는 복을 전할 수 있기 때문입니다.

07 하나님께 죄를 지으리이까
창 39:7-18

이 집에는 나보다 큰 이가 없으며 주인이 아무것도 내게 금하지 아니하였어도 금한 것은 당신뿐이니 당신은 그의 아내임이라 그런즉 내가 어찌 이 큰 악을 행하여 하나님께 죄를 지으리이까(9절)

선 줄로 생각될 때

요셉은 성실함과 진실함으로 보디발의 눈에 띄어 집의 감독이자 가정의 총무가 되었습니다(39:4). 애굽에서의 감독은 소나 곡창지대의 관리를 말합니다. 41장 34절을 보면, 감독은 사원이나 황실을 감독하거나 도시 또는 그 지역 전체를 담당하기도 했습니다. 요셉은 감독자로서 보디발의 집의 모든 재산을 관리했습니다. 노예에서 단숨에 관리자가 된 것입니다. 하나님께서 함께하시는 은혜가 얼마나 놀라운지 모릅니다. 요셉은 말도 통하지 않고, 문화도 다른 애굽에 온 지 얼마 지나지 않았는데도 이런 놀라운 복을 받았습니다. 하지만 이것도 잠시, 이내 큰 시련이 찾아옵니다. 큰 유혹이 그를 가만두지 않았습니다. 보디발 아내의 유혹입니다.

보디발이 요셉을 사들인 결정적인 이유는 그의 용모가 빼어나고 아름다웠기 때문이라고 했습니다(6절). 노예로 쓰기에는 너무나 아까운 사람이었습니다. 그렇다 보니 보디발의 아내에게도 치명적인 매력을 안겨 주었을 것입니다. 사실, 요셉은 너무 가진 게 많은 사람이었습니다. 보디발은 바쁘고, 살갑지 않고, 권위적인 남편이었을 것이 분명합니다. 그러나 요셉은 성실하고, 친절하고, 용모까지도 빼어나니 보디발의 아내가 어찌 가지고 싶지 않았겠습니까? 요셉은 노예이고 자신은 주인이지 않습니까? 보디발의 아내는 요셉을 마음대로 할 수 있을 것으로 생각했습니다. 하지만 요셉은 호락호락하지 않았습니다. 단호하게 거절합니다.

본문은 우리에게 이런 유혹이 언제든지 우리를 기습할 것이라고 말합니다. 7절이 "그 후에"로 시작함을 눈여겨봅시다. 그 후는 언제입니까? 요셉이 감독자가 되고 난 이후입니다. 요셉은 현재 완전한 성공을 이룬 게 아닙니다. 요셉이 성공의 발판을 디뎠을 때, 유혹이 찾아옵니다. 더 큰, 확실한 성공을 가져올 미끼가 찾아온다는 말입니다. '내가 하라는 대로 하면, 내가 먹으라는 것을 먹으면' 너는 원하는 것을 얻게 될 것이라고 속삭이는 미끼 말이죠.

이렇게 우리의 삶에도 유혹이 많습니다. 우리 삶의 실제적 주인이 되어 버린 다양한 고용주들의 강력한 유혹입니다. 심지어 자기의 사회적 경제적 지위를 앞세운 위력으로 우리를 제압하려고 합니다. 하나님의 백성이라고 예외는 없습니다. 언제든 우리 주위에 도사리고 있는 유혹입니다. 뉴스에서 접하던 일이 실제로 우리의 현실이 되면 벗어나기 쉽지 않습니다. 이럴 때, 우리는 어떻게 해야 할까요? 고린도전서 12장 12절은 "그런즉 선 줄로 생각하는 자는 넘어질까 조심하라"라고 합니다. 이런 면에서 오늘 말씀은 우리에게 큰 교훈을 줍니다. 그러므로 우리는 본문을 통해 유혹이 우리를 찾아오는 단계에 대해 살펴본 후, 유혹을 이기는 승리의 비결을 살펴보도록 하겠습니다.

유혹이 찾아올 때

유혹의 단계

우리에게 유혹이 찾아올 때, 유혹은 어떠한 단계로 찾아올까요? 우선 우리가 가진 것을 보고 유혹합니다. 요셉의 모습을 묘사하는 6절의 마지막, "용모가 빼어나고 아름다웠더라"라는 이중적인 암시를 통해 보여 줍니다. 요셉은 보디발이 보기에 충직한, 성실한 일꾼으로서 매우 좋았을 뿐 아니라, 보디발의 아내가 보기에도 음욕을 불러일으킬 만한 멋진 청년이었습니다. 외국인인 요셉의 모습은 이 집안에 큰 구경거리가 되었을 것입니다. 어딘가 모르는 매력이 있었을 것이고, 훌륭한 교육과 성품에서 보이는 기품도 있었을 것이 분명합니다. 단순히 외적으로 보이는 것이 그 사람의 모든 것을 결정하는 것은 아니기 때문입니다. 사람의 매력은 외모뿐 아니라 말과 행동을 통해서도 뿜어져 나옵니다. 우리는 어떤 사람의 매력을 볼 때, 단순히 잘생기거나 이쁜 얼굴만 보지 않습니다. 말과 음성, 표정이나 행동 등 모두를 살핍니다.

외모와 성품에서 나오는 요셉의 매력 앞에서 보디발의 아내는 한없이 무너집니다. 아마도 보디발에게서 느끼지 못한 무언가가 있었을 것입니다. 요셉은 청년으로서 건강했을 뿐 아니라 친절하며, 예의도 바르고, 공감 능력까지도 충분히 갖추고 있지 않았을까 상상해 봅니다. 나중에 요셉이 형제들을 만나는 장면에서도 그가 참 매력 있는 사람이라는 것을 확인할 수 있습니다. 이 매력남에게 보디발의 아내는 한없이 빠져들었습니다. 청년 요셉에게 추파를 수없이 날렸습니다. 처음에는 눈빛으로 유혹했습니다. 선하고 진실한 눈빛이 아니라 어딘가 모르는 음흉한 눈빛으로 유혹하기 시작했습니다. 사탄이 하와에게 선악을 알게 하는 나무의 실과에 대한 유혹을 던지다 그의 눈빛이 변했다는 것을 기억합시다. "여자가 그 나무를 본즉 먹임직도 하고 보암직도 하고"(창 3:6)

보디발의 아내는 먹음직도 하고 보암직도 한 요셉을 두고 참을 수 없는 욕정에 이끌립니다. 그를 가져야겠다는 마음을 갖습니다. 요셉에게 "동침하기를 청"했습니다(7절). 유혹하는 눈빛의 궁극적인 목적은 소유임을 보여 줍니다. 내가 원하는 것을, 내가 갖고 싶은 것을 내 것으로 만들고자 함입니다. 상대의 마음이나 인격성과는 아무런 상관이 없이, 내 마음대로 사람을 대상화하여 물건처럼 갖고자 하는 것입니다. 요셉은 단호히 거절합니다. 물건은 집어서 대가를 지불하면 되지만, 인격체는 내 마음대로 할 수 있는 것이 아니기 때문입니다.

유혹은 포기하지 않는 끈질김을 속성으로 합니다. 8절을 보면 요셉은 여주인의 요구에 거절하였지만, 10절을 보면 그녀는 "날마다" 유혹했다고 합니다. 유혹은 실패를 두려워하지 않습니다. 실패하더라도 반복하여 나를 죄에 넘어지게 합니다. 유혹은 방학을 하지도 않고, 휴가를 쓰지도 않습니다. 유혹은 성실이 특기요, 꾸준함과 반복의 귀재입니다. 부단히 높고 깊은 지혜를 가지고 우리를 넘어뜨리려고 애쓰며 무차별적으로 공격합니다. 요셉은 이 공격을 수없이 받았고, 물리치기 위해 온갖 노력을 다했습니다. 요셉의 노력은 눈물겹습니다. 10절 마지막에 보면 "함께 있지도 아니"했다고 합니다.

보디발의 아내는 수도 없이, 때를 가리지 않고 요셉을 유혹했습니다. 그러나 자기에게 돌아오는 건 수모뿐이었습니다. 이제는 자기를 보지도 않으려는 요셉을 어찌해야 할 것인가 고민했습니다. 방법은 하나였습니다. 변하지 않는 사실, 요셉이 아무리 보디발의 총애를 한 몸에 받는다고 해도 그는 노예요, 본인은 여주인이라는 사실입니다. 노예는 주인이 시키는 일을 해야만 하지 않겠습니까? 따라서 요셉이 빠져나갈 수 없도록, 저항할 수 없도록 장치를 마련하고 덤벼들면 되었습니다.

보디발의 아내는 이 일을 성공시키기 위해 치밀한 작전까지 세웁니다. 결전의 디데이(D-Day)도 잡습니다. 이날에 집안의 모든 사람에게 급한 일을 시켜서 집을 비우도록 지시합니다. 아무것도 모르는 요셉은 평소와 같이 "그의 일을 하러 그 집에 들어갔더니 그 집 사람들은 하나도 거기에 없었"다는 사실을 발견합니다(11절). 요셉은 순간 당황했을 것입니다. 요셉이 정신을 차리기도 전에 이리가 양 떼를 낚아채기 위해 공중에서 날아들 듯이, 보디발의 아내가 요셉의 뒷덜미를 잡아챘습니다. "나와 동침하자"(12절).

이 말은 상상하듯이 콧바람이 가득한 소리라기보다 권위를 가지고 위협적으로, 그러나 애절하게 부탁 아닌 부탁의 협박투였을 것입니다. 하지만 요셉은 이내 이를 거절하듯 밖으로 허겁지겁 도망쳐 버립니다.

유혹의 절정은 강한 힘을 동반하여 오도 가도, 빼도 박도 못하도록 가둔 상태에서 결정하도록 합니다. 위력에 의한 강제 추행이나 폭행들을 보면 참 안타깝습니다. 우리 주위에서도 많이 볼 수 있죠. 피해자가 저항할 수 없는 상황에서, 동료들도 쉬쉬하는 상황에서 혼자 감당해야 했던 지난날의 아픔은 차마 상상하기에도 어렵습니다. 요셉도 권위에 의해 위협을 받고 협박을 당했습니다. 그러나 요셉은 여주인의 요구를 거절했습니다. 이는 자신의 생명을 보장할 수 없는 일이었습니다. 이처럼 유혹은 결심만으로 해결하기 어렵습니다. 특별히 우리가 무엇인가를 얻었다 하는 순간이 올 때, 그런데 지금까지 얻은 모든 것을 포기해야만 이길 수 있을 때, 유혹을 뿌리치는 결정을 하기란 너무나도 힘든 일입니다. 만약 우리가 이와 같은 순간을 맞는다면 어떤 결정을 할 수 있을까요?

유혹은 분노로 바뀌어

보디발의 아내의 치밀했던 계획은 실패했습니다. 그러자 그녀의 유혹은 분노로 바뀌어 버렸습니다. 그녀는 '감히 내가 누구인데, 노예인 주제에 나를 이리도 욕보이냐'라고 하듯 대노를 하면서, 요셉을 강간 미수범으로 고발합니다. 증거는 비명과 옷입니다. 먼저, 증인들을 확보하면서 비명을 지른 이유부터 풀어놓기 시작합니다. "그 여인의 집 사람들을 불러서"(14절) 갑자기 인종 차별로 동조자를 모읍니다. "주인이 히브리 사람을 우리에게 데려다가 우리를 희롱하게 하는도다"라고 하면서 노예들을 서로 이간질합니다. 요셉을 다른 노예들과 구분하면서 평소 가지고 있었던 요셉에 대한 감정을 폭발시킵니다. 이는 애굽 사람들이 히브리 사람을 얼마나 경멸하는지 보여 줍니다. 보디발의 아내는 혹시나 다른 노예들이 보디발이 총애하는 요셉의 충성에 대해 감정적으로 동요할까봐 술수를 쓰고 있는 것이었습니다. 우리도 동남아시아 사람들에 대한 인종적 차별을 볼 때가 간혹 있습니다. 영화에서도 유색 인종이 억울한 누명을 쓰고서 인종적 차별을 당하는 경우를 많이 봅니다. 분명 보디발의 아내는 요셉을 향한 다른 노예들의 원성에 기대었을 것입니다. 갑자기 초고속 승진하는 히브리 노예를 향한 질투가 거기에도 있지 않았겠습니까? 분노에 찬 보디발의 아내는 보디발이 요셉의 말을 믿지 못하도록 증인들을 먼저 확보하는 치밀함을 보입니다.

그런 다음, 두 번째 증거물인 "그의 옷을 곁에 주고 자기 주인이 오기를 기다"립니다(16절). 자기가 지금 요셉에게 강간을 당할 뻔했고, 이 문제는 바로 보디발 때문에 일어난 일임을 강조합니다. "당신이 우리에게 데려온 히브리 종이 나를 희롱하려고 내게로 들어왔으므로"(17절), "당신의 종이 내게 이같이 행하였다."라고 주장합니다(19절). 그러니까, "이 끔찍한 일은 보디발 당신 때문에 일어났다. 그러니 당신이 반드시 책임져야 한다."라는 의미입니다. 유혹은 결국 분노로 바뀌고 유혹의 책임을 지는 사람을 찾아 전가로 끝을 맺습니다. 선악을 알게 하는 나무의 실과를 먹은 아담이 하와에게, (실제로는 "당신이 나에게 준 하와이므로"[창 3:12]라고 하며 하나님께 전가함.) 하와는 뱀에게 책임을 전가하는 모습과 매우 유사합니다(창 3:13). 죄의 결국이 얼마나 무서운지를 가르쳐 주고 있습니다.

형들과 비교되는 요셉

사실, 우리의 삶은 온통 유혹의 밭입니다. 눈을 뜨는 순간, 유혹 덩어리들이 수없이 변장하면서 먹잇감을 찾습니다. 때로는 달콤하게, 때로는 음흉하게, 때로는 생명을 위협하면서까지 다가옵니다. 우리가 이를 거절하면서 쉽게 넘어가지 않으면 결국 유혹은 분노합니다. 심지어 내가 유혹에 넘어가지 않았는데도, 유혹에 승리했는데도 잘못을 뒤집어써야 하는 일이 비일비재합니다. 피해자는 항상 피해를 보며 살고 있고, 가해자는 매번 가해만 하면서 사는 것을 자주 보지 않습니까? 이런 상황에서 어떤 이들은 적당하게 타협하며 사는 것이 지혜라고 말합니다. 과연 그럴까요? 우리 주님은 어떤 삶을 사셨습니까? 유혹의 일상을 사셨습니다. 유명한 40일간의 금식 때 사탄의 유혹을 넘으셨고, 예수님의 기적을 맛본 자들이 억지로 왕 삼으려 했었으며, 십자가의 고난을 피하게끔 했습니다.

이렇듯 우리가 평안할 때이든지, 성공의 때이든지, 가장 어려울 때이든지 유혹은 항시 찾아옵니다. 그럴 때마다 우리 예수님은 어떻게 했습니까? 우리와 함께하시는 하나님을 바라봤습니다. 하나님께서 이 순간 이 자리에 살아 계심을 기억하고, 그분의 보호하심과 성실함에 기대어 나의 순간을 그분께 맡겼습니다(눅 22:42). 그때 하나님께서는 예수님에게 힘을 더하십니다. 요셉도 "이 큰 악을 행하여 하나님께 죄를 지으리이까?"라고 했습니다(9절). 이 구절은 요셉의 형들과 극명한 대조를 보여 줍니다. 35장에서의 육체적 장남인 르우벤과 38장에서의 실제적 장남인 유다는 유혹하는 자를 넘어 적극적으로 동행하는 것을 보여 주지만, 요셉은 유혹을 넘어 하나님과 동행하는 것을 보여 줍니다. 그러므로 우리는 무엇에 기대야 합니까? 하나님께 기대야 합니다. 무엇을 기억해야 합니까? 하나님께서 함께하시니 그가 형통하게 되었음을 기억해야 합니다.

다말과 보디발의 아내

마찬가지로 38장에서 유다가 39장의 요셉과 비교가 된다면, 38장의 다말은 39장의 보디발의 아내와 비교됩니다. 두 여인은 모두 이방인이며 유다와 요셉을 유혹하는 공통점을 가지고 있습니다. 하지만 유혹의 이유가 전혀 다릅니다. 다말은 언약 공동체의 일원으로서 함께하기 위해 사회적으로 가장 약자의 모습으로 가장하여 언약의 씨를 확보하고자 단 한 번 유다를 유혹하여 동침했습니다. 하지만 보디발의 아내는 자기의 지위와 힘을 이용하여 지속된 성적 욕망을 채우기 위해 요셉과의 동침을 원합니다. 다말은 하나님을 받아들이는 언약의 여인이 되지만, 보디발의 아내는 언약을 파괴하고 타락시키려는 사탄의 도구가 됩니다. 계속되는 이스라엘의 역사 속에서도 반복되는 모습을 보여 줍니다. 이것은 우리 자녀에게 언약 공동체에 속하지 않은 여인들과 남자들을 어떻게 대해야 하는지 보여 줍니다. 우리에게 다가오는 유혹의 정체는 분명합니다. 우리를 하나님으로부터 떠나게 하느냐, 하나님께 머물게 하느냐입니다. 예수님께서는 하나님과 동행하는 삶이 복되다고 하셨습니다. 우리 모두에게 그런 복된 삶이 있기를 축원합니다.

08 그에게 인자를 더하사
창 39:19-23

여호와께서 요셉과 함께하시고 그에게 인자를 더하사 간수장에게 은혜를 받게
하시매(21절)

충실함으로 신의를 지킨다고 할지라도

여주인의 유혹에 당당히 맞섰던 요셉은 자신을 믿어 주는 주인
과 하나님께 큰 악을 행하여 죄를 지을 수 없었기에 그 자리를 피
했지만, 상황은 더욱 꼬여만 갔습니다. 자신의 결백은 어디로 사라
지고 거짓 증거와 증인들에 의해 유죄 판결을 받게 됩니다. 노예로
서 여주인을 강간하려고 했다는 사실은 주인의 생명을 훔치는 것
과 같았습니다. 날마다 졸랐던 여주인의 제안을 거절했을 때, 요셉
은 어느 정도 결과를 예상했을지도 모릅니다. 그러나 요셉은 아무
리 자기에게 뜻하지 않은 결과를 가져다줄지라도, 자신이 여주인
과 함께 하는 일은 하나님 앞에서 범죄임을 믿고 주인에게 충실한
신의를 지킨 것입니다.

예상되는 판결은 사형입니다. 이런 사건은 사실 판결도 필요 없
습니다. 그런데 이상한 일이 일어납니다. 사형 집행이 아닌 단순한

감옥행입니다. 그것도 일반 감옥이 아니라 왕실 감옥에 갔습니다. 도대체 무엇 일이 일어난 것일까요?

보디발은 집에 들어오자마자 집안에 큰일이 일어났음을 감지했습니다. 노예들의 분위기가 심상치가 않았습니다. 아내가 심한 통곡과 함께 자신의 결백과 본인의 잘못을 들춰내면서, 다음과 같이 말합니다. "당신이 데려온 종이 내게 이같이 행했다."(19절) 그러자 보디발은 심하게 화를 냅니다. 그냥 화가 아니라 얼굴이 화끈거릴 정도의 화입니다. 코가 붉게 타올랐다는 말의 의미니까요. 그렇다면 이 화는 누구에게 낸 것일까요? 화의 대상이 요셉이라면 당장 사형을 시켜려고 했겠죠. 하지만 본문은 보디발이 누구에게 화를 냈는지 말해 주고 있지 않지만, 상황을 보면 아마도 요셉과 아내를 향한 화가 아니었을까 싶습니다. 보디발이 아내의 평소의 행실을 몰랐을 리가 없습니다. 날마다 요셉을 향한 추파를 던지는 아내를 몰랐을까요? 유혹하는 자는 유혹의 눈빛을 흘리고 다닙니다. 먹잇감을 잡으러 돌아다니는 자는 침을 질질 흘리며 티를 내곤 합니다.

여기서 우리는 애굽에 보내진 요셉을 향한 하나님의 일하심을 생각해 봐야 합니다. 요셉을 다른 집도 아닌 보디발의 집에 보내어 무엇을 하게 하셨는가? "여호와께서 요셉과 함께하시므로 형통한 자가 되어"(2절), "여호와께서 요셉을 위하여 그 애굽 사람의 집에 복을 내리셨다"(5절)는 사실을 기억합시다. 하나님은 당신의 축복의 통로인 요셉을 지키시고 계십니다. 다만 보디발이 요셉에게 은혜를 베풀어서 가정의 총무가 된 것이 아닙니다. 하나님께서 요셉에게 은혜를 베푸셔서 보디발이 복을 받은 것입니다. 요셉이 보디발에게 충실함으로 신의를 지킨 것은 하나님에게 충실함으로 신의를 지킨 것이 반사된 것뿐입니다. 이런 어처구니없는 상황에 이르게 되었다 할지라도 하나님께서는 요셉을 내버려 두지 않으십니다. 보디발의 화에도 요셉의 생명은 하나님께서 지키십니다. 우리의 현실과 상황이 아무리 암울하고 상황이 꼬여만 간다고 하더라도 좌절할 수 없는 이유가 바로 이것입니다.

우리는 아무리 불리한 결과가 예상되더라도 세상의 어떤 유혹이라도 이기는 방법을 배워야 합니다. 우리의 현실을 넘어, 우리의 환경을 초월하여 역사하시는 하나님의 손길이 있기 때문입니다. 더불어 유혹을 이기려고 하다가 모함을 받게 되고 불이익에 휩싸이는 자에게는 하나님께서 인자를 더하신다는 사실을 믿어야 합니다. 그러므로 본문을 통해 유혹을 이기는 자에게 칭찬을 주시고, 더 큰 유혹을 이기도록 힘을 북돋아 주신다는 사실을 배우는 시간이 되길 바랍니다.

유혹을 이기는 방법

유혹이 찾아오면 기억할 것

요셉과 함께하시는 하나님은 우리와도 함께하시는 하나님입니다. 요셉은 광명한 천사처럼 찾아온 그 치명적인 유혹을 어떤 자세로 이겨 냈을까요? 유혹을 이기는 방법에 대하여 생각해 봅시다.

첫째, 8절을 보면 요셉은 '나는 감독을 받지 않는다, 주인이 나를 너무나 신뢰하기에 감독하지 않는다.'라고 하는 분명한 의식을 하고 있었습니다. 여주인도 물론 주인입니다만, 자신이 충성해야 하는 대상이 누구인지를 분명히 하고 있었으며, 눈에 보이는 일에만 충성을 다하는 것은 게으르고 악한 자가 하는 일임을 알고 있었던 것입니다. 요셉은 자기가 하는 일에 감독하는 자가 없더라도, 보는 사람이 없더라도 누가 보고 있는 것처럼 일했습니다. 요셉에게는 '대충'이나 '적당히'가 허용되지 않았습니다. 하나님께서 보고 계셨기 때문입니다. 우리에게도 이런 유혹이 찾아올 수 있습니다. 누가 보지 않을 때라도 하나님은 나를 보고 계신다는 것을 알아야 합니다.

둘째, 9절을 보면 요셉은 주인이 자신이 맡긴 일의 한계를 분명히 하고 있었습니다. 내가 해야 하는 일과 하지 말아야 하는 일의 구분 말입니다. 내가 어떤 것에 욕심이 생기는 지점은 한계를 두지 않을 때입니다. 내가 모든 것을 마음대로 할 수 있을 때, 내 마음대로 모든 것을 할 수 있다고 스스로 마취할 때입니다. 나에게 허락되지 않아 손대지 말아야 하는 것, 보지 말아야 하는 것이 있다면 당장 멈춰야 합니다. 요셉에게 금지하는 것은 단 하나였습니다. 바로 여주인, 보디발의 아내임을 분명히 했습니다.

셋째, 유혹이 우리 마음의 문을 두드릴 때, 가장 중요하게 기억할 것은 9절 마지막입니다. 즉, 유혹에 문을 열어 주는 순간 범죄라는 것입니다. 이 범죄는 하나님께 짓는 죄입니다. 죄의 경계선은 분명합니다. 하나님께서 정하신 선을 넘는 것이 죄입니다. 요셉에게 경계선을 지키는 것은 곧 주인에 대한 충성이요, 하나님과의 진실한 관계였습니다. 경계선을 지키는 것이 결코 쉬운 일은 아닙니다. 자기 앞에 있는 경계선을 넘지 않으려는 단호함으로 인해 오히려 많은 관계가 파괴되기도 하기 때문입니다. 하지만 요셉은 하나님과 주인에 대한 충성과 진실의 경계선에서 결코 타협하지 않았습니다. 그 어떤 이유도 마음과 목숨과 뜻과 힘을 다해 주 너의 하나님을 사랑하라는 계명에 앞설 수 없기 때문입니다. 우리 주님께서 우리에게 "시험에 들게 하지 마시옵고 다만 악에서 구해" 달라고 기도하라는 이유가 여기에 있습니다. 그러므로 우리는 믿어야 합니다. 유혹이 찾아오면 "시험당할 즈음에 또한 피할 길을 내사 너희로 능히 감당하게 하"실 것(고전 10:13)을 확신하며 기도해야 합니다.

하나님에 대한 두려움

하나님께서 우리에게 원하시는 것은 바로 요셉의 이런 모습입니다. 유혹이 찾아오면 그 순간 나를 보고 계시는 주님을 기억해야 하고, 해도 되는 일과 하지 않아야 하는 일을 분별한 다음, 하지 않아야 하는 일에 대한 분명한 경계선을 그어야 합니다. 수많은 고통과 핍박이 있을지라도, 주님을 신뢰함으로 힘을 내야 합니다. 주님의 제자로서 우리와 우리 자녀에게 요구하시는 것은 충성입니다. 좋지 않은 결과가 예측되더라도 믿음을 배반하지 않고, 충실함으로 신의를 지키는 것, 그것이 하나님께서 우리에게 원하시는 모습입니다. 그런 면에서 요셉은 자신의 신의를 분명히 보여 주고 있습니다.

하지만 여기서 우리가 오해하면 안 되는 지점이 있는데, '요셉이 어떻게 이렇게 강력한 유혹을 이길 수 있었는가?' 하는 것입니다. 요셉이 누구보다 강력한 불굴의 의지를 갖고 있었기 때문일까요? 그가 변함없는 신념을 가졌던 결과였을까요? 요셉이 강력한 유혹에 이길 수 있었던 힘은 "하나님의 함께하심" 때문이었습니다. 하나님께서 요셉과 함께하셨기에 "내가 어찌 큰 악을 행하여 하나님께 죄를 지으리이까?"라고 말할 수 있었습니다. 자기 스스로의 생각이 아니라 하나님에게서 나온 생각이라는 것입니다.

39장의 처음과 끝을 감싸고 있는 하나님의 일하심을 봅시다. 요셉이 형통한 자가 된 것은, 단호한 결기로 유혹을 이길 수 있었던 것은, 하나님께서 그와 함께하셨기 때문입니다. 하나님의 은혜가 있었기 때문입니다. 즉, 우리가 세상의 다양한 유혹과 시험으로부터 이길 수 있는 강력한 힘은 우리 자신의 굳은 결기가 아니라 하나님께서 함께하심으로 받는 은혜입니다. 나의 힘과 노력과 지혜를 의지하지 말고, 모든 것을 내려놓고 하나님을 신뢰하고 바라보기를 바랍니다. 하나님께서 우리를 위해 일하시고, 하나님께서 우리를 위해 싸우시는 것을 보게 될 것입니다. 하나님께서 함께하시는 것이 은혜고, 은혜를 받는 자는 형통합니다.

그러므로 우리가 서 있는 현장에서, 두려움과 고난과 시련과 아픔의 현장 가운데 함께하시는 하나님을 믿읍시다. 우리는 과연 "죄와 싸우되 피 흘리기까지 싸우는가?"(히 12:4)를 돌아봅시다. 요셉이 오늘 우리에게 보여 주는 것이 바로 피 흘리도록 죄와 싸우는 신자의 모습입니다.

인자를 더하여 주사

그렇다면 우리는 '왜 이러한 싸움을 해야 하는가?'를 질문할 수 있습니다. 왜 우리는 이로 인한 고통과 비난을 당해야 하는가? 요셉은 왜 다시 어둠의 고난의 길을 걸어야 했습니까? 하나님은 왜 자꾸 이런 일을 요구하실까요? 함께하시는 은혜로 형통하게 하신다고 했으면서, 이것이 과연 형통일까요? 도대체 정의롭게, 슬기롭게 행동한 이 순간에 하나님은 무엇을 하고 계시는 걸까요? 한탄과 신음이 터져 나옵니다. 그래서 주위 사람들은 하나님의 말씀대로 사는 것은 바보짓이라고도 합니다. 여러분은 어떤가요? 여러분도 그렇게 생각하시나요?

그때마다 요셉을 기억할 필요가 있습니다. 요셉은 지금 무얼 하고 있습니까? 물론 우리는 요셉의 인생의 결말을 모두 알고 있습니다. 하지만 우리 삶의 다음 장은 볼 수 없지 않습니까? 그래서 요셉을 통하여 우리의 삶을 보여 주신 것입니다. 요셉은 지금 감옥에서 하나님의 특별한 수업을 받고 있습니다. 나중에 바로의 궁정에서 이인자가 되어 행할 통치자 수업을 받고 있는 것입니다. 요셉은 고난과 유혹과 아픔을 이기는 방법을 훈련하고 있습니다. 좌절과 오해와 모함으로부터 인내와 기다림을 배우고 있습니다. 모든 상황에서 하나님을 신뢰하고, 그분의 시선으로 세상을 바라보는 훈련을 하고 있습니다.

자, 우리 인생의 길을 바라봅시다. 우리 앞에 펼쳐진 삶의 현장을 돌아봅시다. 하나님께서 나를 위해 어떤 길을 예비하시고 훈련하고 계십니까? 하나님께서 나를 위해 어떤 뜻을 가지고 인도해 가실까요? 요셉을 애굽 땅으로 데려오신 분이 하나님이십니다. 요셉을 보디발의 집에 노예로 파신 분도 하나님이십니다. 보디발의 집에서 가정 총무가 되게 하신 분도 하나님이십니다. 보디발 아내의 유혹을 받게 하신 분도 하나님이십니다. 보디발의 오해로 다시 감옥에 갇히게 하신 분도 하나님이십니다. 요셉의 삶을 누가 이끌고 계시나요? 하나님이십니다. 그러니 여러분! 보이는 상황이나 현실을 바라보지 말고, 하나님께서 지금 우리에게 요구하시는 우리의 일이 무엇인가를 늘 묵상합시다.

우리는 무엇을 위해 존재합니까? 사람의 제일 되는 목적이 무엇입니까? 하나님의 영광입니다. 하나님은 언약 백성을 향한 사랑을 한순간도 놓지 않으십니다. 한순간도 놓지 않고 변함없는 사랑을 베풀고 계십니다. 우리 눈으로 보기에 밝은 섭리의 때나, 어두운 섭리의 때나, 모함이 일어나는 섭리의 때나, 억울함이 회복되는 섭리의 때나 삼위 하나님의 열심은 결코 변함이 없습니다. 하나님은 당신에게 영광을 돌리는 자와 함께하십니다. 그러면 그 상황과 형편과 수준에 상관없이 그는 형통한 자가 됩니다.

시련을 통해 인자를 배우게 하심

더하여, 기억할 것이 있습니다. 하나님께서는 누구보다도 우리를 더 잘 알고 계셔서 우리의 연약함을 내버려 두지 않으신다는 사실입니다. 예수님께서 땀이 피가 되도록 기도하실 때, 제자들은 자고 있었습니다. 고난을 받고 십자가에 달리실 것을 말씀하실 때도, 서로 높은 자리에 앉겠다고 싸워 댔습니다. 그럼에도 불구하고 예수님은 그런 어리석은 제자들을 버리지 않으셨습니다. 자비와 은혜로써 기다리시고 받아 주셨습니다. 예수님은 우리의 부족함을 잘 알고 계십니다. 우리는 참 어리석게도 하나님의 은혜를 경험하지 않으면, 고난과 고통만 경험하면 하나님의 영광을 잊어버리는 사람들입니다. 사실, 우리가 하나님께 영광을 가장 크게 돌리는 때는 하나님의 은혜를 충만히 받아 하나님의 사랑을 가장 크게 경험할 때가 아닙니까? 그래서 21절을 보면 요셉이 가장 억울할 때 찾아오셔서 "그에게 인자를 더하여" 주신 것입니다. 요셉이 시련과 고통과 유혹 속에서도 하나님께서 함께하시어 형통한 자가 되며, 감옥에 다시 갇힘에도 그에게 인자를 더하시는 모습을 보여 주십니다. 우리가 너무나 힘들게 살지 않도록 숨통을 트여 주신다는 말입니다. 이 인자하신 은혜로 말미암아 신자는 살아갈 수 있는 여유를 가지게 됩니다.

그렇다면 이 인자하심은 우리의 삶에 어떻게 베풀어질까요? 요셉의 현실은 여전히 감옥이라는 것을 잊지 마십시오. 돈이 없는 사람에게 갑자기 돈이 많아지고, 해결하기 어려운 문제가 어느 날 갑자기 해결되지는 않습니다. 시편 92편을 보면 하나님께서는 하나님의 영광을 위해 사는 자신의 백성에게 아침에 주의 인자하심을 주시고, 밤마다 그의 성실하심의 은혜를 베푸셔서, 위로해 주시고 칭찬해 주신다고 했습니다. 이 시편의 찬송이 '안식일의 찬송'이라는 것을 아십니까? 하나님의 인자는, 슬픔이 변하고 기쁨이 되게 하시는 주의 인자는, 주일을 통해 만끽하게 되기 때문입니다.

고난 겪을 각오

요셉은 종으로 팔렸을 때도, 보디발의 집에서 일하게 되었을 때도, 보디발의 아내가 유혹했을 때도 자신이 하나님 앞에서 살아간다는 인생임을 늘 기억했습니다. 사람의 판단보다 하나님의 판단이 중요했기에 기꺼이 고난을 겪을 각오로 말씀에 순종했습니다. 그러므로 우리는 이처럼 유혹이 찾아오면 나는 무엇을 위해 살고 있는가를 돌아봐야 합니다. 하나님 앞에 서 있는 자, 누가 보지 않아도 나를 보고 계시는 하나님의 눈을 바라봅시다. 또한, 내가 해야 하는 일과 하지 말아야 하는 일도 구분해야 합니다. 내가 해야 하는 일에 관심을 두지 않고, 하지 말아야 하는 일에 마음을 열어 주는 순간, 유혹에 넘어가고 하나님께는 죄를 짓게 됩니다. 사실, 우리 삶의 현장에서 하나님의 말씀대로 사는 것이 어쩌면 복이 아니라 오히려 큰 고통으로 느껴질지 모릅니다. 우리가 감당하기 어려울 만큼의 큰 시련일 수도 있습니다. 그럼에도 우리는 죄를 피하고, 죄와 싸워야 합니다. 하나님께 대한 두려움을 잊지 말아야 합니다. 성령께서 요셉과 함께하심으로 도우셨듯이 성령께서 당신의 인자하심으로 우리를 도우십니다.

의를 위하여 핍박받는 자

예수님께서는 산상수훈의 팔복에서 여덟 번째 복으로 "의를 위하여 박해받는 자는 복이 있나니 천국이 그들의 것임이라"고 했습니다. 왜냐하면 "나로 말미암아 너희를 욕하고 박해하고 거짓으로 너희를 거슬러 모든 악한 말을 할 때는 너희에게 복이" 있기 때문입니다(마 5:10). 주님께서는 자신의 말씀대로 살려고 하는 자가 핍박을 받으면 복이 있다고 하셨습니다. 핍박은 우리 삶에 다양하게 옵니다. 물론, 게으르고 불성실할 뿐 아니라 동료들과 어울리지도 못하고 자기 것에만 관심을 둘 때 일어나기도 합니다. 하지만, 요셉처럼 선한 삶을 위하여 죄로부터 멀어지려고 하는 순간에도 핍박이 찾아올 수 있습니다. 이 핍박이 찾아오는 순간이 하나님의 인자하심이 더하는 순간입니다. 성공의 발판을 가감 없이 뿌리치는 자, 목숨의 위협에도 하나님 앞에서 죄를 짓지 않기 위해 제안을 거절하는 자, 다시 노예에서 감옥에 갇히는 신세가 된다고 할지라도 의를 위하여 기꺼이 핍박을 받는 자에게 복을 더하시고 인자를 더하사 천국이 그들의 것이라고 인정해 주십니다. 주님께서 주시는 위로의 말을 들읍시다.

기뻐하고 즐거워하라 하늘에서 너희의 상이 큼이라 너희 전에 있던 선지자들도 이같이 박해하였느니라 _ 마 5:12

09 해석은 하나님께 있지 아니하니이까
창 40:1-23

> 그들이 그에게 이르되 우리가 꿈을 꾸었으나 이를 해석할 자가 없도다 요셉이
> 그들에게 이르되 해석은 하나님께 있지 아니하니이까 청하건대 내게 이르소서
> (8절)

수많은 일들 가운데

우리는 세상을 살아가는 동안 어려운 일을 많이 만납니다. 하루
하루가 항상 즐겁고 행복한 일이 있는 것만은 아닙니다. 그렇다고
괴로운 일을 잘 받아들이지도 못합니다. 사람들은 타인에게 생긴
힘들고 괴로운 일에는 그럴만한 이유가 있다고 생각하지만, 자기
에게 일어난 힘들고 괴로운 일은 받아들이기 어려워합니다. 이런
현상을 '낙관편견'이라고 합니다. 요셉을 볼 때도 낙관편견에 빠질
수 있습니다. 요셉이 당하는 고통과 어려움, 힘든 일들에 대해서는
객관적인 시각으로 '그럴 수밖에 없었네.', '안타깝지만 받아들여
야지 어떻게 하겠어.'라고 생각합니다. 하지만 요셉이 당한 고통과
어려움이 자기 자신에게 다가오면 어떻습니까? '왜 나만 이런 고통
을 겪어야 하는 거지?'라고 하며 원망하고 불평할 수 있습니다.

하나님께서는 언약 백성에게 아침에 인자하심을 나타내시며 밤마다 주의 성실하심을 베푸십니다. 우리에게 일어나는 한 가지 소소한 사건 가운데서도 배후를 조종하시고, 직접 개입하시고, 사람을 사용하시고, 환경을 만드시고, 꼬이는 것처럼 보이는 일도 합력하여 선을 이루시기까지 바쁘게 일하십니다. 사람은 결과를 내다볼 수 없기에 지금의 환경과 현실에 눈을 고정하지만, 하나님께서는 자신의 계획 가운데 수많은 목적을 가지고 계십니다. 요셉이 하나님의 뜻 가운데 열매를 맺은 것처럼, 우리의 인생도 하나님의 뜻에 따라 계획하신 목적을 이루어 끝내 열매를 맺는 것입니다. 눈에 보이는 수많은 현상에 너무 깊이 빠져들지 마십시오. 하나님의 일하심과 선하신 손길을 믿어야 합니다. 우리 인생의 모든 주권과 해석은 하나님께 있습니다.

따라서 감옥에 갇힌 요셉의 인생 가운데 의미 없이 일어난 일은 없습니다. 오늘의 일을 통해서 하나님께서는 당신의 뜻을 이루시는 일을 하실 뿐입니다. 우리는 하나님께서 요셉을 향한 계획에 따라 그를 훈련하고 만들어 가시는 모습을 보게 됩니다. 주어진 환경의 해석은 하나님만 하실 수 있습니다. 말씀을 통해 각 사람의 삶을 이끄시는 하나님의 훈련을 보길 바랍니다.

감옥에 흘러들어 온 은혜

요셉은 억울하게 감옥에 갇혔습니다. 하지만, 하나님께서 인자를 더하사 간수장에게 은혜를 받게 하심으로, 요셉은 옥중에서도 제반 사무를 처리하는 일을 하게 됩니다(39:21). 이때 하나님께서는 자신의 계획에 따라 애굽의 높은 지위를 가진 술 맡은 자와 떡 굽는 자 두 관리를 요셉에게 보내십니다. 이들은 현재 잠재적인 구출자이지만 나중에는 요셉을 구출하는 실제적 조력자가 됩니다. 이 두 관원장이 감옥에 갇힌 이유는 왕의 심기를 건든 정도의 단순한 범죄가 아닌 것으로 보입니다. 가장 최측근 고위직으로서 술을 따르고 빵을 관리하는 관리는 왕의 목숨과 관련된 일을 하는 사람이었던 것으로 보아, 역모 사건과 관련이 있었을 것으로 보입니다. 떡을 굽는 관원장은 단순히 떡 만드는 사람이 아니라 왕의 음식을 관리하는 사람으로서, 왕에게 가장 신임을 받는 사람입니다. 마치 왕에게 바치는 음식을 먼저 맛보는 '기미 상궁'과도 같습니다. 당시 냉장고가 없었기 때문에, 음식에 독이 들거나 상한 음식을 드리면 왕이 죽을 수도 있으므로 그가 맡은 일은 대단히 중요한 일이었습니다. 또 술 맡은 관원장은 잔치가 있거나 연회가 베풀어지면 이 일을 주관하는 사람입니다. 오늘날의 '의전비서관'이라고 할 수 있겠습니다. 이 두 관원장이 어떤 역모 사건과 관련되었는지는 모르지만, 나중에 한 명이 즉결 처형을 받는 것을 볼 때 결코 사소한 일은 아님이 분명합니다.

이 두 명의 고위 관리는 역모 사건으로 감옥에 있었지만, 구체적으로 죄목이 밝혀지거나 확정되지 않았기 때문에 성경은 "친위대장이 요셉에게 그들을 수종 들게 하매 요셉이 그들을 섬겼더라"라고 했습니다(4절). 이때 친위 대장인 보디발이 요셉에게 큰일을 맡겼다고 하는 것을 보면, 그는 분명 자기 아내의 말을 다 믿지 않은 것으로 보입니다. 요셉이 아내의 모함에 걸려들었다고 생각하지 않았을까요? 보디발이 자신에게 중차대한 일을 시키자, 요셉은 즉각적으로 알아차렸을 것입니다. 주인이 자기에게 긍휼을 베풀어 주고 있다는 사실을요. 그리고 요셉은 하나님의 손길도 맛보았을 것입니다. 비록 자신이 죄수로 있다 할지라도, 보디발이 자신에게 다시 일을 맡긴 것은 분명 자신과 함께하시는 하나님의 손길이라는 것을 말이죠. 먼저는 간수장의 마음을 열게 하시고, 다음에는 간수장의 입을 통해서 보디발 스스로 의심을 벗어던지도록 하신 특별한 은혜 말입니다. 요셉은 보디발의 명령에 따라 두 관리를 섬기면서 감사했을 것입니다. 비록 감옥에 있다 하더라도 주인이 자신의 의심을 거둔 것으로 기쁘지 않았을까요?

사실, 요셉은 자신의 상황을 보고 원망했을 수도 있습니다. 저라면 그랬을지 모릅니다. "하나님, 왜 제가 이런 수모와 고통을 견뎌야 합니까? 제가 뭘 잘못했습니까? 노예로 팔려 온 것도 억울한데, 주인을 위해 주인 아내의 요구를 거절한 대가가 고작 감옥행이라니요. 거기다가 왜 또 하필 반역자를 섬기게 하십니까? 그들과 친해지는 것은 제가 더 어렵게 되는 일 아닙니까? 억울합니다. 하나님, 어찌하여 나를 이렇게 대우하십니까?"라고요. 이 물음에 하나님의 뭐라고 답하실까요? 우리가 마주하게 될 인생길에서, 꼬일 때로 꼬인 인생의 길에서 해주실 대답 말입니다. "내가 여전히 너를 사랑하며, 너를 위한 계획을 가지고, 열심히 이루어 가고 있단다. 아직 잘 모르겠니? 나는 네가 알아보도록 직접 그 감옥에 내려가 나의 성실한 인자와 헤세드가 있도록 했단다. 네가 그것을 알아

보길 바란다." 이러한 하나님의 인자하심은 보디발의 행동을 통해 구체적으로 드러났습니다.

근심의 빛을 알아보다

요셉은 아버지의 사랑을 한몸에 받았을 때도, 혼자서 먼 곳에 심부름 보내졌을 때도, 종으로 팔려 가는 도중에도, 노예로 살 때도, 주인의 아내가 유혹하여 억울하게 파렴치범으로 몰려 감옥 갇혔을 때도 하나님을 원망할 수 없었습니다. 하나님께서 늘 그와 함께했기 때문입니다. 이스라엘 백성들이 출애굽 하여 하나님께 가장 많이 한 행동이 무엇입니까? 원망입니다. 모세를 원망하고, 하나님을 원망했습니다. 그들은 자기에게 주어진 환경을 불평하면서 책임 또한 전가했습니다. 하지만 요셉은 원망하지 않았습니다. 요셉은 하나님께서 함께하심을 믿기에, 그분의 인자하심의 은혜가 때마다 주어짐을 알았기에 결코 원망하지 않았습니다. 무엇이 그를 이토록 단단하게 했을까요? 무엇 때문에 이토록 성숙할 수 있었을까요? 그것은 요셉 자신이 어떤 부르심을 받았는지, 무엇을 위해 살아가는지를 분명히 알았고, 확실히 믿었기 때문입니다. 그런 면에서 요셉은 분명, 꿈의 사람입니다. 다만, 요셉이 꾸었던 꿈은 우리가 보통 꾸는 꿈이 아니었습니다. 요셉의 꿈은 하나님의 계시였습니다. 요셉은 하나님의 계시를 밝히 드러내는 사람이었습니다. 자기가 선지자로서 부름받았음을 분명히 알고 있었고, 하나님께서 주신 특별한 사명을 이해했습니다. 그러하기에 앞서서 인도하시고 뒤에서 지키시는 하나님의 특별한 보호하심을 신뢰했던 것입니다. 그러므로, 우리의 삶 가운데 원망을 제거하는 방법은 우리의 부르심을 기억하는 것이라 할 수 있습니다.

우리는 어떤 부르심을 받았습니까? 우리는 죄의 종에서 하나님의 자녀로 부르심을 받았습니다. 또한, 우리 각자의 삶에서 맡은 일을 통해 부르심을 받았습니다. 부모로, 선생님으로, 기술자로, 학생으로 부름받았음을 기억해야 합니다. 이 부르심에 응답하여 자신의 자리와 책임을 분명히 해야만 원망이 사라집니다.

요셉은 현재의 부르심을 따라서 두 관원장 섬기는 일에 최선을 다했기에, 그들의 얼굴빛을 금방 알아볼 수 있었습니다. 간밤에 꿈을 꾸고 난 그들의 얼굴은 수심으로 가득 찼습니다. 이 둘은 비슷하지만 전혀 다른 꿈을 꾸었는데(5절), 문제는 이 꿈을 해석할 자가 없다는 것이었습니다(8절). 이 당시 애굽 사람들은 꿈이 앞길을 미리 보여 주는 역할을 한다고 생각했습니다. 이렇다 보니 꿈 내용을 봤을 때, 어느 정도는 예측이 되었을 것입니다. 왜냐하면, 자신들이 관여되었다고 여기는 반역 사건과 관련해서 바로의 처벌이 곧 내려질 것으로 예측되었기 때문입니다.

두 사람이 꾼 꿈을 보면, 우선 술 맡은 자의 꿈은 포도나무 하나에 세 가지가 있었는데(10절), 술 맡은 관원장은 포도나무 가지에 싹이 나고 꽃이 피고 열매가 익어 포도주를 담가 바로의 잔에 올렸다고 합니다. 그다음, 떡 굽는 관원장의 꿈은 흰 떡 세 광주리가 자기 머리 위에 있었는데(16절), 그중에 가장 위의 광주리에 있던 바로에게 바칠 각종 좋은 음식을 그만 새들이 와서 먹어버렸다고 합니다. 이 꿈은 자신들의 운명을 보여 주는 꿈이 확실했습니다. 꿈은 두 사람에게 큰 근심을 주었습니다. 그래서 온종일 시무룩했던 것으로 보입니다(7절).

해석은 하나님께 있지 아니하니이까

구약에서 꿈의 해석은 요셉과 다니엘만 했습니다. 언약 백성에게는 꿈의 해석이 필요 없었기 때문입니다. 하지만 이방의 애굽과 바벨론, 페르시아에서는 하나님의 뜻을 알릴 해석이 필요했습니다. 언약 백성에게는 하나님의 영이 친히 우리의 해설자가 되시지만, 이방인에게는 사람의 해석을 통해 자기 뜻을 계시하셨기 때문입니다. 말씀이 선포될 때 누구는 '아멘'으로 화답하지만, 누구는 아무런 감동과 감사도 일어나지 않는 것과 같습니다. 그래서 요셉은 "해석은 하나님께 있지 아니하니이까"라고 말하는 것입니다(8절).

그런데 여기서 좀 이상한 점이 발견됩니다. 해석은 하나님께 있다는 말이 맞다면, 어찌하여 요셉은 자기에게 말하라고 했던 것일까요? "해석은 하나님께 있으니 하나님께서 가르쳐 달라고 함께 여쭤 봅시다. 기도합시다."라고 해야 하지 않을까요? 요셉이 나에게 말하라는 말은 나의 해석이 곧 하나님의 해석이라는 뜻입니다. 그리고 이 말을 들은 두 관원장도 아무런 의심과 대꾸를 하지 않고서 바로 이야기합니다. 또한, 술 맡은 관원장이 바로에게 요셉을 소개하는 장면을 보면, "그곳에 친위 대장의 종 된 히브리 청년이 우리와 함께 있기로 우리가 그에게 말하매 그가 우리의 꿈을 풀되 그 꿈대로 각 사람에게 해석하더니"라고 하면서(41:12) 요셉이 해석한 것으로 보고 합니다.

지금 어떤 일이 일어나고 있습니까? 요셉은 자신이 꿈을 통해 말씀하시는 하나님의 선지자로서 하나님의 사람임을 분명히 하고 있습니다. 하나님의 사람이 하는 말은 곧 하나님께서 하시는 말이라는 것과 같다는 말입니다. 왜냐하면, 하나님께서 요셉의 입에 말씀을 주시고, 그 입을 통해서 말씀하시기 때문입니다. 두 관원장에게 왜 이런 일이 일어나는지는 모르겠지만, 하나님께서는 요셉을 통해 하나님의 영광을 보여 주신 것이 분명합니다. 두 관원장은 정확히 삼 일 후에 요셉의 해석대로 됩니다.

말씀을 전하는 자

하나님의 일하심은 측량하기 어렵고 예측하기 어렵습니다. 그렇기에 하나님의 일하심을 하나님 당신이 해석해 주시지 않으면 우리는 알 길이 없습니다. 지금까지의 요셉의 삶을 무엇으로 설명할 수 있습니까? 왜 이런 방식을 통해서 그를 훈련하시는 걸까요? 우리의 작은 눈과 좁은 생각으로는 해석할 길이 없습니다. 다만, 해석은 하나님께 있을 뿐입니다. 왜 두 관원장 중에 한 명만 살아남았을까요? 둘 다 죽을죄를 지었지만, 둘 중 한 명은 살아야 나중에 요셉이 바로 앞에 나아가지 않겠습니까? 요셉을 살리기 위해 한 명이 살아남은 것입니다.

이렇게 우리는 우리 앞에 놓인 수많은 일 가운데 하나님의 해석이 없이는 제대로 된 길로 나아갈 수 없습니다. 내가 지금 이곳에, 현재의 모습을 하는 이유가 무엇일까요? 왜 나는 대한민국에, 내가 사는 도시에, 지금의 직업을 가지고, 지금의 가족 구성원들과 살아가고 있을까요? 그 물음의 답이자 해석은 하나님께 있습니다.

요셉은 하나님의 거북스러운 해석 앞에서 결코 주저하지 않았습니다. 하나님의 해석을 가감 없이 전달했습니다. 지금은 설교자가 하나님의 해석을 전달합니다. 성경에 담겨 있는 하나님의 뜻이, 하나님의 해석이 설교자의 입을 통해서 선포됩니다. 따라서 우리는 말씀의 해석을 전달하는 '설교'를 잘 들어야 합니다. 설교자는 어떤 경우에도 자신의 입을 통해서 선포되는 말씀이 하나님의 선포임을 잊지 말아야 합니다. 설교자는 지혜로움을 잊으면 안 되지만, 청중의 만족을 위해서 선포하면 안 됩니다. 따라서 듣는 청중은 자신의 죄에 대해서, 자신의 의무에 대해서, 자신의 책임을 대해서, 책망하는 말 듣기를 거부해서는 안 됩니다. 신자는 진리의 말씀을 기대해야 합니다.

요셉은 하나님의 말씀을 선포하는 자로서 자신에게 주어진 말씀을 주저함 없이, 모든 일을 해석하시는 하나님을 의심하지 않고, 하나님의 일을 가감 없이 선포했습니다. 우리도 마찬가지입니다. 지금 살아 계시는 하나님의 역사가 말씀의 설교를 통해 분명하게, 가감 없이 선포된다면 믿음의 반응을 하게 될 것입니다. 하나님의 말씀은 떨어지지 않고 반드시 열매를 맺기 때문입니다.

10

기억하지 못하고 그를 잊었더라
창 40:20-23

술 맡은 관원장이 요셉을 기억하지 못하고 그를 잊었더라(23절)

잊히는 아픔

요셉의 해석대로 3일이 지나자 온 나라가 떠들썩했습니다. 바로의 생일이기 때문입니다(20절). 바로의 생일은 곧 국가의 경사이기에, 모든 신하를 초대하여 마음껏 마시고 즐기는 큰 잔치가 열립니다. 이때 요셉의 말대로 오랫동안 함께했던 두 관원장인 술 맡은 관원장과 떡 굽는 관원장이 바로에게 불려 나갔습니다. 요셉은 하나님께서 자신에게 알려 준 바대로 진행되는 것을 보며 기쁘고 감사했습니다. 더하여 한 줄기 희망의 끈을 붙잡았습니다. 술 맡은 관원장이 복직되어 다시 바로의 최측근으로서 일하게 된다면, 자신은 곧 감옥에서 풀려나게 될 테니 말입니다. 요셉에게 억울함이 겹겹이 쌓여 있었으나 곧 있으면 명명백백히 밝혀져 꿈에 그리던 고향으로 돌아갈지도 모릅니다. 어느덧 11년이나 지났는데, 아버지는 살아 계실까 궁금했겠죠. 억울하게 노예로 끌려왔을 뿐 아니라 신의와 충성을 다했음에도 강간 미수범이 되어 비참하게 감옥에 갇혀 생사조차 모르지 않습니까? 하지만 이제 이 생활도 곧 끝날 테니 조금만 더 기다려 보자고 스스로 다독였을 것입니다. 바로의 명령에 따라 두 관원장을 부르는 소리가 마치 자신의 이름을 부르는 것 같은 착각이 들었을지도 모릅니다. 하지만 기대와는 달리 하루가 지나도, 이틀이 지나도, 몇 날이 지나도, 몇 달이 가도 소식은 없었습니다. 술 맡은 관원장이 요셉을 기억하지 못하고 그를 잊었기 때문입니다.

여러분은 잊힘의 아픔을 아시나요? 요셉은 술 맡은 관원장에게 정성을 다했고, 그를 성심으로 섬겼습니다. 단지 꿈만 해석해 준 것이 아니었습니다. 평상시에도 많은 도움을 주었습니다. 그러니 이 정도 부탁은 해도 되었습니다. 어려운 부탁도 아니었습니다. 부정한 청탁도 아닙니다. 억울한 소리를 들어 주라는 것뿐인데, 요셉을 잊다니요. 어찌 이런 일이 일어났을까요? 술 맡은 관원장의 머리에 지우개가 있었을까요? 지우개로 깨끗하게 지워야 할 이유가 있었을까요? 끔찍한 감옥 생활은 생각하기도 싫고, 거기서 만난 사람들은 자기 인생에서 지워야 할 사람이라고 생각했을까요? 도대체 왜 요셉은 고되고 어려운 일상이 반복되는 것일까요? 희망이 보이는 듯하고 꼬일 일이 풀릴 듯하면, 왜 더 이상하게 꼬이고 사라져 버리는 것일까요?

우리도 마찬가지입니다. 매일의 삶이 그렇지 않습니까? 믿었던 사람들에게 배신을 당하고, 마음을 줬던 사람이 대적이 되어 버리는 일들이 얼마나 많습니까? 더욱이, 깊숙한 터널을 통과할 때 멀리 보이는 희망의 빛이 가깝기는커녕 계속해서 더 멀리 사라져 버립니다. 왜 나만 겪는 고난이냐고 불평하지 않을 수 없는 세상살이 아닙니까? 하나님은 도대체 무엇을 하고 계시는 걸까요? 요셉과 함께하셨다면 왜 이런 일을 요셉에게 허락하시는 걸까요?

그러므로 우리는 본문을 통하여 이 사실을 살펴보려고 합니다. 하나님은 과연 요셉을 잊고 계실까요? 우리는 이미 답을 압니다. 술 맡은 관원장은 기억하지 못하고 잊었어도 하나님은 기억하시고 잊지 않으십니다. 그 이유가 무엇일까요?

사람에게는 잊히지만, 하나님은 기억하심

하나님은 기억하심

술 맡은 관원장은 요셉을 까맣게 잊었습니다. 역시 열 길 물속은 알아도 한 길 사람 속은 모르는 것입니다. 술 맡은 관원장은 요셉이 자신의 꿈을 해석할 때 얼마나 기뻐했습니까? 요셉이 자신의 억울함을 풀어 달라고 부탁했을 때, 요셉의 두 손을 붙잡고 그리하겠다고 애틋한 눈빛을 보냈을 것입니다. 하지만 화장실에서 나오는 순간 돌변합니다. 아무 일도 없었던 것처럼, 요셉을 잊어버립니다. 사실, 이것이 우리의 현실이죠. 사람이 그렇습니다. 딱 한 번만 도와주면 이 은혜는 평생 잊지 않겠다, 우리 우정 변치 말자, 내것이 네 것이니 마음껏 쓰라고 하고서는, 돌변하는 게 사람입니다. 좋을 때는 친구요 너와 나는 한몸이라고 말하지만, 그건 어디까지나 자신에게 도움이 될 것 같을 때 유효하지, 쓸모가 없어지면 버리는 것이 사람입니다. 하지만 하나님은 다릅니다. 우리가 언제 하나님께 도움이 된 적이 있습니까? 우리는 하나님께 도움이 되지 않습니다. 도움은 하나님께서 주시는 것이지, 우리가 할 수 있는 것이 아니기 때문입니다. 하나님은 늘 우리를 향하시지만, 우리는 하나님께 늘 등을 돌립니다. 그러나 우리를 향한 하나님의 열심은 변함이 없습니다.

이런 상황에서 하나님은 요셉의 소원을 잠시 늦추셔서, 숨 고르기를 함으로 우리의 구원은 사람에게 달려 있는 것이 아니라 하나님께 달려 있다는 사실을 깨닫도록 하십니다. 우리는 우리가 처해 있는 상황이 힘들고 어려울수록, 수단과 방법을 과하게 찾고 거기에 의지하려는 경향이 있기 때문입니다. 하나님의 도우심을 부정하는 것이 아니라, 내 방식과 방법을 쫓으면서 내가 구원의 시나리오를 만들기 때문입니다.

그렇다면 하나님은 요셉을 어떻게 잊지 않고 기억하시는지 봅시다. 첫째, 하나님께서는 요셉이 인내를 배우게 하심으로 기억하십니다. 우리는 하나님께서 약속하신 구원을 측량하는 방법을 배우지 않으면 쉽게 쓰러질 수 있습니다. 하나님께서 당신의 계획에 따라 당신의 일을 완전히 이루실 때까지 우리 각 사람을 인도하시는 독특한 부르심이 있기 때문입니다. 우리는 모두 각각 다르게 부름을 받습니다. 각자 부름의 현장도 다릅니다. 부름의 환경도 다릅니다. 그렇다 보니 각자에게 맞도록 독특하게 부르십니다. 그런 다음, 우리가 각자에게 가장 합당하고 적합한 방법으로 하나님의 지혜에 따라 이끄십니다. 그러므로 우리는 우리 자신의 감각에 근거하여 판단하거나 의심하지 않아야 합니다. 요셉의 현재 상황을 보고 의심하면 안 됩니다. 요셉 현재의 바람은 감옥에서 나가서 억울함을 해소하는 일입니다. 요셉의 바람은 그게 다입니다. 하지만 하나님께서는 더 높은 차원으로 요셉을 부르십니다. 하나님께서는 요셉의 소원을 잠시 늦추셔서 인내를 배우게 하심으로 자신을 기억하도록 하시는 은혜를 베푸셨습니다.

둘째, 하나님께서는 사람들에게 하나님이 자신의 구원자라는 사실을 기억하도록 하십니다. 이는 신자들의 소원을 잠시 늦추셔서 인내를 배우게 하시는 이유이기도 합니다. 나중에 더 자세히 살필 것이지만 요셉이 술 맡은 관원장에게 무엇을 부탁했습니까? 단순히 자신의 억울함을 풀어 주라는 것인가요? 아닙니다. 은혜를 베풀라고 합니다. 술 맡은 관원장에게 헤세드를 보이라고, 자비를 베풀라고 합니다. 하지만 누가 헤세드(자비)는 누가 베푸는 것입니까? 사람인가요? 아니요. 오직 구원은, 헤세드는 하나님에게서 만 나옵니다. 따라서 이는 권력 있는 사람을 의지하지 않고, 도울 힘이 없는 인간을 의지하면 안 된다는 것을 기억하게 하시기 위한 늦추심입니다(시 146:3). 하나님께서는 요셉에게 보잘것없는 사람을 의지하지 말고, 숨결에 불과한 인간에게 기대지 말라(사 2:22), 오직 너는 하나님만 의지하라(고후 1:9)는 메시지를 주고 계십니다.

잊힌 것처럼 느낄 때

하나님을 의지하라

요셉은 정말 간절했습니다. 14-15절을 봅시다. 지금까지 태도와 다른 모습입니다. 1인칭이 강조되고 있습니다. "나를", "내게", "내 사정을", "나를", "나는" 5번이나 강조합니다. 요셉은 정말 애걸하면서 말합니다. "이 구렁텅이에서 제발 건져 주소서.", "제발 나가게 해주소서." 억울하고 답답한 심정이 드러납니다. 요셉은 마지막 기회라고 생각했을지 모릅니다. 나에게 보내 준 하나님의 사인이라고 여겼을지도 모릅니다.

우리도 어려움을 당하면 이런 호소와 도움을 요청해야 합니다. 지혜를 사용하는 것은 나쁜 일이 아닙니다. 그런데 만약 술 맡은 관원장이 요셉의 억울함을 듣고 살려 줬다면, 은혜는 누구에게서 오는 것일까요? 요셉은 경건한 사람이었기 때문에 당연히 하나님께서 사용하신 술 맡은 관원장이라 여겼을 것이라고 생각합니다. 그러나 실제, 내가 사람에게 도움을 요청하거나, 내가 할 수 있는 모든 수단을 사용하여 어려움이 해결되었다면, 어떨까요? 하나님은 어디까지나 배후에서 움직이셨다고 생각할 뿐, 분명한 것은 자신의 부탁을 들어준 그 사람이 베푼 은혜라고 생각합니다. 그리고 우리는 나를 도와준 사람에게 고마워하며 감사의 마음을 전합니다. 선물로 답례까지 합니다. 그렇다면 하나님은요? 그래서 하나님은 우리의 도움과 피난처는 오직 하나님뿐이심을 알게 하시기 위하여, 하나님만 의지하는 자가 되게 하시기 위하여 요셉을 이끄십니다. 우리의 모든 수단과 인간적인 방법은 실패하지만, 하나님에 의해서 구출되었을 때, 그에게 감사하도록 하시기 위함입니다.

하나님은 요셉을 계속해서 훈련시키십니다. 우리의 도움은 누구에게서 오는가? 피난처는 어디인가? 시편 62편에서의 다윗의 고백이 요셉과 우리의 고백이기를 바라십니다. 나의 소망이 그에게서 나오며, 나의 구원과 영광이 하나님께 있음을 고백하길 원하십니다. "백성들아 시시로 그를 의지하고 그의 앞에 마음을 토하라 하나님은 우리의 피난처시로다"(시 62:8) 어려움 가운데 있을 때 우리는 그에게 마음을 토해야 합니다.

하나님의 때가 있음을 기억하라

또한 하나님은 사람이 아닌 하나님만을 의지해야 할 뿐 아니라 모든 일에는 '하나님의 때'가 있음을 기억하게 하시기 위하여 술 맡은 관원장이 요셉을 잊도록 하셨습니다. 모든 일에는 다 때가 있고 기가 막힌 타이밍이 있습니다. 그런데 일이 일어나는 그 당시에는 아무도 모릅니다. 지나 봐야 압니다. 하지만 잠시 생각을 멈추고 그 자리를, 그 순간을 벗어나면 보입니다. '내가 왜 그랬을까?' 후회되는 일들일지라도 나중에는 이유를 알게 됩니다. 하나님께서 정말 기가 막힐 일들로 우리 인생을 인도하셨고, 오늘의 나는 하나님의 때라는 시간 안에서 도움과 인도를 받고 있다는 사실을 알게 됩니다.

분명 술 맡은 관원장은 갑자기 복직되었으니 몸을 사렸을 것입니다. 그리고 복직되자마자 감옥에서 있었던 노예의 일을 바로에게 말하기 어려웠을지도 모릅니다. 그런데 본문 23절은 더 강조하여 무엇인가를 말하고자 합니다. "술 맡은 관원장이 요셉을 기억하지 못하고 그를 잊었더라" 완전히 새까맣게 잊어버렸다고 강조합니다. 누군가 그의 머리에서 기억을 지워 버린 것이 아닌가 싶습니다. 그렇죠. 하나님의 때가 아니므로 잊혔던 것입니다. 아직 요셉이 부름을 받기에 준비되지 않았기 때문입니다. 만약 술 맡은 관원장이 요셉을 기억하여 그를 불렀다면, 그는 억울함을 풀고 감옥에서는 나왔겠지만 총리가 되지는 못했을 것이며 바로의 꿈을 해석하지도 못했을 것입니다. 그래서 아직 2년이 더 필요했습니다. 시대를 운영하시는 하나님의 기막힌 섭리의 때가 필요했기 때문입니다.

우리의 삶 가운데 지금은 알 수 없고 지금은 이해할 수 없지만, 하나님께서 목적하신 것을 이루시는 '하나님의 때'가 있습니다. 우리는 밝히 보고 싶어 안달이지만, 하나님께서 알게 하실 '하나님의 때'가 분명히 있습니다. 내 생각에는 지금 이 순간이 영원히 끝나지 않을 것 같아도 반드시 시간은 흐릅니다. 긴 시간을 놓고 보면 한 점을 찍고 살아갈 뿐입니다. 우리의 믿음이 흔들리고 내 욕심이 내 눈을 가려서 하나님의 때를 기다리지 못할 뿐입니다. 억울함 때문에, 이유를 알 수 없다고 하는 불평 때문에 하나님의 때를 보지 못하는 것뿐입니다. 그래서 하나님께서는 우리에게 더 기다리도록 하십니다. 우리가 하나님의 때를, 하나님의 이유를 알 수 있도록 하시기 위해서, 눈물을 지우고 기쁨을 보게 하시려고, 기다리게 하십니다.

하지 말아야 할 것을 분별하라

하나님께서 그렇게 하시는 이유는 우리가 하나님만을 의지하고 하나님의 때를 기억해야 할 뿐 아니라 하지 말아야 할 것이 무엇인지를 분별하도록 하시기 위함입니다. 다시 말해서 죄를 짓지 않도록 하시기 위함입니다. 우리가 요셉이 되었다고 생각해 봅시다. 얼마나 울화가 치밀까요? '내가 얼마나 그를 열심히 섬겼는데?!' 하는 기억이 떠올라 괴로웠을 것입니다. '내가 대단한 부탁을 한 것도 아니고, 있는 사실 그대로 나의 억울함을 풀어 달라는 게 그렇게 어려운 일인가?' 하고요. 생각할수록 술 맡은 관원장은 나쁩니다. '정의로운 일을 세우는 일인데도 불구하고 동참하지 않는다니, 완전히 잊어버리다니 정말 몹쓸 사람이군.'이라고 생각해서 다음과 같이 결심할지도 모릅니다. '너는 나를 잊었지만 나는 너를 기억해 두겠어. 너는 바로를 믿지만 난 하나님을 믿는 사람이다. 두고 보자!'라고 말이죠. 하지만 요셉은 2년 동안 이런 마음을 가지지 않았습니다. 왜일까요?

요셉은 계속 억울한 일을 당했습니다. 설상가상으로 일이 항상 꼬여만 갔습니다. 그런데 왜 울분을 토하지 않았을까요? 요셉이 보디발의 아내에게 "내가 어찌 이 큰 악을 행하여 하나님께 죄를 지으리이까"(창 39:9)라고 했던 말을 기억해야 합니다. 우리는 내가 어떤 일에 마음을 쓰고 공을 들이고 기대하는 일일수록 그 결과에 대해서 과도한 집착이 생길 수 있습니다. 집착은 모든 일을 상대화시키고 합법화합니다. 그래서 만약 내가 애쓴 어떤 일과 사람에게 배신과 잊힘을 당하면, 그때부터 내 마음에는 죄악이 보편화되고 상대화됩니다. 그때부터 내가 하는 죄악 된 행동은 보복이 아니라 정당방위로 바뀌게 됩니다. 위법 행위가 내 통제를 벗어나서 눈동자가 돌아가고, 입술이 저주를 머금고, 혀가 독을 쏘아대고, 얼굴이 굳은 회색으로 바뀌어 사람과 공동체를 파괴하기 시작합니다.

술 맡은 관원장이 자신을 잊은 2년 동안 요셉은 무엇을 했습니까? 감옥의 제반 사무를 맡아서 열심히 처리했습니다. 혼돈의 회오리가 자신을 휘몰아치더라도, 방향을 잃어 갈 길을 찾지 못하겠다 하더라도 자기에게 주어진 일을 묵묵히 감당했다는 사실입니다. 사실, 요셉이라고 만 2년이 힘들지 않았겠습니까? 원망과 불평이 터져 나왔을지도 모릅니다. 그런데도 그는 하지 말아야 할 것을 분별하여 실천했습니다. 사람에게 죄를 전가하지 않고, 하나님을 원망하지 않았습니다. 나중에 바로가 그를 평가하는 것을 보십시오. 하나님의 영에 감동이 되어 명철하고 지혜 있는 자라고 말합니다(38-39절). 이 말에 다른 사람들이 별 이의를 제기하지 않고 모두가 인정한다는 것은 그의 평상시 모습이 어떠하다는 것을 보여 줍니다.

여전히 함께하시는 하나님

술 맡은 관원장은 요셉을 완전히 잊었지만, 하나님은 요셉을 기억하고 계셨습니다. 하나님의 함께하심이 요셉을 지탱하게 해주었습니다. 현실이 별로 달라지지 않고 여전히 감옥에서 아무런 기별을 받지 못함에도, 하나님을 향한 신뢰는 변함이 없었습니다. 요셉은 하나님을 의지하고, 하나님의 때를 기다리며, 하지 말아야 할 것을 분별했습니다. 그리고 만 2년이 지난 후, 바로의 꿈을 해석하기 위해 불려 갔을 때, "내가 아니라 하나님께서 바로에게 편안한 대답을 하시리이다"라고 했습니다(창 41:16). 바로의 꿈은 하나님께서 해석하실 거라는 말이기도 하지만, 자신의 인생의 순간순간마다 하나님께서는 편안한 대답을 해주실 것이라는 뜻이기도 합니다. 즉, 내 현실이 비록 어둡고 답이 없는 혼돈 가운데 있을지라도, 내가 서 있는 이곳이 하나님께서 보내신 곳이요, 그 어디라도 하나님의 손길이 닿지 않는 곳은 없다는 고백입니다.

십자가의 한 강도가 예수님께 "예수여 당신의 나라에 임하실 때에 나를 기억하소서"라고 말했습니다(눅 23:42). 그때 주님의 대답은 "그러마 내가 꼭 기억하겠다."라는 약속 정도가 아니었습니다. 오히려 더 충격적인 말씀을 하셨습니다. "예수께서 이르시되 내가 진실로 네게 이르노니 오늘 네가 나와 함께 낙원에 있으리라 하시니라"(눅 23:43). 강도는 여전히 십자가에 달려 있고 그의 현실은 변함이 없었습니다. 하지만 예수님께서는 분명 오늘 네가 나와 함께 낙원에 있을 것이라고 선언하셨습니다. 예수님께서는 '그럴지도 모르겠다' 혹은 '그랬으면 좋겠다'라는 희망의 말씀을 하신 것이 아닙니다. 확정된 미래를 말씀하신 것입니다. 현재 요셉에게는 만 2년의 기간이 필요합니다. 그러나 좀 더 크게 보면, 17세에 노예로 끌려와 바로의 총리가 되었던 것을 30세로 계산해서 총 13년을 기다린 셈입니다. 13년 중에 2년은 짧은 기간이 아닌가요? 우리 삶의 현실이 가장 긴 터널처럼 보여도, 가장 깊은 밤은 동트는 새벽녘이라는 사실을 잊지 마십시오. 그러니 힘을 냅시다. 여러분은 하나님께서 우리 예수님의 핏값을 주고 사신 하나님의 아들이요, 하나님의 딸입니다.

11 하나님이 편안한 대답을 하시리이다
창 41:1-24

요셉이 바로에게 대답하여 이르되 내가 아니라 하나님께서 바로에게 편안한 대답을 하시리이다(16절)

때가 차매

줄탁동시(啐啄同時)라는 사자성어가 있습니다. '줄'은 병아리가 껍데기를 깨기 위해 안에서 쪼는 것을 말하고, 어미 닭이 그 소리를 듣고 화답하는 것이 '탁'입니다. '줄'과 '탁'은 동시에 일어나야 병아리가 밖으로 나올 수 있다는 말입니다. 어떤 일이든 서로가 동시에 맞아떨어져야 일이 된다는 뜻이지요. 비슷한 말로 교학상장(敎學相長)이 있습니다. 가르치는 스승과 학생이 함께 자라간다(성장)는 말입니다. 줄탁동시든 교학상장이든 손바닥이 마주쳐야 소리가 나듯이 서로 잘 맞아야 합니다.

요셉에게 줄탁동시는 만 2년에 바로의 꿈으로 시작됩니다. 신기하게도 하나님과 요셉이 동시에 '줄탁'하여 '상장'한 것이 아니라 하나님의 때가 차매 바로와 줄탁동시 한 것입니다. 우리는 흔히 하나님과 내가 줄탁동시 한다고 생각하지만, 하나님께서는 그런 방식보다 세상의 통치자로서 자신의 목적과 계획에 따라 자신의 방식과 순서를 가지고 일하십니다. 모든 일이 각각 조화로운 전체를 이루기 위해 집중합니다. 바로는 이상한 꿈을 연거푸 꾸게 되고, 평상시에는 해몽을 잘하던 신하들이 이번에는 전혀 도움이 되지 못하는 상황이 펼쳐지고, 갑자기 완전히 사라진 것 같은 술 맡은 관원장의 기억이 되살아나며, 요셉이 그토록 바라던 감옥에서의 극적인 탈출이 하나님의 손길 안에서 줄줄이 낚아 올려집니다.

그러므로 우리는 본문을 통해 때가 차매 일하시는 하나님의 놀라운 사역을 볼 것입니다. 왜 하나님은 요셉을 노예로, 감옥의 죄수로 피 끓는 청년 시기를 보내게 하셨을까? 하나님의 택하신 백성, 하나님의 말씀의 선지자로 부르신 요셉을 왜 내버려 두셨을까? 사람들이 보기에도 더는 기대할 것 없어 보이던 요셉에게 하나님께서는 '이제' 답을 하십니다. 그냥 답이 아닙니다. 편안한 답을 주십니다. 우리에게도 답을 주십니다.

바로를 통해 주신 편안한 대답

세상이 줄 수 없는 대답

우리는 문제가 생기면 답을 필요로 합니다. 불편하고 힘든 이유를 알고 싶고, 결과를 알고 싶어 합니다. 그리고 좀 더 이기적으로 나에게 미칠, 내가 볼 손해에 집착하게 됩니다. 현재의 거울이라고도 할 수 있는 역사를 들여다보며 과거에 나와 비슷한 경험과 일이 있었는지 찾기 위해 애써 공부하기도 하고, 번뜩이고 통찰력 있는 사람들의 입을 주목하기도 합니다. 내가 놓치고 있는 것은 무엇인지, 사건의 이면에 자리 잡은 현상은 무엇인지 요리조리 살피는 노력은 실제로 많은 도움이 됩니다. 하지만 어디까지나 그런 지혜들은 나타난 일에 대한 분석일 뿐입니다. 보이지 않는 세계에 관해서는 대답을 할 수 없습니다. 기껏해야 추측입니다. 그래서 어떤 사람들은 보이지 않는 세계에 관하여 말하는 것은 망상이요, 허구이기에 생각할 가치도 없다고 가볍게 여기곤 합니다.

바로도 이상한 꿈에 대해 너무도 알고 싶어 신하들과 고민했습니다. 바로의 꿈은 국가의 흥망성쇠와도 같았기 때문에 꿈의 해석은 국가의 중대사였습니다. 우리가 꾸는 꿈을 해석하기 위해 책이나 무당이나 점집에 가서 조언을 얻는 정도가 아닙니다. 왕의 꿈을 전문으로 해석하는 기관을 두고 연구했던 때입니다. "바로가 마음이 번민하여 애굽의 점술가와 현들을 모두 불렀"다고 합니다. 연구하던 학자들을 모두 부른 것입니다. 하지만 그것을 "해석하는 자가 없었다"라고 합니다(8절). 24절에서도 반복합니다. "그 꿈을 점성가에게 말하였으나 내게 풀이해 주는 자가 없느니라." 세상의 모든 문제에 대해 사람이 아무리 큰 지식을 가지고 지혜롭게 들여다보아도 해결하지 못하는 게 있기 마련입니다. 지금 우리 시대에 '코로나'를 봅시다. 백신이 나왔음에도, 변이 바이러스는 계속되고 있습니다. 그래서 백신을 평생 맞아야 할지 모른다고도 하지 않습니까? 종교개혁 당시 흑사병의 대유행이 반복해서 일어났을 때, 개나 고양이를 죽이고, 마녀, 정신이상자들, 신체 장애인들도 많이 죽였습니다. 그들이 문제의 원인이라고 생각했던 것입니다. 얼마나 불쌍한 일인가요? 혹자는 사회가 미개하고 과학이 없었기 때문이라고도 생각합니다. 그런데 가장 최첨단의 과학이 있는 지금 시대에도 마찬가지이지 않습니까? 우리는 세상의 모든 문제에 대해 답을 할 수 없습니다.

하나님만이 답을 주신다

그렇다면 답은 어디에 있을까요? 하나님만이 답을 주실 수 있습니다. 하나님께서 술 맡은 관원장의 기억의 자국을 문질러 되살리심과 동시에 요셉을 향한 자기 일을 하십니다. 9절에서 술 맡은 관원장이 2년 전에 있었던 일을 말합니다. 12절을 보면 "히브리 청년이 우리의 꿈을 풀되 그 꿈대로 각 사람에게 해석"했다고 합니다. 그리고 그의 말대로 정확하게 일이 이루어졌다고 말합니다. 그러자 바로가 요셉을 당장 불러 말합니다. "너는 꿈을 들으면 능히 푼다"(15절)라고 하던데, 그 말이 참이냐? 요셉이 대답합니다. "내가 아니라 하나님께서 바로에게 편안한 대답을 하시리라"(16절).

요셉의 대답을 들은 바로는 17절부터 자신의 꿈 이야기를 합니다. 여기에서 재미있는 건 바로에게 있어 신이 누구인가 하는 것입니다. 바로에게 있어 신은 '바로 자신'이었습니다. 게다가 애굽 사람들은 다양한 신을 섬겼습니다. 신이 여럿 있다는 말입니다. 그런데 요셉은 신이 한 분이라고 말합니다. 요셉의 말에 신하들은 굉장히 놀랐을 것이고, 도대체 저 아이의 말은 무슨 이야기인가 알아듣기도 어려웠을 것입니다. 하지만 하나님께서는 선지자 요셉을 통해 놀라운 일을 하십니다. 그 당시 신이라 불리는 '바로'는 자기 자신의 미래도 알지 못하는 죽은 신이었고, 한낱 노예가 섬기는 히브리의 듣지도 보지도 못한 '하나님'은 문제를 풀 수 있었습니다. 게다가 자기들이 전적으로 의지해야만 문제를 해결받을 수 있게 되었습니다. 이 상황에서 요셉은 자신에게 주신, 그리고 바로를 통해 주신 하나님의 편안한 답을 듣게 됩니다. 그리고 고백합니다.

"하나님이 이 세상 모든 것의 창조주이시고, 그분만이 세상의 모든 것을 움직이시고, 하나님만이 미래를 가진 분이시다." 요셉의 고백은 단순히 머리의 고백이 아닌 입술의 고백이요, 바로의 궁정 한가운데서 울려 퍼지는 찬송이었습니다. 대제국의 위엄과 무시무시한 통치의 한 가운데서 선포되는 하나님께만 영광을 돌리는 송영이었습니다. 자신의 입을 통해서 고백되는 말이, 요셉 자신이 정말 알고 싶었던 대답이었습니다. '왜 내가 이런 고통을 당하고, 하는 일마다 어그러질까?'라고 한숨 쉬던 때에도 하나님께서는 일하고 계셨다는 대답이었던 것입니다. 하나님께서는 요셉에게 정말 놀라운 답을 주셨습니다. 네가 나를 영화롭게 할 그때를 준비하신다고 말입니다.

요셉에게 주신 편안한 대답

급격한 반전

바로의 꿈을 통해, 요셉이 당했던 고난에 대하여 주신 하나님의 대답은 사실, 바로에게 불려가기 전에 이미 주셨습니다. 이 대답은 반전의 연속으로 진행됩니다. 요셉의 삶이 그만큼 반전의 인생이었습니다. 아버지의 명령에 따라 채색옷을 입고 형들에게 찾아갔으나 한순간에 노예로 바뀌고, 노예로 끌려갔으나 한순간에 보디발의 가정 총무가 되고, 가정 총무로서 승승장구했으나 한순간에 감옥에 갇히게 되는 알 수 없는 인생을 살았습니다. 물론 잠시 숨을 고르기는 했었습니다. 술 맡은 관원장에게 했던 부탁을 기다리기 위해 감옥에서 하염없는 시간을 보내야만 했습니다. 그리고 이제 때가 된 것입니다. 하지만 이 일은 초읽기가 시작되면서 일어난 일이라거나 디데이에 맞춰서 일어난 일이 아니라, 긴박하게 이루어진 일임을 본문이 강조합니다. 14절을 보면 신하들이 요셉을 "급히" 불렀다고 했습니다. 요셉은 영문도 모른 채 수염을 깎고 옷을 바꿔 입은 후에 정신없이, 무슨 일 때문인지 확인할 새도 없이 불려갑니다.

우리도 인생에서 수많은 반전을 경험합니다. 이런 경험은 우리에게 두 가지 마음을 품게 합니다. 하나는 교만이고, 또 하나는 절망입니다. 복권에 당첨된 사람들을 조사해 봤더니, 로또에 당첨된 대부분의 사람들이 어떤 삶을 살고 있었을까요? 좋은 일이 갑자기 일어나면 대개 교만이 함께 일어납니다. 모든 일의 주인공이 내가 되니까요. 역시 나는 운이 좋다고, 이제 고생 끝, 행복 시작이라고 여기며 지난날의 어려움을 모두 잊어버리곤 합니다. 내가 내 삶의 모든 것을 돈으로 만들 수 있다고 여깁니다. 반면에 나쁜 일이 갑자기 일어나면, 대부분의 사람들은 절망 속으로 떨어집니다. 역시

나는 되는 일이 없다고, 노력해 봤자 소용없다고, 내가 할 수 있는 일은 아무것도 없다고 절망합니다. 하지만 하나님께서 함께하시는 사람에게 일어나는 모든 일은 하나님이 주인공이십니다. 내 삶의 주인공이 나일 때 교만과 절망이 찾아옵니다. 하지만 하나님이 주인공이시면, 나는 그분의 인도하심을 따라 그분의 통치 방식에 순종하며 나의 모든 의지를 그분 안에서 가지게 됩니다.

요셉은 급격한 반전 속에서 교만하거나 절망하지 않았습니다. 요셉이 자신에게 일어난 급격한 반전에 어떻게 반응했습니까? 술 맡은 관원장의 배신에도 절망하지 않았고, 바로의 급작스러운 부름에도 교만하지 않았습니다. 15절에서 바로가 꿈을 꾸었는데 해석하는 자가 없어 너는 꿈을 잘 푼다고 하더라 물어보니, "내가 아니라 하나님께서 바로에게 편안한 대답을 하시리이다"(16절). 요셉 자신의 모든 인생의 길을 인도하시는 분이 하나님이시라는 사실을 분명히 합니다. 하나님께서 자신에게 은혜 주셨음의 놀라움을 똑똑히 보고서, 요셉은 자기에게 어떤 상황이 펼쳐지더라도 하나님을 기억합니다. 살아서 역사하시고, 인간의 생사화복을 주관하시는 하나님에 대한 분명한 신앙고백이 그에게 있었기 때문입니다. 하나님께서 함께하시는 자에게 보이는 모습입니다. 사실 신자라면 우리도 이런 모습을 갈망해야 하지 않겠습니까?

요셉이 잡은 기회

바로를 만나는 일은 요셉이 감옥에서 그토록 바라던 일입니다. 요셉은 매일매일, 간수가 자신을 부르는 걸 상상했을 것입니다. 기다리고 기다리던 간수의 목소리를 드디어 들으면서, 13년 동안의 억울한 일들이 주마등처럼 스쳐 지나갔을 것입니다. '이제, 바로의 꿈을 해석한다면 노예에서 풀려나겠구나.' 하는 희망을 가졌을 것입니다. 그러므로 요셉은 이 기회를 꽉 붙잡아야 했습니다. '바로의 마음을 얻어야 한다, 그의 마음을 혼란하게 하거나 불편하게 하면 안 된다.'라고 다짐했을지 모릅니다. 말 한마디 한마디 신중하게 선택하며 사용해야겠다고 생각했을지도 모릅니다. 그런데, 본문을 보면 좀 이상합니다. 요셉이 바로의 마음을 얻기 위해 노력하는 모습은 전혀 보이지 않습니다. 오히려 그가 집중하는 것은 하나님의 사인(sign)이었습니다.

요셉은 바로의 꿈을 통해 하나님께서 이 일을 정하셨음을 보았습니다. 32절을 봅시다. "두 번 겹쳐 꾸신 것은 하나님이 이 일을 정하셨음이라". 그렇습니다. 요셉은 자신의 정체성이 하나님의 특별한 선지자라는 것을 분명히 인식하고 있었습니다. 그래서 25절에 하나님께서 하실 일을 바로에게 보이실 것이라고 말한 것을 보면, 바로에게 불려 나간 이때를 자신이 풀려날 기회라고 보지 않았다는 것을 확인할 수 있습니다. 하나님을 이용하여 자신의 이익을 취하려고 하지 않았다는 말입니다. 하나님께서 요셉을 통해 우리에게 무엇을 요구하시는지를 알 수 있습니다. 우리는 주님께서 택하신 특별한 백성으로서 세상을 향해서 답을 주는 자입니다. 인생의 문제와 신음하는 소리를 들어 주는 자가 우리라는 말씀입니다. 그것이 주님께서 우리를 택하셔서, 현재 있는 자리로 부르신 이유입니다.

하나님을 이용하여 내 욕심을 채우고, 하나님을 이용하여 내 편안함을 추구해서는 안 됩니다. 세상에서 인생의 답을 알지 못하여 신음하고 고통받는 자에게 우리 구주 예수 그리스도를 전하는 자가 바로 우리입니다. 아무리 지혜를 가지고 지식으로 무장한다고 해도 하나님을 알지 못하면 허무할 뿐입니다. 세상 사람들은 더 좋은 세상과 변화된 세계를 다음 세대에게 물려주고자 하나, 하나님이 없으면 새로운 공격을 당하게 되어 있습니다. 풍요의 역습이라는 말이 있습니다. 우리가 편안하고 잘살게 되면서, 누리는 것이 많아짐에 따라서 도리어 몇 배의 상상할 수 없는 갚음이 있음을 봅니다. 이 위기의 시대에 어려운 일을 당하는 자들에게 유일한 위로는 세상을 지으시고 지금도 살아서 역사하시는 하나님이심을 담대하게 선포해야 합니다.

근심 대신 찬송의 옷을 주심

요셉을 향하신 하나님의 놀라운 계획은 누구도 상상할 수 없는 방법으로 진행됩니다. 삶을 살다 보면, 어려움을 수없이 만납니다. 그런데 어려움을 끝없이 만나다 보면, 어느 순간에는 모든 것이 끝나 버릴 것 같은 마음이 드는데, 요셉이 이런 상황에 있던 것입니다. 하지만 요셉을 통해서 하나님은 우리에게 모든 것이 끝나 버렸다고 할 때에도 우리를 절대로 내버려 두지 않으신다고 대답해 주셨습니다. 자신의 때에 우리에게 편안한 답을 주시겠다는 말씀입니다. 누구도 알 수 없는 오랜 근심과 슬픔이 찾아오더라도 실망하지 마십시오. 하나님께서는 당신의 일을 눈 깜짝할 새의 틈도 주지 않으시고 일하실 뿐 아니라. 눈이 부실 만큼 자녀인 우리를 향한 당신의 사랑을 보여 주실 것입니다.

요셉이 술 맡은 관원장을 통해 바로 구출되지 않고 2년이 더 필요했던 것은 시험과 올무가 아닙니다. 요셉에게 근심 대신 찬송의 옷을 주시기 위함이었습니다. 요셉은 형들에게 채색옷이 벗겨져 노예의 옷을 입었고, 보디발의 아내 때문에 누명을 뒤집어써 관리자의 옷이 벗겨지고 죄수의 옷을 입었습니다. 그랬던 그가 하나님의 때가 되자, 하나님께서 친히 준비하신 영광의 옷을 입게 됩니다. 이 영광의 옷은 세상의 그 어떤 옷과도 비교할 수 없는 옷입니다. 물론, 이 영광의 옷은 바로 왕을 만나기 위한 예복이었습니다. 하지만 수염을 깎고 옷을 갈아입었을 때, 그 옷은 요셉에게는 삼위 하나님을 향한 송영의 옷이었습니다. 이사야가 61장에서 예언한 주의 영이 임하실 그때, 마음이 상한 자를 고치고 포로 된 자에게 자유를, 갇힌 자에게 놓임을 선포하는 그리스도의 나심과 일하심을 우리에게 주신 것은 슬픔 대신 희락을, 재 대신 화관을, 근심 대신 찬송을 찬송의 옷을 주신 하나님을 찬송하게 하려 하심이라고 하신 말씀과 같습니다. 즉, 그 예복은 우리가 그리스도를 통해 의의 나무가 되어 여호와께서 심으신 영광을 나타낼 자가 되도록 하심에 대한 '찬송의 옷'입니다(사 61:1-3).

우리 주님께서 십자가에서 우리의 죄를 위해 벌거벗기셨기 때문에 우리도 그리스의 의와 영광의 옷을 입게 됩니다. 예수 그리스도의 영광을 나타내는 자가 됩니다. 요한계시록 19장 11-12절에서 말하는 것처럼, 우리 주님께서 충신과 진실이라는 이름을 공의로 심판하며 싸우시기에, 피 뿌린 옷을 입으셨기에, 우리는 깨끗한 세마포 옷을 입고 그분을 따릅니다. 이것은 21장에서 신부가 남편을 위해 단장한 것 같은 모습으로 설명됩니다(계 21:2). 신부의 아름다운 예복이 그리스도의 십자가의 죽음을 통해서 우리에게 주어진 것입니다. 신랑 되신 그리스도가 주어졌기에 신부인 우리가 아름다운 의의 옷을 입습니다(사 61:3). 그리스도를 통해 이 영광의 옷을 입은 자가 우리입니다.

> 너희가 다 믿음으로 말미암아 그리스도 예수 안에서 하나님의 아들이 되었으니 누구든지 그리스도와 합하기 위하여 세례를 받은 자는 그리스도로 옷 입었느니라 _ 갈 3:26-27

그리스도의 옷을 입은 자들이여, 마음의 평강을 입고 담대하게 나아갑시다. 하나님께서 우리를 위해 공의로 심판하며 싸우십니다 (계 19:11). 인생의 답을 알지 못해서 눈물 흘리는 자의 눈물을 닦아주시고, 애통과 곡하는 것과 아픈 일이 다시 없도록 하실 것입니다 (계 21:4). 기다려 애쓰며 안달하는 우리를 외면하지 않으시고, 끝내 편안한 답을 주실 것입니다. 기대합시다. 우리의 손을 주께 높이 들고 찬송의 옷을 입고서 우리의 마음을 주님께 드립시다. 세세 무궁토록 삼위 하나님께만 모든 영광을 돌립시다.

12 하나님이 이 일을 정하셨음이라
창 41:25-52

바로께서 꿈을 두 번 겹쳐 꾸신 것은 하나님이 이 일을 정하셨음이라 하나님이
속히 행하시리니(32절)

세상을 지배하는 하나님

인생의 길을 걷다 보면 거친 비포장도로가 끝 없이 보일 때가 있습니다. 우회로를 찾아보지만 도리어 길을 잃거나, 멈춰야 하는 곳이 어디인지 다시 돌아가고 싶어도 어디서 왔는지 모를 때가 많습니다. 시련의 끝이 보이지 않고, 혼자 모든 것을 감당해야 한다고 느낄 때도 많습니다. 그때마다 후회와 자책을 합니다. 선택에 대한 원망도 곁들어집니다. 운명이라 여기며 스스로 위로도 해보지만 문제가 심각할 경우에는 상처가 꽤 깊습니다. 나 혼자가 아닌 주변 인들과 얽힌 일이면 훨씬 복잡합니다. 이런 상황에서 혹자는 운명을 받아들이고 감정에 휘둘리지 말며 자신을 통제하라고 합니다. 깊은 우울감에 빠지는 것은 자신뿐 아니라 자신이 사랑하는 사람들까지 파괴할 수 있다고 조언합니다. 그러니 감정을 북돋을 수 있도록 여행을 다녀오거나, 문제로부터 한발 벗어나 자기가 좋아하

는 일을 해보라고 말해 줍니다. 또 한편에서는 자신의 삶을 돌아보라고 합니다. 원칙이 없는 삶이 문제였고, 계획 없이 일 처리를 함으로써 생기는 다양한 문제라고 합니다. 일기를 쓰고 삶의 우선순위를 정해서 계획된 실천을 하면 당황스러운 일이 일어나도 충분히 해결할 수 있을 거라고 말합니다. 모두가 좋은 조언입니다. 실제, 많은 도움이 됩니다. 그러나 가장 중요한 무언가가 빠졌습니다.

도대체 무엇이 우리에게 상실과 고통을 주는가? 왜 나는 지금 슬퍼하고 있는가? 뒤집어서 말하자면 우리는 무엇을 할 때 기쁘고, 무엇을 얻으려 할 때 행복한가? 바로 이 지점입니다. 여러분은 무엇을 가장 행복으로 여기시나요? 우리 모두의 대답은 한결같아야 합니다. 바로 하나님입니다. 하나님을 소유한 자가 가장 행복한 자입니다. 하나님이 아닌 다른 것에 기대를 거는 순간 뒤틀려지기 시작합니다. 하나님은 우리의 최고의 선이시요 가장 큰 상급이시기 때문입니다(창 15:1). 그러므로 하나님을 잊거나 부정하거나 외면하며 살면, 상실과 고통이라는 비참의 문제를 해결할 수 없습니다.

요셉이 살던 때에 강대국이었던 애굽의 통치자 바로는 그야말로 '신'이었습니다. 그의 말 한마디로 세상이 바뀔 정도였습니다. 게다가 무시무시한 왕이었습니다. 바로를 의지하고, 바로에게 충성하며, 바로가 주는 것에서 행복을 누려야 했습니다. 바로가 누려야 할 영광을 다른 것에도 돌리는 순간, 모든 고통을 맛보아야 했습니다. 그런데 시대에 한낱 노예요 죄수인 요셉이 하나님의 이름을 대제국의 모든 신하가 모여 있던 그곳에서 선포한 일은 엄청난 대사건이 아닐 수 없습니다. 하나님의 인도하심이 없었다면 불가능한 일이었습니다.

그러므로 우리는 말씀을 통해 요셉이 총리가 되는 과정을 살피면서, 어떻게 그가 총리가 될 수 있었는지 살펴야 합니다. 감히, 바로를 깎아내리고도 총리가 될 수 있었던 이유 말이죠. 불굴의 인내 때문이었을까요? 꿈을 해석하는 능력이 있었기 때문일까요? 대체 무엇 때문일까요?

하나님이 하실 일을 정하심

바로의 꿈

하나님께서 하기로 정하신 일이 바로의 꿈을 통해 전달됩니다. 그런데, 바로의 꿈을 사용하셨다는 것이 좀 당황스럽습니다. 하나님께서는 자기 백성을 통해서 말씀하시고, 자기 백성을 통해서 일하시는 분이 아닌가 하는 의문이 들기 때문입니다. 하지만 우리는 하나님께서 창조주이심을 고백합니다. 하나님께서 창조물의 모든 것을 직접 다스리시고 통치하신다면, 다양한 방법을 통해서 자기 뜻을 펼칠 수 있는 것입니다. 그래서 바로는 어느 날 무시무시한 꿈을 꾸었습니다. 아름답고 살진 일곱 마리 소가 갈대밭에서 뜯어 먹고 있는데, 흉하고 깡마른 소가 갈대가 아닌 살진 소를 잡아먹는 꿈이었습니다(2-4, 18-20절). 바짝 마른 소가 너무 무서운 모습이기도 했지만, 채식하는 소가 다른 소를 잡아먹는 일은 흔하지 않았습니다. 게다가 정확하게 일곱 마리가 일곱 마리를 잡아먹는 꿈이라 더욱 심각했습니다. 그리고 바로는 연거푸 다시 꿈을 꿉니다. 두 번째 꿈은 한 가지에 풍성한 일곱 이삭이 있었는데, 가늘고 동풍에 마른 일곱 이삭이 풍성한 이삭을 삼켜 버리는 꿈이었습니다(5-6, 22-24절). 이 꿈도 말이 안 되었습니다. 이삭 열매가 이삭을 잡아먹다니, 듣지도 보지도 못한 내용이라 바로는 혼란스럽고 힘들었습니다.

바로는 이 심상치 않은 꿈을 해석하려고 했습니다. 그러나 아무도 꿈을 해석하지 못합니다. 그리고 술 맡은 관원장의 말에 따라 요셉을 불러옵니다. 요셉은 하나님께서 편안한 대답을 해주실 것이라고(16절) 바로를 안심시킨 뒤에 해석하기를, 일곱 좋은 암소와 이삭은 일곱 해의 큰 풍년이고(29절), 바짝 마르고 흉한 일곱 암소와 동풍에 말라 속이 빈 일곱 이삭은 큰 흉년이라고 해석합니다(30절). 여기에 덧붙여 21절에 "흉한 암소가 살진 암소를 먹었으나 먹은 듯하지 아니하고 여전히 흉하더라"라는 뜻은 "흉년이 너무 심하므로 이전 풍년을 이 땅에서 기억하지 못하게 되리라"(31절)라고 알려 주었습니다. 누구도 예상하지 못했던 해석이 요셉의 입에서 흘러나옵니다. 정말 하나님께서 바로에게 꿈을 주셨고, 꿈을 주신 하나님께서 요셉을 통해 해석하도록 하신 것입니다.

하나님께서 정하신 일

하나님께서는 바로의 꿈을 통해서 앞으로 펼치실 언약 백성의 구원 역사를 대제국 애굽에서 하시겠다고 보여 주십니다. 왜 무대가 애굽이며, 수단이 온 땅에 심한 풍년과 기근인지는 다 알 수 없었습니다. 나중에 보게 되지만 풍년이 없었다면, 요셉이 애굽의 총리로서 역할을 제대로 하지 못했을 것입니다. 또한, 기근이 7년간 심하지 않았다면 요셉의 가족들이 다시 만나지 못했을 것입니다. 이렇듯 우리를 향한 하나님의 정하신 일이 있고 하나님의 방법에 따라 펼치시는 일이 있습니다. 하나님께서는 자신의 주권적인 능력과 자기 뜻의 헤아릴 수 없는 의논에 따라서 영원하고 불변하신 일을 정하셨습니다. 작정하신 일들을 펼치실 때는 지극히 큰 사랑과 자비하심에 따라 지혜롭게 일하십니다.

우리는 하나님의 정하신 일이 일어나는 일을 바라보며 믿음으로 반응할 뿐입니다. 하나님의 일에 대해서 이유를 찾고 상황을 이해해야만 믿는 것이 아닙니다. 하나님께서 이 세상에 일어나는 모든 일을 정하시고 다스리신다는 믿음의 고백이 필요합니다. 우리의 문제가 여기에서부터 시작됩니다. 우리의 머리털까지 다 세신 바 된(마 10:30) 하나님의 사랑이 가장 큰 행복인데, 하나님이 아닌 다른 것에서 위로와 행복을 얻으려 하므로 고통을 맛보게 됩니다. 주님께서는 우리에게 하나님이 아닌 다른 것에서 행복을 찾지 말라고 하십니다. 하나님께서는 우리에게 모든 것을 주십니다. 우리가 가진 두려움의 정체가 무엇입니까? '하나님이 정말로 나에게 필요한 모든 것을 주실까?', '하나님을 소유하면 만족이 주어질까?'인가요? 너희는 들의 꽃보다 참새보다 귀하기에 "두려워하지 말라"(마 10:31)고 하셨습니다. 그것들도 내가 먹이고 입히는데 '하물 며' 너희랴? 우리에게 일어나는 모든 일은 하나님께서 정하시고, 하나님께서 해석자가 되시므로 두려워하지 맙시다.

하나님의 일을 하실 사람을 정하심

명철하고 지혜로운 사람

하나님께서는 당신의 일을 정하신 다음, 하나님께서 선택하신 사람이 하나님의 정하신 일을 하게 하십니다. 하나님께서 선택하신 요셉이 바로의 꿈을 해석했을 뿐 아니라 해결책까지 제시하는 것에 주목하시길 바랍니다. 하나님께서 세상 사람을 통해 일하실 때는 바로의 꿈처럼 정하신 일만 보여 줄 뿐, 해석도 없고, 적용도 불가능합니다. 하지만 요셉과 같이 오직 하나님의 사람만이 하나님의 뜻을 해석하고 해석된 내용을 삶에 적용할 수 있습니다. 요셉은 해석을 넘어 대책을 제시합니다. 크게 두 가지로 진행합니다. 첫째, 일곱 해 풍년 동안 세금 1/5, 즉 20%를 거두라(34절). 둘째, 각 지역에 곡식 저장소에 거둔 곡식을 저장하라(35절).

요셉의 대책은 바로가 보기에, 신하들이 보기에, 무척 만족스러운 일이었습니다(37절). 왜냐하면, 요셉의 말에는 명철과 지혜가 있었기 때문입니다(33, 39절). 모름지기 국가의 지도자뿐 아니라 사회를 이끌어가는 사람들의 가장 큰 능력은 시대를 분별하고, 상황을 분별할 줄 아는 눈입니다. 이런 사람이 지도자가 되어야 조직과 사회와 국가가 평안합니다. 우리는 국가 지도자들의 모습을 보면서 경험적으로 알게 되었습니다. 사람이 둥글둥글해서 마음 씀씀이가 아무리 좋아도, 사람을 좋아해서 사랑이 풍부해도 지도자로서의 자질은 다른 문제입니다. 하나님은 명철하고 지혜있는 자를 쓰십니다.

하나님께서 쓰시는 사람

하나님께서는 지도자의 자질인 명철과 지혜가 하나님의 영에 감동된 사람에게 주어진다는 사실을 바로를 통해서 다시 확인하게 하십니다. 바로의 말을 들어보십시오. "바로가 그의 신하들에게 이르되 이처럼 하나님의 영에게 감동된 사람을 우리가 어찌 찾을 수 있으리요 하고"(38절). 우리는 모두 명철과 지혜를 가지길 원합니다. 어떻게 얻을 수 있습니까? 인내하면 얻게 되나요? 믿음을 가지고 기다리면 얻어지나요? '성령께서 주신다'라고 합니다. 요셉과 함께하신 '하나님께서 주실 뿐'입니다. 하나님의 영의 부으심은 명철과 지혜로움을 나타냅니다. 출애굽기 35장 30-35절을 보면 브살렐과 오홀리압이 나옵니다. 하나님께서는 자신의 성막 일꾼으로 브살렐을 지명하여 부르셨습니다. 그리고 "하나님의 영을 그에게 충만하게 하여 지혜와 총명과 지식으로" 여러 가지 일을 하게 하셨습니다(31절). 34절에 오홀리압도 영으로 감동을 주사 가르치게 하시고, 35절에 "지혜로운 마음을 그들에게 충만하게 하셨다"라고 합니다. 명철과 지혜와 하나님의 영은 함께합니다. 다니엘과 세 친구도 지혜가 충만하고 총명이 뛰어났다고 합니다(행 1:17, 20). 사도행전 6장 3절에 보면 "형제들아 너희 가운데서 성령과 지혜가 충만하여 칭찬받는 사람 일곱을 택하라 우리가 이 일을 그들에게 맡기고" 그중 스데반은 "지혜와 성령으로 말함을 그들이 능히 당하지 못하여"라고 합니다(10절). 이렇게 브살렐, 오홀리압, 다니엘과 세 친구, 초대 교회 7명의 사역자 모두가 명철하여 지혜롭고 하나님의 영에 감동된 사람임을 말하고 있습니다.

오해하지 말 것은 하나님의 영에 감동된 사람은 명철하고 지혜로워서 '총리'가 된다는 말이 아닙니다. 요셉과 다니엘과 세 친구, 브살렐과 오홀리압, 7명의 사역자, 그리고 스데반의 공통점은 하나님의 일을 하는 사람들이었습니다. 일차적으로 '직분자'입니다. 요셉과 다니엘의 경우처럼, 직분자의 자격을 갖춘 사람은 인간 사회나 국가에서도 귀한 쓰임을 받는다는 뜻입니다. 하나님께서 세상을 지배하고 다스리시기 때문 아니겠습니까? 문제는 교회에서 하나님의 영에 감동된 모양을 갖춘 자가 직장과 사회에서는 탐욕과 거짓으로 살아가는 모습입니다. 따라서 교회의 삶과 사회의 삶이 하나님의 영으로 충만한 자는 하나님이 적당한 곳에서 분명히 사용하십니다. 하나님을 고백하고, 하나님의 역사를 바라보고, 하나님의 일하심을 찬양하는 자, 우리 자녀들에게 물려줄 가치입니다. 그러므로 우리 모두 교회의 직분자가 되기를 소원하면 좋겠습니다. 우리 아이들이 좋은 집사, 장로가 되기를 기도하면 좋겠습니다.

해석은 편안한 대답으로, 정하신 일은 신속하게

요셉은 총리가 되고서 결혼을 하고 두 아들을 낳습니다. 이 일은 신속하게 진행됩니다. 요셉은 더 이상 히브리 노예가 아니라 총리로서 애굽 사람이 되어야 했기 때문입니다. 그렇다고 그가 언약 백성의 지위를 포기한 것은 아닙니다. 왜냐하면, 사브낫바네아는 애굽식의 이름이지만 "하나님이 말씀하시고 살아 계시다"라는 뜻이니까요. 또한, 애굽 태양신을 숭배하는 온의 제사장 보디베라의 딸 아스낫과 결혼한 것을 그가 이방 신을 섬겼다는 뜻으로 오해하면 안 됩니다. 애굽은 히브리의 신, 하나님을 모르던 자들입니다. 게다가 태양신을 섬겼다는 말은 뱀이나 소를 섬기는 것과는 좀 다릅니다. 더하여 아스낫이 낳은 아들의 이름을 보면 장자의 이름은 므낫세, "하나님이 내게 내 모든 고난과 내 아버지의 온 집 일을 잊어버리게 하셨다"(51절)는 뜻이고, 둘째 에브라임은 "하나님이 나를 수고한 땅에서 번성하게 하셨다"(52절)입니다. 모두 하나님의 일하심과 관련됩니다. 이런 연관성을 볼 때, 요셉의 아내도 하나님을 믿은 것으로 추정해 볼 수 있습니다.

우리가 어떤 상황에서든 믿음의 사람으로서 인내를 유지하고, 세상 사람들 앞에서 믿음의 길을 걸어가는 걸 보여 준다는 것은 엄청난 희생과 투쟁의 역사입니다. 요셉의 삶이 그랬던 것처럼, 우리가 신앙의 절개로서 믿음의 결단을 할 때 부당하게 당하는 여러 가지 고통은 말로 하기 어렵습니다. 심지어 주일을 위해, 계명의 실천을 위해, 믿음의 고백 때문에 당하는 일들은 수없이 일어납니다. 그런데도 분명한 사실은 있습니다. 하나님을 의지하고 선을 행하며 이 땅에 머무는 동안 그분의 사랑을 먹을거리로 삼으면, 시편

37편의 찬송처럼 하나님께서 우리 마음의 소원을 이루어 주신다는 사실입니다(시 37:3-4). 야고보 사도는 다음과 같이 말합니다. "보라 인내하는 자를 우리가 복되다 하나니 너희가 욥의 인내를 들었고 주께서 주신 결말을 보았거니와 주는 가장 자비하시고 긍휼히 여기시는 이시니라"(약 5:11). 그렇습니다. 그냥 인내하라, 참으라, 기다리라는 말이 아닙니다. 우리 주님은 믿음을 가지고 인내하는 자에게 가장 자비하시고 긍휼히 여기시는 분이시라는 것을 잊지 말라는 말입니다.

우리 주님을 기억합시다. 십자가의 고통을 앞둔 주님은 "내 아버지여 할 만하시거든 이 잔을 내게서 지나게 하옵소서 그러나 나의 원대로 마옵시고 아버지의 원대로 하옵소서"(마 26:39)라고 간구하셨습니다. 그리고 계속해서 "내 아버지여 만일 내가 마시지 않고는 이 잔을 내게서 지나갈 수 없거든 아버지의 원대로 되기를 원하나이다(마 26:42)"라고 하셨습니다. 우리 예수님은 아버지께서 정하신 길을 가는 것이 견디기 힘들고 어려웠지만, 아버지 하나님은 인자와 자비의 아버지이심을 신뢰하고 그분의 정하신 일을 순종으로 감당하셨습니다. 그러나 사탄은 어떻게든 우리가 아버지의 선하심을 부정하게 만들어서 하나님을 불신하게 합니다. 우리는 어떻습니까? 나의 처지와 환경을 보면 온통 실망과 한숨뿐입니까? 하나님을 바라봅시다. 인자와 자비와 긍휼과 사랑의 하나님께서 여러분의 인내 가운데 함께하실 것이고, 고통 가운데 함께하실 것입니다. 인생의 고통스러운 질문에 편안한 대답이 우리 삶에 주어지고, 하나님께서 정하신 일은 명철하고 지혜로운 자에게 당신의 영을 부으셔서 신속하게 진행되는 것을 확인하게 될 것입니다. 하나님께서 일을 정하시면, 그 일은 속히 진행됩니다(32절). 우리가 느리다 할 뿐입니다.

13

그의 핏값을 치르게 되었도다
창 41:53–42:25

… 내가 너희에게 그 아이에 대하여 죄를 짓지 말라고 하지 아니하였더냐 그래도 너희가 듣지 아니하였느니라 그러므로 그의 핏값을 치르게 되었도다 하니 (42:22)

옥자: 아이러니의 끝판왕

봉준호 감독의 영화는 담고 있는 메시지가 굵습니다. 그의 영화 〈기생충〉뿐만 아니라 〈설국열차〉, 〈괴물〉에는 사회 인식에 대한 굵직한 담론이 들어 있습니다. 그중에 〈옥자〉는 봉준호가 담고자 했던 메시지를 하나로 압축한 영화입니다. 반려동물, 환경, 가족, 사랑, 시스템, 자본주의, 풍요, 빈곤, 의학 등등이 다 숨어 있습니다. 그곳에 해학과 풍자를 곁들여 관객에게 무엇이 진리인가를 혼란스럽게 만드는 아이러니도 풍부합니다. 많은 사람이 이 영화를 보고 채식을 하게 되었다고 하는데, 그것이 영화의 중요한 메시지였을까요? 저는 오히려 개인이 가진 가치가 절대화되어서는 안 된다는 메시지를 봐야 한다고 생각합니다. 예를 들면, 슈퍼돼지 옥자를 목숨 걸고 찾는 주인공이 가장 좋아하는 음식이 바로 백숙이라는 점입니다.

결국 영화는 양심의 문제를 다루려고 하지 않았을까 생각해 봅니다. 양심을, 옳고 그름이나 의무와 태만에 대해 도덕적 자기 지식과 판단을 제공하는 합리적 능력이라고 정의한다면, '당신의 지금 행동은 어떤 양심에 따라 결정한 것입니까?'라고 묻는 것이죠. "우러러 하늘에도 부끄럽지 않고 굽어 땅에도 부끄럽지 않다."라는 말을 쉽게 할 수 있는 사람은 없을 것입니다. 양심은 늘 우리에게 소리쳐서 부끄럽게 만드니까요.

본문도 〈옥자〉와 같은 아이러니가 충분하게 드러납니다. 총리가 된 요셉과 형들의 이야기 속에서 양심의 소리가 진동합니다. 20여 년 만에 만난 형들의 모습을 통해 양심은 짓누를 수 없는 것임을 볼 수 있습니다. 형제들은 분명, 죄책감에 사로잡혀 살았을 것입니다. 르우벤의 목소리를 통해 전해진 "그의 핏값을 치르게 되었도다"라는 마음의 소리를 넘어, 영혼에 깊이 뿌리 박혀 있다는 것을 보여 줍니다. 문제는 양심이 우리를 계속해서 고발하고 정죄하지만, 전혀 치료되지 않는다는 것입니다. 우리의 현실을 보여 준 〈옥자〉를 보고 어떤 결정을 할 수 있을까요? 주인공 미란을 도와준 동물 보호 단체인 '동물해방전선'이 대의를 위해서 옥자의 고통과 희생을 미끼로 사용했다는 것은, 순수한 가치일지라도 자기 이상을 따라 움직이면 누구도 구원할 수 없다는 것을 보여 줍니다. 어떻게 해야 핏값을 치르게 될까요?

그러므로 우리는 본문을 통해 하나님께서 신자의 양심을 두드리셔서 선한 양심으로 바꾸시려는 역사를 보려고 합니다. 요셉이 형들을 용서하는 과정을 통해 선한 양심의 사람이 된다는 것이 무엇인지를 확인하게 될 것입니다.

하나님은 죄를 어떻게 용서하시는가?

서로 쳐다만 보는가?

요셉이 통치하는 애굽은 대호황기를 맞이했습니다. 대풍년이 일어나자, 20%의 세금을 거둬도 남아돌았습니다. "쌓아 둔 곡식이 바닷모래같이 심히 많아 세기를 그쳤으니 그 수가 한이 없음이었더라."라고 했습니다(41:49). 흉년을 충분히 대비할 수 있었습니다. 이와 대조적으로 야곱이 다스리던 헤브론에는 기근이 닥쳐 곧 있으면 먹을 것이 떨어져 죽게 되었습니다. 아들들은 야곱의 책망처럼 "서로 바라보고만" 있었습니다(42:1). 요셉은 이방인의 땅에서 적극적으로 개혁하며 수많은 목숨을 살리고 있는데, 약속의 땅에 있는 언약 백성들은 자신들의 목숨도 제대로 지키지 못하는 아이러니를 보여 주고 있는 것이죠. 마치 지금 우리나라의 현실을 보여 주고 있는 것 같지 않나요? 세상은 자기를 버려서 이웃을 돌보지만, 교회는 리모델링의 기회로 삼을 뿐 이웃에게 참된 복음과 생명을 보전하는 일에 어떤 도움도 되지 않는 현실 말입니다.

본문은 야곱과 형제들이 얼마나 심각한 양심의 문제를 가졌는지 여실히 보여 주고 있습니다. 신자를 떠나서 인간으로서 반성의 삶이 없습니다. 현재의 문제를 돌아보고, 수정하여 자신의 행위를 살펴야 하는데도 그냥 주저앉아 있습니다. 그들은 신자로서 불신자의 악한 양심은 아닐지라도 선하지 못한 양심으로 말미암아 항상 깨어 있고 민감하게 자신을 돌아보지 않고 있습니다. 서로 바라보고만 있는 모습을 통해 내가 아닌 누군가 나서기를 바라는 마음을 보여 줌과 동시에 각자 자신이 책임 있는 행동을 할 이유가 없음을 선언합니다. 교회와 가정에서도 서로 바라보고만 있는 일이 너무 많습니다. 선한 양심으로 선을 행해야 하는 곳인데 말이죠(벧전 3:13-18).

형들을 만난 요셉

아버지의 주문에 따라 형제들은 식량을 구하기 위해 애굽으로 길을 떠납니다. 그런데 때마침 형제들은 요셉을 만납니다. 시간과 장소가 맞아야 만날 수 있지 않겠습니까? 서울에서 김 서방 찾기였을 텐데 말입니다. 약속도 하지 않은 총리와 외국인의 만남이란 하나님의 정하심에 의해 그분의 섭리가 이끌지 않았다면 있을 수 없는 일이었습니다. 요셉은 형들을 단번에 알아보았습니다. 형들은 나이가 들었을 뿐 변한 게 없었습니다. 하지만 모른 체했습니다. 형들은 요셉을 알아보지 못합니다. 22년이 지난 현재 요셉은 완전히 다른 사람이 되어 있었습니다. 게다가 대제국의 총리까지 됐으니, 형들은 얼굴도 제대로 들지도 못하고 조아려 요셉에게 절했을 것입니다. 대화도 통역으로 했고요(42:23).

요셉은 자기에게 절하는 형들의 모습을 보며, 첫 번째 꿈이 실현되는 것을 보게 됩니다(37:5-8). 꿈속에서 요셉과 형들은 곡식을 수확하고 있었고, 곡식단이 요셉에게 절을 했습니다. 지금 형들이 애굽에 와서 요셉에게 절을 한 이유가 무엇입니까? 정확히 곡식 때문이지 않습니까? 누가 이런 일을 만들 수 있습니까? 하나님의 놀라운 일하심과 주도면밀한 진행입니다. 하나님은 이렇게 당신의 일을 하시면서 요셉과 형들의 이야기를 본격적으로 펼쳐 가십니다.

요셉은 20여 년이 흘러서 만난 형들을 매우 거칠게 대합니다. 마치, 복수하려는 사람처럼 목소리에 위협이 가득했습니다. 요셉은 "너희는 정탐꾼들이라 이 나라의 틈을 엿보려고 왔느니라"라고 했습니다(42:9). 당시, 즉결 처형 대상은 왕을 죽이려는 자들과 정탐꾼들이었습니다. 만약 그들이 정탐꾼으로 확증되면 바로 사형이었습니다. 요셉은 지금 형들에게 매우 큰 죄를 뒤집어씌우고 있습니다. 이 장면은 요셉의 엄청난 반전이요, 하나님의 일하심이 인간의 차원과 얼마나 다른지를 보여 줍니다. 노예로 팔려 간 요셉이 총리가 되어 자신들을 사형수로 지목했기 때문입니다. 정탐꾼은 심문 절차도 필요 없습니다. 총리를 경호하던 군인들이 당장 데려가 죽일 수도 있었습니다. 이 급박한 상황은 형들의 입에서 나온 말로 절정에 다다릅니다. 형들은 "당신의 종 우리들은"(42:13)이라고 하므로 요셉의 종이 되고, 요셉은 형들의 주인이 됩니다. 대역전의 상황이 일어납니다.

우리는 여기서 질문을 하나 할 수 있습니다. '요셉은 도대체 무엇 때문에 형들을 정탐꾼이라고 누명 씌운 것일까?' 하는 것입니다. 골탕 먹이려고 했을까요? 아니면 지난날의 억울함으로 쉽게 용서할 수 없었을까요? 이렇게라도 해야 마음이 풀리니까? 아니요. 그렇지 않습니다. 요셉이 하나님의 선지자임을 기억해야 합니다.

현재, 하나님은 요셉의 말과 행동을 통해서 형들의 선하지 못한 양심을 일깨워 복음으로 말미암아 하나님과의 화평 속에 사는 인생이 무엇인지를 알게 하시는 과정에 있습니다. 죄를 지은 자의 용서받음이 무엇인지를 보여 주고자 함입니다. 즉, 형들이 요셉에게 했던 지난날의 죄가 어떻게 용서받는지의 과정을 통해서 우리의 모습을 보게 하시기 위함입니다. 우리는 형들과 마찬가지로 언약 백성으로서 선한 양심을 가지고 살아야 하지만, 사실 정지되어 버린 거짓된 양심으로 살아갑니다. 온갖 도덕적 위반에도 불구하고 민감하게 자신을 돌아보지 못합니다. 그러므로 성경은 지금 요셉과 형들을 통해서 어떻게 거짓된 양심이 회복되어 선한 양심을 가지고 살아가야 하는지를 보여 주고 있습니다.

죄의 자백

정탐꾼이라고 오해받은 형들은 즉각 해명에 나섭니다. 자신들은 잘못한 게 없고, 억울하다고 필사적으로 매달립니다. 첫 번째, 자신들은 곡물을 사러 왔을 뿐이라고 합니다(42:10). 두 번째, 자신들은 가나안 땅 한 사람의 아들로 열두 형제라고 합니다(42:13). 만약 스파이라면 한 가족일 수 없다는 논리입니다. 덧붙여 묻지도 않은 말을 합니다. "막내아들은 아버지와 함께 있고, 또 하나는 없어졌나이다"(42:13). 차마 형들은 요셉을 팔았다고, 죽이려고 했다고는 하지 못합니다. 하지만 형들의 해명과 달리, 당시 애굽 사람들은 가나안 사람들을 '스파이'라고 자주 의심했습니다. 큰 제국의 틈바구니에 끼어서 이리저리 외교라는 명목으로 나쁜 일을 많이 했기 때문입니다. 이런 일 때문에 애굽인들은 가나안 사람들을 좋아하지 않았습니다. 따라서 그들의 해명은 변명으로 취급될 가능성이 컸습니다. 형들이 스파이가 아니라는 입증 가능한 물증이나 증거가 있어야 해결할 수 있었습니다. 그래서 요셉은 너희들이 말한 것처럼, 막내를 데려오면 살려 주겠다고 합니다(42:15). 이것은 형들의 말을 '시험'하는 것이었습니다(42:16). 형제들은 진실함을 입증해야 했습니다. 이렇게 함으로 요셉은 베냐민의 생사를 확인할 수 있었을 것입니다. 그러나 더 중요한 것이 있는데, 그것은 그들의 양심을 깨우고자 하신 하나님의 의도입니다. 요셉의 형제들은 이제 다 함께 감옥에 갇히게 됩니다. 요셉은 자유인인데 말입니다.

형제들에게 3일간의 감옥 생활은 그 자체로 충격이었습니다. 도대체 무슨 일인지 혼돈의 연속이었을 것입니다. 여러 가지 생각을 했겠죠. 그런데 신기하게도 자신들의 죄가 떠올랐습니다(21절). 형들 스스로가 죄를 발견한 것이 아닙니다. 무의지의 저편에 있던 기억이 어떤 자극을 받아서 떠오른 게 아닙니다. 말 그대로 떠올랐습니다. 하나님께서 그들의 죄를 생각나게 하셔서 양심을 압박하셨다는 말입니다. 어떻게 이런 일이 일어났을까요? 형들의 고백은 18절 이후에 일어났다는 사실을 주목해야 합니다. "사흘 만에 요셉이 그들에게 이르되 나는 하나님을 경외하노니 너희는 이같이 하여 생명을 보전하라." 양심은 하나님을 두려워함으로 깨어나는 것입니다. 그들은 언약 백성으로서 하나님의 말씀을 교육받은 자들입니다. 그런데 상상하지도 못했던 애굽의 총리가 하나님을 언급함으로써, 말씀이 그들의 인생을 진동시켰습니다. 그들이 살 방법은 오롯이 하나님을 경외하는 것이라는 말입니다. 하나님은 이렇게 형들의 죄가 무엇인지를 알게 하시고, 그들 스스로 죄를 고백하도록 하시는 일을 하셨습니다. 르우벤의 입을 통해서는 충격적인 말이 쏟아졌습니다. 다만 자신의 결백을 항변하는 것은 아니었습니다. 지금 당하는 고통이 바로 "죗값을 치르게 되었다!"라는 고백입니다. 형들은 죄책감에 휩싸이게 됩니다.

우리도 어떤 큰일을 당해 양심이 소리를 치면 죄에 대해 놀랍니다. 이때부터 죄책감과 기나긴 싸움이 진행됩니다. 하지만 문제가 생깁니다. 신자들도 율법을 통해 죄가 밝혀질 때, 수치심에 겨워 동정심에 기대어 부정으로 일관합니다. 잘못보다는 상황 논리를 펴고 인정에 호소할 뿐 아니라 자신 안에 선한 것을 찾기에 급급합니다. 더욱 심각한 것은 부정으로 부정을 덮고자 한다는 것입니다. 거짓에 거짓을 더하는 것이죠.

그렇다 보니 혹자들은 죄책감을 자존감과 연결하여 설명합니다. 자기 존중에 대한 마음이 없는 사람이 자주 죄책감을 경험하게 된다는 논리입니다. 그렇다 보니 죄책감을 극복하기 위해 큰 싸움을 하는데, 번번이 과거의 투쟁이 현재의 투쟁을 삼켜 버려 실패를 맛보게 된다고 합니다. 자신에 대한 자존감이 낮으므로 더 크신 하나님을 섬기기 어렵다거나 하나님에게서 자신은 가치 없다는 마음의 소리에 기울이게 된다고 합니다. 어떤 노력과 보상으로도 해결하기 어렵다는 죄책감이 더하여 나와 주변을 파괴하기 시작한다고 합니다. 다른 한편에서는 죄책감을 긍정적으로 평가합니다. 죄책감은 자기 삶의 부정적 결과를 성찰하고 책임감을 느낄 때 발생하는 정서이기에 성찰하지 않는 사람에게는 나타나지 않다는 것입니다. 그러므로 죄책감을 벗어나기 위한 노력보다는 책임감의 의무를 더 성실하게 수행하라고 조언합니다. 그러면 인생은 더욱 고양되며 성숙하게 된다고 설명합니다. 더불어 죄책감을 후회의 일종으로 보기도 합니다. 후회는 지나간 일이니 과거에 얽매지 말라는 것이죠. 하지만 하나님께서 우리에게 양심을 깨워 주신 죄에 대한 깨달음인 죄책감은 이런 것들과 근본적으로 다릅니다. 하나님은 우리를, 마음을 감찰하시는 분 앞에 세워 우리의 사악함과 추악함과 더러운 모습을 보게 하시고 그것들과 싸우도록 하십니다.

이제, 형들은 자신들의 진실함(42:20)을 위해 길을 떠나야 했습니다. 이제 본격적인 싸움이 시작됩니다. 하지만 이 싸움에는 하나님의 귀한 사랑의 손길이 함께 합니다. 아홉 명이 잡혀 있고 한 명이 떠나는 것이 아니라, 많은 곡식을 가져갈 아홉 명을 보내고 시므온만 잡아 둡니다(42:24). 남겨진 가족들의 목숨을 살리려는 요셉의 배려가 묻어나고 있습니다. 이때 떠나는 형들을 바라보며 요셉은 눈물을 흘립니다. 요셉의 눈물은 자신들의 진실함을 입증하러 가는 길 앞에, 선한 양심을 위해 싸우는 우리를 향한 하나님의 눈물을 보여 줍니다.

선한 양심을 가지라

르우벤의 입을 통해 고백된 "그의 핏값을 치르게 되었도다"(42:22)라는 말은 자신들이 이제 죗값을 받아야 한다는 말이 아닙니다. 세상 누구도 자기의 죗값을 온전하게, 완전하게 치를 수는 없습니다. 오히려 죄책감에 시달릴 뿐입니다. 진정한 치료가 없으면 깨어난 양심으로 괴로울 뿐입니다. 더욱 자괴감에 시달리게 될 것입니다. 따라서 유일한 방법은 복음뿐입니다. 복음에는 용서를 넘어 화목과 평강과 자유와 기쁨이 있기 때문입니다. 오직 핏값은 그리스도의 십자가 보혈의 피로만 치를 수 있고, 그리스도의 피만이 우리의 양심을 깨끗하게 정화합니다.

하나님께서는 우리를 매주 말씀으로 양심을 깨우십니다. 우리는 매주 하나님을 경외하며, 그의 말씀에 순종하라는 양심의 소리를 듣습니다. 여기서 더 나아가야 합니다. 우리는 모두 매주 복음으로 치료를 받아야 합니다. 사도 바울이 유명한 부활 장인 고린도전서 15장 50절에서 "형제들아 내가 이것을 말하노니 혈과 육은 하나님 나라를 이어받을 수 없고 또한 썩는 것은 썩지 아니하는 것을 유업으로 받지 못하느니라"고 했습니다. 여러분은 양심의 상처가 나서 곪아 도드라지도록 내버려 둘 것입니까? 왜 감염된 염증을 키우고 있습니까? 곧장 그리스도께로 나아가 치료를 받으십시오. 썩지 아니하는 것으로 새롭게 살아야 합니다. 부활의 능력이 사망의 권세를 이겼음을 누리며 사시기 바랍니다.

그리스도의 피로 치료받은 선한 양심은 평강과 기쁨으로 살게 됩니다. 의를 위하여 고난받는 것이 복 있음을 알게 됩니다. 왜냐하면, 악을 행하므로 고난받는 것이 아니라 선을 행하므로 고난받는 것이 하나님이 뜻이기 때문입니다. 더하여 하나님께서는 우리의 선한 양심의 행위로 인해 비방하는 자들의 비방을 부끄럽게 하실 것입니다. 예수 그리스도의 십자가의 죽음은 조롱거리였습니다. 함께 십자가에 매달린 한편의 강도까지도 "네가 그리스도가 아니냐 너와 우리를 구원하라"(눅 23:39) 비방했습니다. 하지만 우리 주님은 부활하셨고, 그들의 입을 잠잠하게 하실 것입니다. 스데반이 죽음의 문턱에서 성령 충만하여 하늘을 볼 때, 하늘이 열리고 우리 주님께서 하나님 우편에 서신 것을 본 것처럼(행 7:54-56), 주께서 호령과 천사장의 소리와 하나님의 나팔 소리로 친히 하늘로부터 강림하실 그날 우리가 항상 주와 함께 있을 것입니다(살전 4:16, 18).

선한 양심을 가집시다. 이는 예수 그리스도의 뜻이니, 우리를 반대하는 사람들을 두려워하지 말고 하나님을 경외하며 하나님의 선하시고 인자하신 사랑의 풍성함을 맛보며 살아가기를 바랍니다(벧전 3:16). 주 예수 그리스도의 피로 하나님으로부터 난 자마다 세상을 이깁니다(요일 5:4). 우리 주님께서 단번에 죄를 위하여 죽으사 의인으로서 불의한 우리를 대신하셨습니다. 부활하신 그리스도께서 우리를 아버지 하나님께로 데려가실 것입니다(벧전 3:18). 아멘. 주 예수여, 오시옵소서! 마라나타(계 22:20).

14 하나님이 어찌하여 이런 일을 우리에게 행하셨는가?

창 42:26-38

… 이에 그들이 혼이 나서 떨며 서로 돌아보며 말하되 하나님이 어찌하여 이런 일을 우리에게 행하셨는가 하고(42:28)

양심의 메아리와 부메랑

메아리는 나에게 울려 퍼진 소리가 어딘가에 부딪혀 나에게 되돌아와 들리는 것을 말합니다. 호주 원주민들의 전통 사냥 도구인 부메랑도 마찬가지입니다. 메아리도 부메랑도 나에게 되돌아옵니다. 오늘 본문에서도 그렇습니다. "그가 우리에게 애걸할 때 그 마음의 괴로움을 보고도 듣지 아니하였도다"(42:21) 얼마나 고통스러운 메아리였을까요? 죽음을 앞둔 동생의 메아리가 20여 년이 지난 오늘 부메랑이 되어 자신의 귀를 때리고 있습니다. 귀를 막는다고, 눈을 감는다고 사라지지 않습니다.

그러나 하나님께서 양심을 깨워 메아리가 울리면 죄에 대하여 놀라게 되고, 양심의 부메랑을 두려워하게 됩니다. 사람들은 양심의 마음 판이 뒤흔들리면 가버나움의 귀신 들린 사람처럼 "나사렛 예수여 우리가 당신과 무슨 상관이 있나이까 우리를 멸하러 왔나이까" 라든가(마 1:24), 스데반의 설교에 "큰 소리를 지르며 귀를"(행 7:57) 막는 사람들처럼 행동합니다. 때론 양심의 소리를 거부하고, 책임을 전가하는 방식으로 나타납니다. 하지만 또 다른 부류도 있습니다. 하나님께서 양심을 뒤흔들면 사도행전 2장 37절의 "십자가에 못 박은 이 예수를 하나님이 주와 그리스도가 되게 하셨음"을 믿는 자에게 일어났던 것처럼 "마음에 찔려… 형제들아 우리가 어찌할꼬"하게 됩니다.

형들은 지금 어디에 서 있을까요? 요셉이 일깨우는 양심의 소리에 귀를 막고, 소리를 치며, 될 대로 되라 하고 있을까요? 요셉의 공격에 눈을 감거나 기가 막히게 피하면 될까요? 그것도 아니면 총리가 우리를 정탐꾼이라 의심하니, 어떻게든 누명을 벗어날 방법에 골똘할까요? 형들은 외치고 있습니다. "하나님이 어찌하여"(28절). 이는 하나님께서 주신 양심의 일깨움이 무엇인지를 보여 줍니다. 이렇게 형들은 일깨워진 양심을 가지고 아버지가 계신 가나안 헤브론으로 떠납니다. 르우벤은 장남이니까 모든 일의 책임자로서 행동해야 하므로 둘째인 시므온이 대표로 잡혔습니다. 그뿐 아니라 나중에 살펴보겠지만 요셉의 구덩이 사건과도 연관이 있습니다. 시므온이 다른 형제들 앞에 '끌려 나와', '눈앞에서', '결박을 당한' 일은 충격이었습니다. 베냐민을 데려오지 않으면 모두가 저렇게 될 것이라는 선포였습니다. 이제 형들은 어떻게 해야 할까요?

형들에게 맡겨진 일은 집으로 돌아가 굶주린 가족의 허기를 달래고, 막내아우 베냐민을 애굽으로 데려와 진실을 밝혀 시므온을 되찾는 일입니다. 하지만 이 모든 일이 쉽게 진행되지 않습니다. 아버지 야곱의 완강한 반대에 부딪혔기 때문입니다. 우리도 양심의 일깨움이 일어나 '어찌하여'를 고민하지만, 우리의 일상이 생각보다 쉽게 풀리지 않을 때가 있음을 보여 줍니다. 마음의 변화가 행동의 변화를 좇아가지 못하거나 주위의 시선과 반대가 생각보다 강할 때, 양심의 메아리와 부메랑으로 입은 상처에 주저앉기 때문입니다. 이럴 때 어떻게 해야 할까요? 본문은 이를 가르쳐 줍니다.

그러므로 본문을 통해 '어찌하여'가 무엇으로부터 시작되어야 하고, 어떤 방식으로 드러나야 하는지 살펴보려고 합니다. 형들과 마찬가지로 '선한 양심을 가지라'는 주님의 명령이 우리 앞에 있음을 보게 됩니다. 또한 형들의 모습을 통해 그러한 삶의 모습이 무엇인지를 보여 줍니다.

잘못된 양심의 형태

잘못된 양심

양심은 믿는 자나 믿지 않는 자 모두에게 심어진 하나님의 자비하심의 결과물입니다. 만약 우리에게 양심의 기능이 없다면, 말 그대로 무법천지가 된 세상을 맛볼 것입니다. 경험하다시피 도덕은 살아 있습니다. 하나님은 우리 마음의 창조자이시기에, 누구나 옳고 그름의 도덕적 기준을 읽고 판단하며 행동할 수 있도록 하셨습니다. 문제는 로마서 3장 12절과 같이 타락한 인간이 "다 치우쳐 함께 무익하게 되고 선을 행하는 자는 없나니 하나도" 없게 되었을 뿐입니다. 타락은 무지, 무능에 의한 어쩔 수 없는 사탄의 꾀임의 결과가 아니라, 인간이 의도를 가지고 의지로 했다는 사실을 잊으면 안 됩니다. 양심은 있으나 삐뚤어진 의도와 나쁜 의지를 사용한 것입니다.

그래서 디모데전서 4장 1-2절을 보면 "성령이 밝히 말씀하시기를 후일에 어떤 사람들이 믿음에서 떠나 미혹하는 영과 귀신의 가르침을 따르리라 하셨으니 자기 양심이 화인을 맞아서 외식함으로 거짓말하는 자들"이라고 했습니다. 바울은, 거짓 선생이란 양심이 화인 맞은 자이며 더러운 자, 거짓말하는 자라고 합니다. 이는 구체적으로 다음과 같은 모습으로 나타납니다.

첫 번째는, 혼미한 양심입니다. 양심의 자유는 시대의 화두입니다. 사람들은 어떤 일의 결정과 행동의 결과에 대해서 양심의 자유를 외칩니다. 누구도 나를 구속하거나 정죄할 수 없으며, 나는 오직 양심의 자유에만 속박될 뿐이라고 주장합니다. 이 말은 곧 자기 뜻에 따라 살겠다는 선언입니다. 양심의 자유는 자기 자신의 자유이기 때문입니다. 법, 이성, 규율, 체계, 의견 등 그 어떤 것도 자신을 가둘 수 없다는 말이죠. 하지만 양심의 자유는 혼미한 양심만 보여 줄 뿐입니다. 로마서 11장 8절에서 "하나님이 오늘까지 그들에게 혼미한 심령과 보지 못할 눈과 듣지 못할 귀를 주셨다 함과 같으니라"라고 했듯이, 하나님이 없는 화인 맞은 더러운 양심일 뿐입니다.

두 번째는 너무 세심한 양심입니다. 이런 모습의 사람은 양심의 자유를 말하는 사람과 달리 의무와 행동에 집착합니다. 사회의 법과 질서에 민감하죠. 어떤 문제가 일어날 때마다 분석적입니다. 사건의 결과에 대해 원인을 살피고, 과정을 꼼꼼히 복기하는 뛰어난 감각과 능력을 보여 줍니다. 그런데 이들은 약점을 가지고 있습니다. 매우 세심하기에 사건과 일에 대해 철저한 점검으로 대단한 분석을 보여 주지만, 실천의 결과는 더딥니다. 원인과 과정에 대한 분석이 철저하다 보니, 대안이 뒤로 자주 밀립니다. 시간과 에너지를 원인 분석에 너무 허비하기 때문입니다. 하지만 디모데전서 1장 19절에서 "믿음과 착한 양심을 가지라 어떤 이들은 이 양심을 버렸고"라고 했습니다. 양심을 버리지 않기 위해서는 믿음이 필요합니다. 그 전에 18절을 보면 "디모데야 내가 네게 이 교훈으로써 명하노니 전에 너를 지도한 예언을 따라 그것으로 선한 싸움을 싸우며 믿음과 착한 양심을 가지라"라고 합니다. 왜 세심한 양심이 위험하고 화인 맞은 더러운 거짓된 양심이 될 수 있다고 합니까? 자기 자신을 성찰하고 점검하는 열심만큼 아니, 그 열심보다 열 배는 그리스도를 더 바라봐야 하기 때문입니다. 나를 지도한 예언의 말씀에 따라서 나 자신을 점검해야 합니다. 일정표를 보고 자기 점검지를 사용하여 자신의 행동에서 문제점과 방향을 바꾸는 것의 열 배, 아니 백 배는 말씀에서 근거를 찾아야 합니다.

그러므로 화인 맞은 더러운 거짓된 양심은 위험합니다. 거짓된 규칙을 만들어 참된 규칙으로만 알 수 있는 하나님을 보지 못하게 하기 때문입니다. 모든 판단과 가치가 자기로 집중되게 만들기 때문입니다. 옳은 것을 거짓으로 바꾸는 것만큼 위험한 것은 없습니다. 사랑과 경배의 대상을 오직 삼위 하나님이 아닌 다른 것으로 바꿔 버리는 것이 나쁜, 잘못된 양심입니다. 양심의 소리가 울리면 누구도 감당하지 못합니다. 하지만 화인 맞은 양심은 마치 가짜 뉴스처럼 진짜를 보지 못하게 모든 감각을 마비시켜 버립니다. 형들은 이 거짓된 양심들과 싸워야 했습니다. 자신들을 괴롭히는 거짓된 양심과 다른 사람들에게 나타난 거짓 양심과 싸워야 했습니다. 선한 양심을 향하여 나아가는 싸움을 해야 합니다. 어떻게 싸워야 할까요?

선한 양심을 향하여

자기 잘못을 바라본다

형들이 선한 양심을 향하여 나아가기 위해서는 먼저 자기 자신을 객관적으로 바라봐야 합니다. 그래야 자기 잘못이 보입니다. 자기 판단 능력이 올바르게 변해야 하기 때문입니다. 형들은 단순히 요셉을 팔았다는 죄책감에 머물지 않고, 그의 마음을 표현하는 것으로 바뀝니다. 어떤 변화가 일어납니까? 형들이 요셉을 구덩이에 던진 다음 했던 일은 무엇이었습니까? "그를 잡아 구덩이에 던지니 그 구덩이는 빈 것이라 그 속에 물이 없었더라 그들이 앉아 음식을 먹"었다(37:24-25). 즐거워했다고 합니다. 그들은 그때, 동생이 지금 살려 달라고 애걸하는 그 마음의 괴로움을 보았고 들었습니다. 하지만 외면했고 무시했습니다. 그런데 양심이 소리를 지르자 어떤 소리를 듣습니까? "우리가 아우의 일로 말미암아 범죄 하였도다 그가 우리에게 애걸할 때 그 마음의 괴로움을 보고도 듣지 아니하였으므로 이 괴로움이 우리에게 임하도다"(42:21).

양심이 깨워지자, 자기 잘못을 보고 변하기 시작합니다. 26절부터 보면, 요셉이 엄하게 그들을 다그쳐 베냐민을 데려오라고 다시 집으로 보냈을 때, 양식값이 그대로 있는 것을 확인하게 됩니다. "나귀에게 먹이를 주려고" 자루를 열었는데 양식 값이 자루 속에 그대로 있었다고 합니다(27절). 형들이 이 사실을 알게 되자, "혼이 나서 떨며 서로 돌아보며" 공포 속에 어찌할 바를 몰랐다고 합니다 (28절).

그런데 이 공포는 조금 다른 공포입니다. 앞서 일어났던, 자신들의 눈앞에서 시므온을 끌어내어 결박했던(24절), 요셉의 엄한 목소리와 무서운 얼굴이 떠오른 공포였나요? 아닙니다. "누가 돈을 잘못 줬느냐?"라고 따지며 문제를 찾고 해결을 요구하는 공포도 아닙니다. "하나님이 어찌하여 이런 일을 우리에게 행하셨는가?"(28절) 즉, 하나님이 왜 우리에게 이런 일을 하셨을까에 대한 두려움입니다. 아! 형들의 입에서 '하나님'이 튀어나옵니다. 하나님께서…. 어찌하여…. 이런 일을…. 형들이 드디어 자기들 배후에 계신 하나님을 보기 시작한 것입니다. 얼마나 놀라운 광경입니까?

지금 요셉과 그의 형들을 애굽으로 부르시고, 만나게 하시고, 다시 베냐민을 데려오게 하시는 모든 과정이 하나님의 일하심임을 잊지 마시기 바랍니다. 하나님께서는 지금 그들의 죄를 밝혀서 징

벌하시고자 함이 아닙니다. 오히려 형들의 죄가, 우리의 죄가 무엇인지를 똑똑히 보고 그리스도의 피를 바라보도록 하시기 위함입니다. '네가 할 수 없는 것을 내가 한다'는 걸 보도록 하시는 과정입니다. 요셉은 분명히 무서웠습니다. 그러나 그는 동시에 정확한 때마다 자비를 베풀었습니다. 많은 곡식을 주었고, 9명을 풀어 주었고, 돈을 다시 넣어 주었습니다. 마치 우리 하나님처럼 말이죠.

다른 사람 앞에서도 입증해야!

형들이 선한 양심으로 나아가기 위해서는 자기 잘못을 분명하게 봐야 할 뿐 아니라 다른 사람 앞에서도 입증해야 했습니다. 형들이 사흘 동안 갇혔던 감옥은 그들의 닫힌 양심의 문을 여는 역할을 했습니다. 그리고 형들의 양심의 문을 활짝 열어젖힌 것은 요셉이 감옥에서 풀어 주면서 한 말이었습니다. "나는 하나님을 경외하노니 너희는 이같이 하여 생명을 보전하라"(18절). 요셉이 무엇에 관심을 두고 말하고 있습니까? "너희들이 나를 노예로 팔아서 얼마나 고통스러웠는지 아느냐? 내가 지금 복수를 해도 너희들은 내가 맛본 고통에 비하면 아무것도 아니야. 그래도 어떤 것인지 맛이라도 봐야 하지 않겠느냐?"라고 하는 말이 아닙니다. 혹은 "너희들이 어떤 책임을 다하지 못했는지 돌아보고 점검하면서 더 노력하고 성실하게 살아야 할 점이 무엇인지 알겠느냐?"라고 하는 것도 아닙니다. 하나님께 초점을 맞추도록 했던 것입니다. 요셉은 형들에게 기회를 줬습니다. 변화된 그들의 양심을 다른 사람에게 입증

할 수 있도록 말이죠. 선한 양심, 착한 양심을 향한 싸움의 기회를 줍니다. 시므온이 살리는 길은 베냐민을 데려오는 것이었습니다. 예전에 형들은 요셉이 없어져도, '동생 한 명쯤이야.'라고 하지 않았습니까? 하지만 이제는 어떻게든 베냐민을 데려와서 시므온을 살려야 했습니다.

형들이 가져야 할 선한 양심, 믿음과 착한 양심은 무엇으로 입증되어야 합니까? 분열되고 찢긴 하나님의 언약 공동체인 열두 지파가 요셉을 통해 화해하며 단결하는 모습을 보여 줘야만 합니다. 이는 하나님의 교회가 선한 양심을 가진 백성들이 모일 때, 어떤 모습으로 살아가야 하는지를 보여 줍니다. 우리는 연약하여 언제든지 실수하며 서로를 오해하기도 합니다. 때로는 큰 잘못으로 형제와 자매를 큰 시험과 곤경에 빠뜨리기도 합니다. 의도하지 않았지만 마음에 상처를 주기도 하고 입기도 하죠. 그래도, 그럴지라도 하나님의 백성은 서로에게 보복해서는 안 됩니다. 요셉을 보십시오. 요셉도 이에는 이, 눈에는 눈으로 대하고 싶지 않았겠습니까? 제가 요셉이라면 처음 만난 형들을 우선 몇 대라도 때리고 시작할지 모릅니다. 그렇다 보니 우리는 대개 서로를 적당히 대하고, 적당히 사랑하며, 적당히 교제합니다. 서로가 죄를 짓지 않을 만큼의 간격을 유지하면서 살아갑니다. 너무 깊게 사귐을 가지면 사사로운 감정에 휘둘리게 되고, 보이지 않았던 흠으로 인해 마음의 상처가 생기기 때문입니다.

하나님께서는 언약 공동체인 우리에게 더 큰 요구를 하셨습니다. 주님의 핏값으로 사신 교회는 서로를 나 자신과 같이 사랑하라

하신 곳임을 잊으면 안 됩니다. 부모가 겪는 가장 큰 고통 중 하나는 자식들 간의 불화입니다. 가정에 큰 상처로 남습니다. 비단 재벌 총수 일가의 이야기가 아닙니다. 우리네 가정에서도 아주 작은 일로 인해 자식 간에 큰 다툼이 일어날 수 있습니다. 아이들이 어렸을 때는 치고받고 싸우는 일이 다반사지만 결혼하여 한 가정을 이룬 후에 싸우면 집안이 풍비박산 납니다. 우리는 어쩔 수 없이 싸움의 원인을 가지고 살아갈 수밖에 없습니다.

이것이 선한 양심을 가지기 위해 형들이 해야 할 일이었습니다. 세베대의 어머니가 예수님에게 "주님의 나라에서 나의 두 아들이 하나는 오른편에 하나는 왼편에 앉게 하소서"라고 부탁했을 때, 다들 다투며 누가 더 큰 자인가 서로를 정했습니다. 그때 주님은 "누구든지 크고자 하는 자는 너희를 섬기는 자가 되고 너희 중에 누구든지 으뜸이 되고자 하는 자는 너희의 종이 되어야 하리라 인자가 온 것은 섬김을 받으려 함이 아니라 도리어 섬기려 하고 자기 목숨을 많은 사람의 대속물로 주려 함이니라"(마 20:26-28)라고 했습니다. 그렇습니다. 바로 섬김입니다. 형들은 이제 앞으로 싸우지 않는 게 중요한 것이 아니라, 자신들 안에 섬김이 없었다는 사실을 알게 됩니다.

선한 양심이 부딪히면

42장부터는 요셉이 아니라 형들이 주인공입니다. 요셉의 승승장구를 보여 주는 장이라기보다 언약 백성을 향한 하나님의 열심 있는 말씀이 어떻게 우리 인생에 나타나는지를 보여 줍니다. 형들에게 필요한 선한 양심으로 살아가야 하는 싸움을 보여 주고 있습니다.

우리가 선한 양심으로 살아간다고 할지라도, 그것은 만만치 않은 삶입니다. 선한 양심으로 살아가려고 하는 데 적이 아닌 아군이 "해롭다"라고 말할 수 있기 때문입니다. 형들은 선한 양심의 증거를 가지고 요셉에게로 가려고 합니다. 그런데 야곱이 "너희가 나에게 내 자식들을 잃게 하도다 요셉도 없어졌고 시므온도 없어졌거늘 베냐민을 또 빼앗아 가고자 하니 이는 다 나를 해롭게 함이로다"라고 극구 반대합니다(36절). 이렇게 되면 선한 양심으로 살아가려고 하는 형들은 낙심을 떠나 아무것도 할 수 없는 지경에 이릅니다. 가정에서 남편이, 아내가, 아이들이, 부모님이, 친구들이, 교우들이 "해롭다"라며 말릴 수 있습니다. 이럴 때 어떻게 해야 할까요? 야곱이 르우벤의 간곡한 담보에도 불구하고 "내 아들은 함께 내려가지 못하리라"(38절)라고 하며 딱 자르면 어떻게 해야 할까요? 이때, 우리는 예수님께서 누가복음 14장 26-27절에서 하신 말씀을 이해하게 됩니다.

무릇 내게 오는 자가 자기 부모와 처자와 형제와 자매와 더욱이 자기 목숨까지 미워하지 아니하면 능히 내 제자가 되지 못하고 누구든지 자기 십자가를 지고 나를 따르지 않는 자도 능히 내 제자가 되지 못하리라 _ 눅 14:26-27

우리가 선한 양심으로 살아야 하는 이유가 무엇입니까? 예수님의 말씀은 부모를 미워하면서 형제나 자식을 버리라는 말이 아닙니다. 하나님을 가장 사랑해야 한다는 말입니다. 이러한 기준은 우리 마음이 어디에 있는지를 정확하게 보여 줍니다. 여러분도 여러분의 인생에서 '하나님이 어찌하여 이런 일을 행하셨는가?'라고 묻고 싶으시다면, 이 말이 가진 의미가 무엇입니까? 도대체 이해가 안 되는 하나님의 일하심입니까? 두려움과 원망의 말입니까? 아니면 놀라움과 감사의 말입니까? 선하신 하나님께서 행하신 놀라운 사랑에 대한 화답이 되길 바랍니다. 놀랍고 기이하게 일하시는 하나님의 손길을 붙잡길 바랍니다.

하나님을 바라봐야 한다

하나님은 형들의 모든 상황을 보고 계십니다. 우리도 하나님의 일하심을 봐야 합니다. 하나님의 일하심이 어떻게 우리 인생에 개입하고 계시는지를 봐야 합니다. 그런데 우리는 어떻습니까? 우리는 얼마나 하나님을 의식하며, 얼마나 그분의 일하심을 실천적으로 경험하고 있습니까? 우리의 눈이 열려야 합니다. 일상을 이끌어 가시는 하나님을 바라봐야 합니다. '아, 하나님이 하셨구나.', '아, 하나님께서 이렇게 나를 사랑하시는구나.', '아, 하나님이 나를 이렇게 도와주시는구나!' 이 고백이 우리의 고백이어야 합니다.

르우벤의 "내가 그를 아버지에게로 데리고 돌아오겠다"(37절)라는 약속과 결심이 어디에서 생겨났는지를 보십시오. 물론 르우벤의 결기 어린 약속은 공수표일 수 있습니다. 자기 아들까지 담보로 한 약속은 무리한 약속일 수 있습니다. 하지만 분명한 것은 선한 양심을 가진 자의 변화된 모습입니다. 르우벤은 분명 변화된 양심에 따라 하나님을 신뢰했을 것입니다. 하나님을 바라봤기 때문입니다.

마태복음 20장을 보면, 예수님께서 마지막 예루살렘에 입성하실 때, 여리고를 지나시며 앞을 못 보는 두 사람을 만나게 되는 것을 볼 수 있습니다. 그들이 소리를 질러 "주여, 우리를 불쌍히 여기소서 다윗의 자손이여"라고 외칩니다(30절). "더욱 소리를 질러 우리를 불쌍히 여겨"달라고 외칩니다(31절). 그때 우리 주님께서 두 사람에게 "무엇을 하여 주기를 원하느냐"(32절)라고 하시자, 그들은 "눈 뜨기를 원하나이다"(33절)라고 합니다. 주님은 그들의 요청에 따라서 직접 "만져 주셔서"(34절) 그들을 보게 하십니다. 이 말씀은 우리에게도 진리입니다. 우리가 선한 양심을 가지고 살기 위해서는 진리의 눈을 떠서 보기를 원한다고 외쳐야 합니다. 그러면 주님은 보기를 원하는 우리의 간구를 들으시고 만져 주십니다. 우리 주님은 성령을 통하여 그의 말씀으로 직접 어루만져 주실 것입니다. 그분의 따뜻한 손길이 우리의 심령을 새롭게 하여, 우리의 인생의 길을 영화롭게 하실 것입니다. 그러면 우리는 분명! 하나님의 영광을 보게 됩니다. 이 영광을 맛보는 여러분이 되시길 바랍니다.

15

전능하신 하나님께서 너희에게 은혜를 베푸사
창 43:1-14

> 전능하신 하나님께서 그 사람 앞에서 너희에게 은혜를 베푸사 그 사람으로 너희 다른 형제와 베냐민을 돌려보내게 하시기를 원하노라 내가 자식을 잃게 되면 잃으리로다(14절)

은혜가 필요한 때

노력과 결실은 비례하지 않는다는 글귀를 봤습니다. 이 글은 한창 자라나는 우리 자녀들에게 희망이 되기도 하고 좌절이 되는 말이기도 합니다. 노력하지 말라는 것인지 아니면 노력한 만큼 결과가 다를 수 있으니 마음을 편하게 먹으라는 말인지 뭔가 애매합니다. 어렸을 때 가장 많이 들었던 말은 "열심히 살아라. 한 시간도, 아니 일 분도 낭비하지 말고 의미 있게 살아야 한다."라는 말이었습니다. "그러면 분명, 네가 원하는 것을 얻을 수 있다."라고 귀가 따갑게 들었습니다. 어느덧 저도 인생의 중반전에 접어드니 조금 알겠습니다. 열심만으로는 안 되는 게 사실인 것 같습니다. 소처럼 우직하게 앞만 보고 산다고 좋은 열매를 맺는 건 아닙니다. 그렇다고 노력과 결실이 반비례하는 것도 아닙니다. 현재를 열심히 살지 않고서는 풍성한 미래를 보장받을 수 없습니다. 그렇다면 우리는 어떻게 살아야 할까요? 요셉과 그의 형제들의 모습을 통해 성경은 우리에게 이것을 가르쳐 줍니다. 우리 인생 배후에 계시는 그분의 섭리를 믿는 자는 환경에 지배받거나 상황에 휘둘리지 않는다는 것을 말이죠. 오늘 하루를 하나님의 선물로 받는 자는 최선을 다하되 결과에 대해서 너무 많은 기대도 하지 않고 너무 과한 절망도 하지 않습니다.

본문의 시작도 마찬가지입니다. 41장과 마찬가지로 기근이 심했다고 시작합니다. 애굽에서 사온 음식도 이젠 다 떨어졌습니다. 더 심해지는 기근으로 피할 길이 없어졌습니다(1-2절). 7년 기근 중 이제 고작 2년 지났을 뿐인데도(45:7) 견디기 힘들었습니다. 형제들은 어쩔 수 없이 곡식을 살 수 있는 곳인 애굽으로 떠나야 했습니다. 그러나 애굽으로 가려면 베냐민을 꼭 데리고 가야 했습니다. 요셉은 분명하게 요구했습니다. 너희들이 다시 이곳에 오려면 막냇동생을 데려와야 한다고요. 아니, 현재 인질로 잡혀 있는 시므온을 구하기 위해서는 베냐민을 무슨 수를 써서라도 애굽에 데려가야 했습니다.

야곱이 문제였습니다. 야곱은 눈을 감고 귀를 막고서 무슨 소리를 하더라도, 어떤 말도 들으려 하지 않았습니다. 잘못된 양심의 전형적인 화인 맞아 더럽고 거짓된 양심, 혼미하고 세심한 양심이 나타나는 전형적인 모습을 보여 줍니다. 우리가 선한 양심으로 살아가려고 하지만 우리의 노력으로는 아무것도 되지 않을 때가 있다는 것을 보여 주는 것이죠. 만약 이런 모습이 나에게, 주변에 나타나면 어떻게 해야 할까요? 선한 양심으로 싸우는 싸움에 무엇이 진정으로 필요할까요? 이번에는 이것을 살피는 시간을 갖고자 합니다.

형들에게 필요한 선한 양심을 갖추기 위해서 가장 먼저 필요한 싸움은 혼미하고 세심한 양심을 버리고 고쳐서, 자신들의 잘못을 하나님 앞에서 바로 바라봐야 하는 것이었습니다. 또한, 형제들이 서로 사랑하며 진리 안에서 하나가 되는 섬김의 삶을 다른 사람들 앞에서 입증해야 했습니다. 하나님은 이런 과정을 통해서 형들을 시험하고 계십니다. "과연 너희들이 가진 선한 양심의 모습은 어떤 것이냐?" 하는 것 말입니다. 감사하게도 이 시험에서 핵심적인 역할은 하나님의 은혜입니다. 하나님의 은혜가 없이는 그 무엇도 고침을 받거나 해결할 수 없다는 사실입니다.

혼미하고 세심한 양심이 나타날 때

아버지의 완고한 주장

43장은 형들이 구체적으로 어떤 모습으로 실천하고 있는지 보여 줍니다. 형들은 무사히 가족들이 기다리는 집에 도착했습니다. 10명이 떠났는데 9명이 돌아온 상황인지라 애굽에서 있었던 일들을 아버지에게 알려야 했습니다. 형들은 모든 일을 자세히 말하기보다는 각색하여 핵심만 아버지에게 전했습니다. 이 소식을 들은 아버지 야곱은 마음이 심하게 짓눌려 애굽 총리의 요구에 절대로 동의하지도, 들어줄 수도 없다고 선언했습니다. 르우벤은 자기 자식을 담보로 야곱을 설득했지만, 야곱은 꿈쩍도 하지 않았습니다. 결국, 아버지의 뜻을 어길 수 없어 더는 아버지를 설득하지 않고 시간만 보내고 있었습니다.

야곱은 요셉의 요구에 따른 형들의 제안에 일관되게 반대합니다. 요셉의 요구를 알면서도 거절한 것입니다. 그 고집이 낯설지가 않죠. 이제 아들들을 상대로 씨름하는 것입니다. 절대로 자신의 눈에 흙이 들어가기 전에는 베냐민을 놔줄 수 없다고 으름장을 놓습니다. 야곱은 요셉이 이미 죽었고, 시므온의 생사도 알 수가 없는데, 거기에 베냐민까지 빼앗아 간다면, 그 자체가 "내 흰 머리가 슬퍼하며 스올로 내려가게 함이라"라고 생각했습니다(42:38). 살아 있으나 죽은 것이라고 선언하는 것입니다. 형들은 말 그대로 진퇴양난에 빠집니다. 야곱이 말한 바와 같이 "해롭게" 되는 일이 아니라, 선을 위한 길임에도 불구하고 아버지가 심한 혼미함에 빠져, 너무 세심하게 상황을 살피기 때문에 생긴 일입니다. 그뿐 아니라 "어찌하여 너희가 … 그 사람에게 말하여 나를 괴롭게 하였느냐"(43:6)라고 하면서, 이 모든 일이 너희들 때문이라고 책임을 전가합니다.

이런 상황에서 형들은 어떻게 해야 할까요? 아버지의 요구를 어떻게 들어줘야 할까요? 기근이 너무 심하니 먹을 것을 어떻게든 구해야 합니다. 그런데 아버지는 말도 안 되게 애굽에서 양식만 사 오라는 명령을 함(43:2)과 동시에 베냐민은 절대로 데려갈 수 없다고만 합니다. 이러한 요구를 어떻게 다 들어줄 수 있을까요? 이런 일들은 우리 현실에서 일어나는 수없이 많은 일들과 비슷하지 않습니까? 세상에는 혼미하고 세심한 양심들이 즐비합니다. 세상 사람들은 우리에게 무리한 요구를 많이 합니다. 어떻게 그리스도인이 그럴 수 있냐고 하면서, 자기도 하지 못하는 일을 우리에게 하라고 강요합니다. 그리스도인이 손해 보는 게 당연한 것 아니냐고 하며, 희생과 봉사가 너희들의 모습이라고 강요합니다. 그들은 우리에게 지는 게 이기는 것이라고 가르칩니다.

항상 뼈 있는, 핵심을 찌르는 질문은 적군일 때보다 아군일 때가 많습니다. 가장 완고하게 자기 뜻을 꺾지 않는 부모님과 형제들, 배우자, 자식들 말이죠. 자신의 주장을 한 치도 양보하지 않습니다. 자기 판단이 가장 정확하며, 자기가 보기에는 제일 나은 선택을 한 것이라고 주장합니다. 혹시라도 자기가 틀리면 은근슬쩍 구렁이 담 넘어가듯 하고, 상대가 실수나 틈이 보일라치면 핏대를 올리면서 "내 그럴 줄 알았다.", "내가 뭐라고 했어.", "그렇게 하면 안 된다고 했잖아."라고 지적하기 일쑤입니다. 이러한 아버지 야곱의 완고한 주장, 세상 사람의 요구, 가족 간에 일어나는 문제를 우리는 어떻게 해야 할까요?

유다의 담보

유다가 나섭니다. 유다는 분명한 사실, 변하지 않는 일을 먼저 제시합니다. 세심한 양심에 다가가는 방법의 하나입니다. 더욱 세심하게 다가갈 필요가 있습니다. 아버지가 어떤 말로 우리를 막더라도 지금은 일단 양식이 필요하니 애굽 총리의 지시를 지킬 수밖에 없음을 거듭 강조하여 말합니다. 애굽의 총리는 분명히 다음과 같이 말했습니다. "너희 아우가 너희와 함께 오지 아니하면 너희가 내 얼굴을 보지 못하리라"(3, 5절)라고요. 자신들이 양식을 사려면, 시므온을 구출하려면, 베냐민은 선택이 아니라 필수임을 분명히 합니다. 아버지 당신이 어떤 말로 우리에게 명령하든, 베냐민을 데리고 가야 한다고 말입니다. 유다는 아버지에게 현실을 제대로 봐 달라고 주문합니다. 자기가 원하는 것만 얻을 수 없다는 사실을 알립니다. 유다는 더 나아가 상황을 냉철하게 분석합니다. 8절에 "베냐민을 보내야 우리와 아버지와 우리 어린 아들이 다 살고 죽지 않는다"라는 사실 말입니다. 아버지 당신에게 베냐민이 소중한 것처럼 우리도 다 소중한 사람이며, 당신이 고집을 꺾지 않는다면 우리는 모두 죽게 될 것이라고 호소합니다.

그런 다음, "내가 그를 위하여 담보가 되오리니 아버지께서 내 손에서 그를 찾으소서"라고 새로운 제안을 합니다(43:9). 자기가 담보된다는 것은 자기 생명으로 책임을 다하겠다는 말입니다. 이 말은 공수표가 아니었습니다. 44장에 가면 요셉의 시험에 의해 베냐민의 자루에 은잔이 발견됨으로 누명이 씌워져 큰 위험에 빠지게 되자, 유다가 "이제 주의 종으로 그 아이를 대신하여 머물러 있어 내 주의 종이 되게 하시고 그 아이는 그의 형제들과 함께 올려보내소서"라고 합니다(44:33). 아주 놀라운 일입니다. 유다가 어떤 사람이었습니까? 38장에서 자기가 즐기고 원하는 것에만 눈이 멀었던 사람이 아니었나요? 그랬던 그가 다말을 통해서 "그가 나보다 옳다."라는 증거를 통해서 변화되자, 선한 양심으로 살아가는 인생의 길이 무엇인지를 확실하게 보여 주고 있습니다. 즉, 형들이 어떤 싸움을 하는지, 어떤 식으로 변화되는지를 유다가 대표하여 보여 주고 있는 것입니다.

우리는 어떻습니까? 선한 양심으로 살아가고자 할 때, 가장 믿었던 사람들이 혼미하고 세심한 양심으로 나를 대하면, 우리의 스트레스 분비량은 극도에 달할 수 있습니다. 그러다가 참기 힘들면 그들보다 더 큰 야유로, 더 큰 소리로 그들이 얼마나 거짓되고 모순적인 삶인지를 보여 줄 수 있습니다. 그러나 그런 행동은 상황을 악화시킬 뿐입니다. 우리는 "삼가 누가 누구에게든지 악으로 악을 갚지 말게 하고 서로 대하든지 모든 사람을 대하든지 항상 선을 따르라"(살전 5:15)는 하나님 말씀의 명령을 받은 자입니다. 하물며, 그 대상이 가족이라면 더욱 선으로 대해야 하지 않겠습니까? 이런 면에서 유다의 모습은 도움이 됩니다.

우선, 상황을 냉철하게 판단할 지혜가 필요하고, 유다의 담보처럼 자기 희생의 능력이 필요합니다. 우리가 자주 막히는 지점입니다. 우리의 삶을 바치는 담보가 되라는 말이 아닙니다. 분명한 사실을 알려야 함을 말하는 것입니다. 유다의 말처럼 베냐민을 데리고 가야만 양식을 살 수 있고, 만약 야곱이 자신의 고집을 꺾어서 이미 베냐민을 데리고 갔다면 벌써 두 번 갔다 왔다는 것을 말하는 것에 주목하십시오(10절). 우리는 상황을 지적하라는 것이 아니고 당신에게는 지금 복음이 필요하다는 것을 알려야 한다는 것입니다. 혼미하고 세심한 양심으로는 절대로 구원이 없다는 것을 알도록 도와야 합니다. 그리스도를 통하지 않고는 빛을 찾고자 하나

어둠의 혼미함일 뿐이요(요 1:5), 정의를 구하고 공의를 실천하고 싶으나 불의한 세상에서는 남는 것은 포학과 부르짖음 뿐이며(사 5:7), 진실을 외치면 마침내 밝혀지리라 소원하지만 헛된 꿈일 뿐임을 알려야 합니다(호 4:1). 오직 빛과 정의와 공평과 진실과 선함과 지혜로움은 우리 하나님에게만 있습니다(렘 23:5-6). 이 모든 것은 하나님을 통해서만 드러나는 것이요, 하나님을 통해서만 공급받을 수 있습니다. 이것이 바로 복음이고, 이 복음이 유다의 담보를 통해 전해지고 있습니다.

혼미하고 세심한 양심에 필요한 것은 복음입니다. 왜 우리의 양심이 혼미합니까? 우리는 한 가지를 보면서 다른 이면을 보지 못하기 때문입니다. 왜 세심한 게 문제입니까? 이 세상의 삶을 현미경에 담아 그곳에 눈을 고정하여 그 너머에 계신 장차 오실 그리스도의 왕국을 보지 못하기 때문입니다. 우리는 이 세상에서 만족과 기쁨을 얻는 것을 최고로 여기지만, 마르지 않는 샘의 비결을 배우려고 하지는 않습니다. 우리가 가나의 혼인 잔치에서, 오병이어에서 관심을 두는 것이 그것을 베푸신 그리스도가 아닌 포도주와 빵이기 때문에 문제입니다. 그러므로 완고하게 버티며 우리를 공격하는 수많은 사람에게 필요한 것은 바로 '복음'입니다. 야곱이 갑자기 변하는 지점을 보십시오. "그들의 아버지 이스라엘이 그들에게 이르되 그러할진대 이렇게 하라"(11절). 유다의 담보가 그의 마음을 변화시킵니다. 하나님께서 복음을 통해 은혜를 주신 것입니다.

자기 잘못을 하나님 앞에 드러내야!

이스라엘의 굴복

유다의 간곡한 바람과 실천의 의지는 야곱의 마음을 변화시켰습니다. 이처럼 복음의 목적은 사람의 잘못을 들추어 징계하려는 것이 아닙니다. 우리의 사명도 혼미하고 세심한 양심을 가진 사람들의 잘못을 하나하나 깨닫도록 하는 것이 아닙니다. 잘못이나 죄는 하나님께서 깨닫게 하십니다. 우리는 선한 양심 가진 자의 삶의 모습이 무엇인지를 보여 주면 됩니다. 복음으로 변화된 인생의 삶이 혼미하고 세심한 양심과 다른 점이 무엇인지를 보여 줄 뿐입니다. 그러면 하나님께서 완고하여 깨지지 않는 돌 같은 그들의 마음을 부드러운 양털과 같이 바꾸실 것입니다. 하나님의 은혜가 그들의 마음을 부드럽게 만져 줄 것입니다. 절대로 변하지 않을 것처럼 보이는 사람도 하나님께서는 변화시키십니다. 그들이 가진 혼미한 양심과 굳은 결심으로는 자신의 문제가 해결되지 않음을 깨닫게 하십니다. 따라서 우리 주위에 있는 혼미하고 세심한 양심을 가진 사람들을 대하는 우리의 자세는 '인내'입니다. 우리는 그들을 변화시킬 수 없지만, 하나님의 선하신 손길이 닿아야 변화된다는 사실을 인정하고 기다리는 것입니다. 전능하신 하나님께서 은혜를 베푸셔야 가능하기 때문입니다.

유다가 복음을 전하자 야곱이 기쁨으로 축복하면서 허락한 것이 아닙니다. 야곱은 여전히 마지못해서 한 것으로 보입니다. 여전히 인간적인 술수를 사용하여 각종 뇌물을 준비하는 것을 보십시오(43:11). 베냐민의 목숨을 지켜 내려는 얄팍한 수를 쓰고 있습니다. 하지만 변화된 모습은 분명 있습니다. 우리는 이런 모습을 크게 봐야 합니다. 라헬의 아들인 요셉과 베냐민만 집착하던 아버지가, 형들의 안전과 그들의 삶에는 관심도 없던 아버지가 변화를 보이니까요. "너희 손에 갑절의 돈을 가지고 너희 자루 아귀에 도로 넣어져 있던 그 돈을 다시 가지고 가라 혹 잘못이 있었을까 두렵도다"(12절). 물론 이것도 형들이 안전해야 베냐민이 문제없이 다녀오리라 생각했을지도 모릅니다. 하지만 그렇게 볼 이유가 없습니다. 왜냐하면 야곱의 기도 때문입니다.

전능하신 하나님께서 의지

야곱의 기도인 14절을 봅시다. "전능하신 하나님께서 그 사람 앞에서 너희에게 은혜를 베푸사 그 사람으로 너희 다른 형제와 베냐민을 돌려보내게 하시기를 원하노라 내가 자식을 잃게 되면 잃으리라"(43:14). 형들이 처음 설득했던 모습과 너무 다른 반응이지 않습니까? 이 여행길에 혹시 베냐민을 잃게 되더라도 어쩔 수 없는 일이라고 말합니다. 이렇게 복음이 들어가면 사람이 일깨워집니다. 인생이 하나님의 일하심을 보게 되면 자기 삶을 바라보는 눈이 변하기 때문입니다.

본문에서 야곱을 묘사하는 단어가 눈에 띕니다. 하나님께서 야곱을 어떻게 부르나요? 2절에는 "그 아버지가", 3-5절에는 "아버지", 6절에는 "이스라엘이", 11절에는 "그들의 아버지 이스라엘"이라고 부릅니다. 한 번도 야곱이라는 이름이 등장하지 않습니다. 야곱에게 이스라엘이라는 이름의 의미가 무엇입니까? 세례명인가요? 아니요. 하나님 아버지의 은혜로 새롭게 거듭난 변화된 인생의 삶을 보여 주는 정체성입니다. 그렇다면 야곱을 이스라엘이라고 부르신 의도가 무엇이겠습니까? 혼미하고 세심한 양심이 신자의 삶에서 스멀스멀 기어올라 여전히 우리를 괴롭힐 수 있다는 것과 이럴 때 우리에게 필요한 것이 복음의 능력임을 보여 주시기 위함입니다. 복음만이 우리의 불순종의 뿌리를 제거할 수 있다는 것이죠. 우리의 꺾이지 않는 완고한 목이 굽혀지도록 하는 능력은 복음이며 하나님의 은혜뿐임을 가르치시는 것입니다.

모든 것이 하나님의 은혜

예수님을 따라다녔던 제자들을 보면 참 한심하다는 생각이 들기도 합니다. 예수님께서 행하신 모든 일을 직접 눈으로 본 그들인데도 참 답답합니다. 오병이어와 칠병이어 사건을 통해, 나눠 주고 나눠 주어도 줄어들지 않는 음식을 경험한 그들입니다. 베드로는 물 위를 걸었던 경험도 있었습니다. 하지만 예수님께서 잡히시고, 채찍질을 당하시고, 모욕과 고난을 받자 모두 혼비백산 도망쳤습니다. 예수님께서 약속하신 대로 살아나셨다는 증언을 듣고도 귀를 막고 믿으려 하지 않았습니다. 심지어 예수님께서 그들에게 직접 나타나셨음에도 알아보지 못했습니다. 결국, 주님은 "그들의 믿음 없는 것과 마음이 완악한 것을 꾸짖으시니 이는 자기가 살아난 것을 본 자들의 말을 믿지 아니함"(막 16:14)이라고까지 하셨습니다.

예수님과 함께 먹고 동행하며 살았던 제자들도 이런 모습인데, 우리는 과연 어떨까요? 우리는 다를까요? 아무리 선한 양심으로 살아가려고 한다고 할지라도 우리 역시 믿음이 약하고, 복음의 말을 의심할 때가 수없이 있지 않나요? 그럴 때, 예수님께서 제자들을 치료한 약은 무엇이었습니까? 그들의 믿음을 강하게 하고 살찌게 한 것은 다름 아닌, 오순절 날 성령께서 그들을 충만하게 하심이었습니다. 성령의 충만하심으로 제자들은 하나님의 큰일을 보고 변하게 되었습니다(행 2:1-11). 최고의 명약은 하나님 자신뿐입니다.

전능하신 하나님의 일하심이 아니고서는 아무것도 할 수 없습니다. 형들이 길을 떠나서 시므온을 구출하고, 양식을 사서 가족들을 살리고, 약속한 대로 베냐민을 안전하게 데려오는 것은 전능하신 하나님께서 우리에게 은혜를 베푸셔야만 가능합니다. 이 시대를 사는 우리에게 필요한 것도 전능하신 하나님의 은혜입니다. 성령의 능력이 필요합니다.

형들은 여행길을 떠나며 많은 근심에 휩싸였을 것입니다. 전능하신 하나님의 은혜가 있기를 바라면서도 두려움은 여전했을 것입니다. 하지만 분명한 것은 처음 애굽으로 갈 때와 두 번째 애굽으로 갈 때가 다르다는 사실입니다. 똑같은 두려움과 근심이 있을지라도 처음에는 선한 양심에 대한 갈증도 변화도 없었습니다. 하지만 두 번째의 발걸음은 시험지를 잘 풀고 집으로 돌아가는 학생과 같은 마음이었을 것입니다. 형들은 변화된 선한 양심을 가지고 있을 뿐 아니라 전능하신 하나님의 은혜의 손길이 함께함을 확신함으로 힘차게 나아갑니다.

그러므로 같은 근심과 두려움이 있을지라도 "하나님의 뜻대로 하는 근심은 후회할 것이 없는 구원에 이르게 하는 회개를 이루는 것이요, 세상 근심은 사망을 이루는 것"(고후 7:10)입니다. 하나님의 뜻대로 하는 그들의 근심은 모든 형제를 살리게 하려고 '간절하게' 하고, 변명이 아닌 '변증하게' 하고, 불의에 대해 '분하게' 하고, 하나님의 일을 '두려워'하여, 하나님이 하실 일을 '사모하게' 할 것이며, 하나님의 일에 '열심 있게' 하여 자신들을 깨끗하게 할 것입니다(고후 7:11). 주님의 은혜가 우리 삶에 가득하길 기도합니다.

16 즐거워하였더라
창 43:15-34

요셉이 자기 음식을 그들에게 주되 베냐민에게는 다른 사람보다 다섯 배나 주
매 그들이 마시며 요셉과 함께 즐거워하였더라(34절)

나의 슬픔을 하나님이 기쁨으로

사랑의 하나님께서는 요셉의 형들을 선한 양심의 사람으로 이끌기 위해서 지금까지 다양한 수단을 사용하셨습니다. 기근을 통해 살길을 찾게 하시고, 아무도 해결할 수 없는 상황으로 이끄시며, 억울한 누명을 쓰게 하셔서 거친 대우로 고통받게 하시고, 무서운 요셉의 명령으로 시므온이 자신들의 눈앞에서 결박당해 감옥에 갇히는 기가 막힌 상황을 겪게 하실 뿐 아니라, 아버지 야곱이 가진 혼미하고 세심한 양심 가운데 무엇이 잘못되었는지 자신들이 해결하기 위해 갖은 노력을 했고, 마지막으로 주어진 미션 세 가지를 성공적으로 마무리해야 했습니다. 미션 세 가지는 '베냐민을 안전하게, 곡식을 풍성하게, 시므온을 구출한다'였습니다. 하나님은 정말 쉴 없이 인도하셨습니다. 하나님의 이런 인도하심은 형들에게는 정말 힘들고 괴로운 일이었을 것입니다. 순간마다 좌절되고

고통스러우며 한숨이 컸을 것입니다. 하지만 형들 배후에 계시는 하나님께서는 형들이 어려워하는 순간마다 돌보시고 은혜를 베풀어 주셨습니다. 형들을 안전으로, 먹을 것으로, 사람들을 붙여 주심으로 기쁨이 상실되지 않도록 하셨습니다. 우리가 모를 뿐 하나님의 계획과 목적은 그들의 삶을 통해서 드러나고 있었습니다.

형들은 미션 수행을 위해 애굽으로 돌아왔습니다. 그런데 뜻밖의 일이 일어납니다. 세상에서 가장 화려한 집에 초청받았을 뿐 아니라 파티에까지 초대를 받았습니다. 형들은 오랜 여행으로 굶주림에서 해방되고, 지금까지 맛보지 못한 진귀한 음식을 받아 누리게 됩니다. 게다가 그렇게 무섭던 요셉과 함께 이 자리를 즐기게 됩니다. 갑자기 어떻게 이런 일이 일어난 것일까요?

청지기의 입을 통해서 나온 "안심하라"(23절)라는 말은 '샬롬'입니다. 선한 양심을 향해 가는 자에게 샬롬은 어떻게 주어질까요? 즐거움도 아무나 맛볼 수 없습니다. 이 진정한 즐거움을 위해서 형들은 필요한 시험을 받아야 했습니다. 우리도 마찬가지입니다. 하나님께서는 선한 양심으로 살아가는 자의 슬픔을 기쁨으로 변화시키십니다. 선한 양심으로 살아가는 자에게 주시는 하나님의 은혜와 사랑이 우리에게 샬롬이 됩니다.

그렇다면 우리에게는 어떻게 샬롬이 오며, 우리는 무엇으로 즐거워하며 살아야 하는지, 그리고 즐거움을 누리기 위해서는 어떤 훈련을 거쳐야 하는지 살펴보도록 하겠습니다.

두려움을 벗고, 샬롬을 입으라

요셉의 복수?

형들의 발걸음은 가볍지만은 않았습니다. 아버지가 자식을 잃으면 잃으리라는 간절한 기도를 했지만, 어찌 보면 어떻게든 살아서 돌아오라는 간절한 기대였을 것입니다. 지난번 여행길에 값을 치르지 못한 돈도 마음에 걸렸습니다. 혹시 이것이 빌미가 되어 문제가 되진 않을까, 정말로 요셉이 베냐민을 본다고 우리의 누명이 사라질까? 오히려 베냐민은 너희 동생이 아니지 않냐고 더 추궁하지 않을까? 사라진 동생은 어찌 된 것이냐고 물으면 어떻게 해야 할까? 혼란스러웠을 것입니다. 그들은 당연히 걱정했고, 두려워했습니다.

형들은 애굽에 도착하자마자 요셉을 찾아갑니다. 그런데 무엇인가 분위기가 다릅니다. 지난번과 다른 요셉의 모습입니다. 보자마자 아무 말을 하지 않습니다. 요셉은 "베냐민이 그들과 함께 있음을 보고"(17절) 청지기에게만 말을 하고 형들은 무시합니다. 요셉의 명령을 들은 청지기는 요셉의 형들을 요셉의 집에 데리고 갑니다. 형들의 두려운 예상이 맞았습니다. 여행길의 상상이 현실로 바뀌는 시점이었습니다. 이때의 형들의 마음이 18절에 나옵니다. "두려워하여 이르되"(18절). 형들의 긴장도는 극에 달했습니다. 그들이 잡힌 이유가 지난번 곡식을 살 때, 돈 자루 때문이라고 예상합니다. 18절을 보면 "전번에 우리 자루에 들어 있던 돈의 일로 우리가 끌려드는도다 이는 우리를 억류하고 달려들어 우리를 자아 노예로 삼고 우리의 나귀를 빼앗으려 함이로다"라고 하는데, 형들은 지금 소설을 쓰고 영화를 찍고 있습니다. 그들은 집에 들어갔을 뿐, 잡힌 것도 아니고 자신들이 상상하는 벌도 받지 않았습니다. 왜냐하면, 기근에 굶주린 나이를 먹은 형들을 노예를 쓸 이유도 없었고, 그들이 타고 온 나귀는 애굽의 낙타보다 힘도, 크기도 작을 뿐 아니라 주인도 먹을 것이 없어서 제대로 먹지도 못한 깡마른 나귀를 쓸 일도 없기 때문입니다.

두려움에 사로잡힌 형들은 시므온을 구출하기는커녕 모두 잡혀서 노예가 된다면 남아 있는 가족들도 모두 죽게 되니, 그저 울부짖습니다. 형들이 두려워하는 이유는 이전과는 분명 다른 이유입니다. 형들이 얼마나 선한 양심으로 바뀌고 있는지를 보여 줍니다. 형들이 쓴 소설의 재료는 픽션이었기 때문입니다. 그리고 바로 이어서 형들은 오해에 대한 해명이 아니라 죄의 자백을 합니다. 선한 양심에 기초한 죄의 자백은 죄에 대해서 바로 보기 시작했음을 보여 줍니다. 죄를 그냥 넘어가지 않고, 혹시 있을 문제나 오해의 소지를 없애려고 하는 모습을 보입니다. 형들은 "우리가 전번에 내려와서 양식을 사가지고 여관에 이르러 자루를 풀어 본즉 각 사람의 돈이 전액 그대로 자루 아귀에 있기로 우리가 도로 가져왔고 양식 살 다른 돈도 우리가 가지고 내려왔나이다 우리의 돈을 우리 자루에 넣은 자는 누구인지 우리가 알지 못하나이다"(20-22절)라고 합니다. 정말로 형들이 많이 변했습니다. 참 신비로운 일입니다. 하나님께서는 형들이 선한 양심으로 변하는 모습을 통해서 우리가 변해야 할 모습을 가르쳐 주십니다.

죄를 지은 사실과 그 진실은 환경에 따라 달라지면 안 됩니다. 죄에 대한 평가는 항상 있는 모습 그대로를 드러내야 합니다. 세상에 핑계 없는 무덤이 없다고, 우리는 어떻게든 진실을 조작하려고 하는 습성이 있습니다. 죄인은 어떻게든 이유를 찾고, 근거를 찾아, 합리화하여, 정당성을 확보하려고 합니다. "내가 하지 않으려고 했는데, 어떻게 하다 보니까, 나도 모르게, 어쩔 수 없었어요."라는 말을 덧붙입니다. 그러나 하나님께서는 오늘 요셉 형들의 모습을 통해, 선한 양심이란 자신의 죄를 있는 그대로 보는 자세임을 가르쳐 주십니다. 사울과 다윗의 결정적 차이가 무엇이었습니까? 둘 다 똑같은 죄인이었습니다. 하지만 자기 죄에 대한 태도가 확연히 달랐습니다. 사울은 죄에 대한 진실을 가리고 왜곡했지만, 다윗은 죄에 대한 분명한 진실과 회개를 동반했습니다. 우리는 어떤가요? 죄를 짓지 않는 것도 중요하지만, 드러난 죄를 축소하거나 은폐하는 습성은 없는지 돌아봐야 할 것입니다.

평강이 있으리라, 샬롬

두려워하는 형들의 말을 들은 청지기는 상황이 매우 웃겼을 것입니다. 청지기는 단순한 종이 아니라 높은 지위에 있었던 사람으로 보입니다. 요셉이 형들에게 무엇을 하고 있는지 전후 상황을 잘 알고 있고, 요셉을 대신해서 말하고 있기 때문입니다. 청지기는 "너희는 안심하라 두려워하지 말라 너희 하나님 너희 아버지의 하나님이 재물을 너희 자루에 넣어 너희에게 주신 것이니라 너희 돈은 내가 이미 받았으니라"고 말합니다(23절). 청지기가 자세한 설명을 해주지는 않았지만, 형들이 들은 말은 분명 '샬롬'이었습니다. 여기서 갑자기 샬롬이라니요? 이게 도대체 무슨 말인가? 형들은 이 말을 듣는 순간, 분명 서럽게 울었을 것입니다. 두려워 떨던 마음이 안심되었을 뿐 아니라, 우리의 하나님, 우리의 아버지 하나님께서 자신들을 지키시고, 돌보시며, 지금 여기로 인도하셨을 뿐 아니라 지금도 지키고 계신다는 사실을 이방인 청지기 입술의 말로 들었으니 얼마나 감격이 되었겠습니까? 그야말로 샬롬입니다.

이어지는 청지기의 행동은 분명 샬롬을 증명했습니다. 잡혔던 시므온이 풀려납니다. 형제들은 얼싸안고 서로의 수고에 대해서 위로했을 것입니다. 그뿐 아니라 청지기는 "요셉의 집으로 인도"합니다(24절). 그의 이런 행동은 형들을 노예로 팔려는 행동이 아님을 분명히 하는 것이었습니다. 형들을 요셉의 손님으로 초청했습니다. 또 그들의 나귀에게까지 먹이를 주었습니다. 흉년의 때에 나귀에게까지 친절을 베풀다니, 상상했던 것과는 너무나도 달랐습니다. 나귀가 억지로 끌려가 울부짖으면서 살려 달라고 애처로운 눈빛을 보내는 것이 아니라, 너무나 평화롭게 최고급 우릿간으로 인도되어 먹이를 먹었습니다. 그리고 그들이 요셉과 함께 "거기서 음식을 먹겠다"라는 소식을 듣습니다(25절).

아, 대체 이것은 또 무슨 일입니까? 정신이 하나도 없었을 것입니다. 형들이 할 수 있는 일이라고는 몸을 정돈하고, 아버지가 뇌물로 갖다주라고 한 선물을 확인하여 정리할 뿐이었습니다. 정오가 되자 약속한 대로 요셉이 집으로 돌아왔고, 형들은 "집으로 들어가서 예물을 그에게 드리고 땅에 엎드려 절"했습니다(26절). 이 장면은 요셉이 꾼 꿈이 반복해서 실현되는 장면입니다. 요셉의 꿈은 단순한 꿈이 아니었습니다.

　바로 이어서 더 놀라운 일이 시작됩니다. 갑자기 대제국의 총리가 "그들의 안부를" 묻습니다(27절). 청지기와 같이 먼저 '샬롬'이라고 하는 것입니다. 이 말을 들은 그 순간 형들의 동공은 지진이 납니다. 머리를 망치로 맞은 듯이 어지러웠을 것입니다. 요셉의 입에서 연이어 '샬롬'이 나옵니다. "그 노인이 안녕하시냐"(27절). 이 말을 원어로 보면 "와이쉐알 라헴 레샬롬 와요메르 하샬롬 아비켐"입니다. 연속해서 샬롬을 말했습니다. 그리고 이제 형들의 입에서 '샬롬'이 나옵니다. "그들이 대답하되 주의 종 우리 아버지가 평안하고 지금까지 생존하였나이다"(28절). 놀랍지 않습니까? 요셉과 형들의 만남에, 그들 사이에 있을 수 없는 '샬롬'이 쉼 없이 튀어나오고 있습니다.

　샬롬이 무엇입니까? 성경에서는 샬롬이 안전, 건강, 친구, 만족, 평화의 축복으로 사용되었습니다. 이 단어의 의미는 지금 샬롬을 주고받는 요셉을 통해서 전달되고 있습니다. 요셉의 샬롬은 형들이 가장 두려워하는 '안전'에 대해서 약속하고, 굶주린 상태에서 '건강'을 의미하며, 적대적이고 불통이었던 엄한 요셉이 '친구'로 변하며, 너희들의 소원인 미션 세 가지가 모두 '만족'을 얻을 것이라는 표시로서의 샬롬이었습니다.

　이것이 끝이 아닙니다. 형들이 두려움에 떨고 자기들의 죄를 낱낱이 고백하던 시간에 육해공 산해진미가 특급 스페셜 음식으로 준비되고 있었습니다. 흉년과 오래된 여행으로 굶주린 그들에게 오색빛깔 찬란한 음식과 그 냄새는 그야말로 최고의 '샬롬'이었습니다. 우리가 형들이라고 상상해 봅시다. 극도의 죄책감에 긴장하며 언제 죽을지 모르는 일각을 다투는 그때, 코를 찌르고 눈을 멀게 하는 음식의 향연이 펼쳐진다면, 모든 슬픔은 사라지고 기쁨의 콧노래가 나오지 않겠습니까? 그렇습니다. 형들은 말 그대로 "즐거워하였더라"(34절). 즉, 샬롬했습니다.

기쁨은 시기와 질투를 버림으로

무슨 일을 하든지, '노력하는 사람'보다 '즐기는 사람'을 이기지 못한다는 말이 있습니다. 천천히 음미해 보면 가혹한 말인 것 같습니다. 피할 수 없으면 즐기라니…. 피하지 못하는 사실 자체가 극도의 스트레스인데 즐기라니요. 즐거움은 '샬롬' 없이 누릴 수 없습니다. 거짓된 말장난에 속으면 안 됩니다. 평화는 전쟁이 그쳐야 찾아오는 것이지, 휴전은 언제든 전쟁이 일어났을 수 있음을 가정하는 위장된 평화입니다.

형들이 정말 즐거운 파티를 누리기 위해서는, 진정한 샬롬을 누리기 위해서는 한 가지 시험이 필요했습니다. 특별한 시험입니다. 샬롬의 파티에 두 개의 자리가 마련되었습니다. "애굽 사람은 히브리 사람과 같이 먹으면 부정을 입었기 때문"에 다른 자리가 필요했습니다(32절). 그래서 요셉이 손님을 안내하고 자석을 배치하는데, 희한하게도 형들의 나이의 따라 안내합니다. 형들은 상당히 놀랐습니다(33절). 요셉이 자리를 직접 배치하는 일도, 그들의 나이를 알아채는 것도 놀라웠습니다. 그리고 나서 음식을 나눠 주는데, 또 이상한 일이 일어납니다. 베냐민에게는 다른 사람보다 다섯 배나 많이 주는 것이었습니다(34절). 베냐민이 가장 많이 먹게 생겨서 많이 줬을까요?

요셉과 형들의 문제가 무엇 때문에 시작되었습니까? 이 가정의 비극의 원인이 무엇이었습니까? 시기와 질투였습니다. 자기가 다른 형제보다 더 가지지 못했다는 피해 의식과 하나님의 선지자인 요셉을 통해 주시는 말씀에 대해 무지함을 아버지의 편애로 가장하여 정당화했습니다. 그랬던 형들이 나이순에 따른 자리 배치에는 이상히 여겼지만, 총리가 베냐민에게 다섯 배나 더 주는 편애에 대해서는 이상히 여기지 않았다는 지점입니다. 지금 형들은 서로를 향해 시기를 부리지 않고, 질투의 마음을 갖지 않았음을 보여 줍니다. 이것이 특별한 시험이었습니다. 형들은 전형적인 선한 양심으로 변화된 자의 모습을 보여 줍니다. 형제들은 "마시며 요셉과 함께 즐거워"했습니다(34절).

나의 슬픔이 변하여 내게 춤이 되게 하시며

형들의 마음은 시편 30편 11-12절과 같았을 것입니다.

주께서 나의 슬픔을 변하여 내게 춤이 되게 하시며 나의 베옷을 벗기고 기쁨으로 띠 띠우셨나이다 이는 내가 잠잠하지 아니하고 내 영광

으로 주를 찬송하게 하심이니 여호와 나의 하나님이여 내가 주께 영
원히 감사하리이다 _ 시 30:11-12

다윗이 하나님의 인자와 성실한 사랑에 감사하며 부른 이 노래
가 그들의 노래였을 것입니다. 요셉의 형들은 헤세드(인자)의 하나
님을, 에메트(성실)의 하나님을 노래합니다. 우리 삶에 진정한 샬롬
은 하나님의 은혜가 없이는 주어질 수 없기 때문입니다.

요셉은 형들을 보자 제대로 복수할 수 있는 기회를 잡았을 것입
니다. 처음에는 많은 사람이 있었기 때문에 누명만 띄워서 보내야
했을 것이고, 돈을 도로 자루에 넣음으로 값을 치르지 않고 물건을
훔쳐 간 죄까지 더하면 제대로 걸려들 수 있었습니다. 그런데, 요
셉은 형들을 환대하여 사랑으로 섬깁니다. 요셉이 무엇과 싸우고
있는 것입니까? 단지 복수하지 않는 것이 용서는 아닙니다. 요셉
은 하나님의 형상대로 살아가는 모습이 무엇인지, 선한 양심의 회
복된 신자의 모습이 무엇인지를 알게 해주고 있습니다. 형들이 하
나님의 형상을 쫓아 그리스도를 닮아 가는 것이 무엇인지를 '시험'
을 통해 스스로 증명하도록 기회를 주고 있습니다.

우리 주님께서 약속대로 3일 만에 부활하셔서 슬피 우는 여자들
과 제자들을 만나시면서 하신 말씀이 '샬롬'입니다. 이렇듯 샬롬은
아무나 맛볼 수 없습니다. 샬롬을 통한 즐거움은 삼위 하나님을 통
해서만 주어지기 때문입니다. 누가복음 24장에 예수님께서 "너희
에게 평강이 있을지어다"(36절)라고 하셨고, 그들과 함께 구운 생선

한 토막을 받으사 함께 식사하시고(43절), 다시 오실 것을 약속하시고 그들을 축복하시자(51절), 제자들이 큰 기쁨으로(52절), 늘 성전에서 하나님을 찬송했다(53절)고 합니다. 바로 샬롬의 대 향연이 펼쳐진 것입니다.

성경은 샬롬을 통해 즐거움의 기쁨을 맛본 형제들이 어떤 사람들인지를 보여 줍니다. 왜 열두 명이 모여서 샬롬을 누려야 합니까? 열두 명의 형제를 통해 교회가 어떤 곳인지를 보여 주고 있기 때문입니다. 하나님은 나중에 열두 족장을 통해 이루실 구원의 역사를 보여 주고 계십니다. 교회는 미움, 다툼, 시기, 질투를 버리는 곳입니다. 성령을 따라 행하는 곳입니다(갈 5:16). 사랑과 희락과 화평과 오래 참음과 자비와 양선과 충성과 온유와 절제(갈 5:22-23)가 숨 쉬는 곳입니다. 서로가 짐을 주는 곳을 아니라, 서로의 짐을 나눠서 가볍게 지는 곳입니다(갈 6:2). 우리는 오직 사랑 안에서 참된 것을 하여 범사에 그리스도에게까지 자라가야 합니다(엡 4:15). 이 일을 위해서 평안의 매는 줄로 성령이 하나 되게 하신 것을 힘써 지키는 것입니다(엡 4:3). 교회는 샬롬 가운데서 삼위 하나님을 한마음과 한목소리로 부르고 하나로서 같이 자라 가는 곳이니까요. 이렇게 하나 된 곳에 하나님은 임재하시며 은혜를 베푸십니다. 언약 공동체는 이런 모습 가운데 자라 가야 합니다.

17 선을 악으로 갚느냐

창 44:1-13

> 그들이 성읍에서 나가 멀리 가기 전에 요셉이 청지기에게 이르되 일어나 그 사람들의 뒤를 따라 가서 그들에게 이르기를 너희가 어찌하여 선을 악으로 갚느냐(4절)

유혹인가 시험인가?

유혹은 우리를 파괴하는 반면에, 시험은 우리를 선한 것으로 인도합니다. 시험을 극복하기 위해서 긴장과 애씀이 필수적으로 따르지만, 시험을 통과하는 자에게는 주어지는 보상이 있습니다. 물론 시험에는 악한 자로 하여금 신자를 무너뜨리기 위해 쓰는 유혹도 있습니다. 악한 자의 유혹은 양심을 혼미하게 하여 죄를 더하게 합니다. 하지만 신자에게 주어진 시험은 믿음을 강하게 하여 선한 양심으로 변화하도록 자극합니다. 본문에서 형들은 계속해서 요셉을 통한 하나님의 선하신 시험을 받습니다. 선한 양심으로 살아가는 인생의 길을 하나님의 형상을 닮은 모습으로 성화되어 가게 하신 선하신 하나님의 인도하심에 관한 시험입니다.

지금까지 형들이 받았던 시험을 잠시 정리해 보면, 첫 번째는 시므온의 석방을 위해 혼미하고 세심한 양심을 가진 아버지를 설득하는 작업이었으며, 두 번째는 베냐민을 특별하게 대우하는 요셉 앞에서 진정한 형제간의 화합을 위한 샬롬의 시험이었습니다. 그리고 이제 세 번째 시험은 자기의 죄악이 드러날 때 어떤 행동을 취하는가입니다. 은잔을 훔쳤다는 억울한 누명을 받고서 범인으로 지목된 베냐민 한 명만 희생하면 될 것인가 하는 문제인 것이죠. 베냐민이 죄인으로 지목된 것은 특별한 이유가 있습니다. 베냐민은 요셉과 마찬가지로 아버지의 사랑을 독차지했던 라헬의 자녀입니다. 요셉을 이미 노예로 팔아 생사도 모르는 판국에 베냐민도 노예가 되도록 내버려 둔다면 형들에게 얼마나 좋은 기회입니까? 아버지가 없는 상황에서 막냇동생을 완전히 제거할 기회가 온 것입니다. 만약 이번에도 요셉에게 했던 행동대로 한다면 그것이 과연 선한 양심으로 변화된 모습이겠습니까? 변화된 양심은 자기 죄를 회개할 뿐 아니라 변화된 삶으로 전진하게 되어 있습니다.

44장에서 하나님께서는 요셉을 통해서 형들이 정말로 선한 양심으로 변화된 삶의 걸음을 걸어가고 있는지, 실천적 행동이 있는지를 보고자 하셨습니다. 형들은 지금까지 큰 위협 속에서 변화된 모습을 보여 주었습니다. 그러나 위기는 적도 동지로 만들죠. 평화가 찾아올 때 본모습이 드러납니다. 은잔은 평화의 시기에 형들이 진정 회개해야 할 죄악의 근본을 들춰내는 역할을 합니다. 과연 그들은 요셉의 시험에 어떤 반응을 보일 것인가? 그들이 진정으로 회개했다면 환경과 상관없이 일관된 모습을 보여 주어야 할 것입니다. 이와 같이 우리도 예수 그리스도를 통한 거듭난 백성으로서 선한 양심으로 살아간다면 환경에 따라 신앙의 반응이 다를 수 없습니다. 죄악이 밝히 드러날 때, 우리는 어떤 자세를 취하는가? 선한 양심으로 인생의 길을 걸어가는가를 볼 수 있습니다.

그래서 이번 장과 다음 장을 통해서 하나님께서 주신 마지막 시험을 살펴보려고 합니다. 이번에는 그 서론으로 44장에서 문제의 발단이 된 요셉의 은잔을 훔친 사건을 중심으로 보겠습니다. 요셉이 "어찌하여 선을 악으로 갚느냐"고 하는 말에 대해서, 형들은 어떤 반응을 하는지를 중심으로 살펴보도록 합시다.

도둑맞은 은잔

요셉의 시험

요셉은 형제들을 마지막으로 시험합니다. 형들의 마음을 정확하게 알고 싶었습니다. 시험의 결과는 형제들이 베냐민을 어떻게 대우하는지를 통해 드러나게 될 것입니다. 요셉과 형들의 가장 근본적인 문제의 발단은 요셉을 죽이고자 팔아넘긴 그들의 마음 상태와 실천이었습니다. 형들은 요셉의 목숨 따위는 아랑곳하지 않았습니다. 요셉의 억울한 울음소리에 웃음으로 일관했고 무시했었습니다. 요셉의 죽음으로 인한 아버지의 슬픔을 위로하는 척하면서 복수로 사용했습니다. 과연 형들의 마음은 그때와 지금 무엇이 다른가요? 시험의 수단인 은잔의 발견이 요셉의 동생인 베냐민에게 발견되었고, 형들이 어떤 태도를 보이는가에 따라서 그들의 현재 모습을 보여 줄 것입니다. 요셉은 43장에서 베냐민을 데려오기 위해 혼미한 양심을 보여 주는 야곱과의 대화를 보지 못했고 듣지 못했기 때문입니다. 요셉은 44장에서 베냐민에게 다섯 배나 많은 음식을 줘도 반응하지 않던 형들의 모습이 진정으로 변화된 모습 인지 보고 싶었습니다. 1-2절을 읽어 봅시다.

요셉이 그의 집 청지기에게 명하여 이르되 양식을 각자의 자루에 운 반할 수 있을 만큼 채우고 각자의 돈을 그 자루에 넣고 또 내 잔 곧 은 잔을 그 청년의 자루 아귀에 넣고 그 양식 값 돈도 함께 넣으라 하매 그가 요셉의 명령대로 하고 _ 창 44:1-2

요셉은 베냐민의 자루에 은잔을 숨기고, 이를 잡아서 밝혀지도 록 했습니다. 형들이 아침에 나귀를 타고 애굽을 떠나는데, 멀리서 급하게 총리의 청지기가 쫓아옵니다. 청지기의 다급함은 위기보다 는 좋은 소식의 전령사처럼 보였을 것입니다. 형들은 청지기를 환 영하며 맞이합니다. 하지만 청지기의 다급함은 청천벽력과 같은 우레를 동반합니다. 청지기는 요셉이 미리 주었던 말을 전합니다. 4-5절을 봅시다.

그들이 성읍에서 나가 멀리 가기 전에 요셉이 청지기에게 이르되 일 어나 그 사람들의 뒤를 따라 가서 그들에게 이르기를 너희가 어찌 하여 선을 악으로 갚느냐 이것은 내 주인이 가지고 마시며 늘 점치 는 데에 쓰는 것이 아니냐 너희가 이같이 하니 악하도다 하라 _ 창 44:4-5

청지기의 말은 기가 막히는 말이었습니다. 현재 일이 어찌 된 것인지 상황 파악도 안 되는 상황에서 날벼락을 먼저 맞았습니다. 형들은 기가 막혀서 말도 제대로 잇지 못했을 것입니다. 요셉의 은잔을 누가 훔쳤단 말입니까?

점치는 데 사용하는 은잔

요셉의 시험은 사실, 곰곰이 생각해 보면 허점투성이였습니다. 청지기의 말처럼 "내 주인이 가지고 마시며 늘 점치는 데에 사용하는" 은잔이라면(5절), 왜 형들이 애굽을 빠져나오기 전에 알아차리지 못했을까요? 그들이 차를 타고 가는 것도 아니고, 말을 타고 가는 것도 아닌, 가장 느린 나귀를 타고 가는데 말입니다. 그리고 베냐민이 은잔을 훔쳤다 해도 은보다 더 귀한 금을 훔치지 않은 이유가 무엇이겠습니까? 이왕이면 다른 것도 가져갈 것이지, 딱 점치는 은잔 그것 하나만 훔쳤단 말입니까? 그런 것도 아니라면 형들은 합리적 의심을 해야 했습니다. 지난번에도 누군가 우리를 모함하려고 돈을 도로 주었던 것을 떠올려서 모함이라고 생각했어야 합니다. 하지만 이상하게도 형제들 누구도 자신들을 변명하지도 않고, 추론하여 복기하지도 않았습니다. 쫓아온 청지기의 말에 속수무책으로 당합니다. 자신들의 결백만을 주장합니다. "우리 자루에 있던 돈도 우리가 가나안 땅에서부터 당신에게로 가져왔거늘 우리가 어찌 당신의 주인의 집에서 은 금을 도둑질하리이까"(8절). 지난번의 사건도 오해라며 절대로 자신들은 그런 사람이 아니라고 합니다. 그뿐 아니라 "당신의 종들 중 누구에게서 발견되든지 그는 죽을 것이요 우리는 내 주의 종들이 되리이다"라고 떳떳하게 말합니다(9절). 절대로 우린 그런 사람이 아니라는 것이죠.

형들은 이 사건에 대해 전후 상황을 따져 볼 필요 없이 당당했습니다. 그들이 당당했던 이유는 선한 양심 때문이었습니다. 그래서 형들은 과거와 달리 선을 악으로 갚지 않습니다. 애굽 총리의 은혜를 알고 있기 때문입니다. 자신들이 애굽에서 해야 할 일은 시므온을 되찾고, 양식을 구해서 굶주린 가족들의 생명을 구하는 일이었습니다. 아무리 총리의 은잔이 탐났을지라도 훔치는 일은 하지 않았습니다. 게다가 전날에 총리가 자신들에게 베푼 과분하고 놀라운 잔치의 초대는 감사함과 기쁨을 주었습니다. "그런데 어찌 우리가 이 악한 일을 행한단 말입니까?"라고 하는 것이죠. 그럴 리가 없는데 베냐민의 자루에서 은잔이 발견되자, 형들은 아무 말 없이 옷을 찢고 다시 애굽으로 되돌아갑니다. 형들은 베냐민에게 왜 이런 일을 했냐고, 도대체 무슨 일이냐고 책임을 추궁하지 않습니다. 오히려 유다가 대표로 자기들에게 드러난 사실에 대해 죄를 인정할 뿐이었습니다.

시험지의 내용

가장 취약한 부분을 공격한다

요셉의 시험은 형들에게 꼭 필요했습니다. 시험은 너무 쉬우면 안 됩니다. 공부 조금 해서 풀 수 있는 거라면 시험으로서 의미가 없습니다. 시험은 내가 어려워하는 것, 실수하는 부분을 공략해서 출제될수록 좋습니다. 시험을 통해 내가 모르고 있는 것이 무엇인지, 공부해서 확실히 내 것으로 만들어야 하는 부분이 무엇인지를 알기 위해서 시험이 필요합니다. 하나님께서는 요셉을 통해서 형들의 가장 취약점을 공략하여 시험하십니다. 가장 연약하여 방어하기 어려운 지점을 꼭 짚으십니다. 형들의 가장 취약점이 무엇인가요? 은잔을 가진 자만 종이 된다는 것이고, 은잔이 없는 사람은 죄가 없다는 사실입니다(10절). 물론, 이 말은 당연합니다. 문제는 은잔이 누구에게 숨겨져 있습니까? 베냐민의 배낭에 있었습니다. 이번 여행에 있어서 베냐민의 생명의 보전하는 일은 그 무엇보다 중요한 임무입니다. 베냐민은 아버지와 동일시되는 인물이었기 때문입니다. 그러므로 베냐민만 노예로 잡히면 끝이 아닙니다. 형들은 이 상황을 어떻게 풀어내야만 할까요? 베냐민을 버려야 할까요? 아니면 끝까지 보호해야 할까요? 상당히 까다로운 시험입니다.

가장 큰형인 르우벤의 자루부터 풀어보았습니다. "그가 나이 많은 자에게서부터 시작하여 나이 적은 자에게까지 조사하매 그 잔이 베냐민의 자루에서 발견 된지라"(12절). 순서대로 자루가 풀릴 때, 서로의 눈빛은 안도감으로 교환되었을 것입니다. 열 번째 스불론의 자루까지 은잔이 나오지 않았을 때는 당연히 없을 것으로 확신했을 것입니다. 그런데 예상과 달리, 열한 번째 베냐민의 자루에서 은잔이 발견됩니다.

베냐민은 형제 중에서 유일하게 애굽에 처음 방문한 아이였습니다. 그렇다 보니 형제들은 "혹시 네가 욕심을 부렸단 말이냐? 어찌 우리에게 이런 일을 할 수 있었냐?"라고 한탄을 할 수도 있었습니다. 형제들끼리 주고받을 수 있는 충분한 말이죠. 하지만 형들은 아무런 말도 하지 않았습니다. 베냐민도, 형들도 아무 말 하지 않았습니다. 요셉이 살려 달라고 애걸하며 소원했을 때와 다릅니다. 왜냐하면, 형제들의 자루를 뒤지는 손은 하나님이셨기 때문입니다. 형제들은 이 시험의 배후에 하나님이 계심을 알았습니다. 다음 장에서 더 자세히 살펴볼 것이지만, 유다는 이 상황을 분석하기를 "하나님이 종들의 죄악을 찾아내셨"다고 말합니다(16절). 현재 이 큰 시험의 출제자는 요셉이 아니라 하나님의 일하심이었음을 안 것입니다. 그래서 베냐민의 자루에서 은잔이 발견되자 형들은 원망과 시비가 아닌 회개의 마음으로 옷을 찢었다고 했습니다. 37장 34절에서 형들이 요셉의 죽음을 아버지에게 전했을 때, 아버지만 옷을 찢는 것과는 아주 대조적인 모습입니다. 선한 양심으로 변화되어 가는 형들은 누구의 실수이며 누구의 잘못인지를 떠나서 문제 자체를 놓고 회개하는 모습을 보여 줍니다. 범인으로 지목된 베냐민의 잘못이 아니라 자기 자신의 잘못으로 인식한 것입니다.

하나 된 공동체인가?

요셉의 시험 앞에서 형제들의 반응은 예전과 정말로 달랐습니다. 잘못을 한 사람이 중요한 것이 아니라, 하나를 전체로, 전체를 하나로 인식했습니다. 눈엣가시였던 요셉을 죽이려고 했던 그들이 시므온의 목숨을 위해, 베냐민의 목숨을 위해, 전체가 하나로 움직였습니다. "당신의 종들 중 누구에게서 발견되든지 그는 죽을 것이요 우리는 내 주의 종이들이 되리이다"라고 합니다(9절). 이 사건에 대한 책임을 한 사람이 아니라 형제들 전체가 함께 지겠다고 하는 뜻입니다. 하지만 청지기는 "그러면 너희의 말과 같이 하리라 그것이 누구에게서든지 발견되면 그는 내게 종이 될 것이요 너희는 죄가 없으리라"(10절)라고 합니다. "너희 말을 믿겠다. 단, 잘못한 사람만 책임을 져야 한다."라는 것입니다. 그런데도 형들은 결속된 유대를 지속해 나갑니다. 이미 베냐민의 잘못으로 판명되었음에도, 유다를 대표하여 다시 한번 강조하기를 "우리와 이 잔이 발견된 자가 다 내 주의 노예가 되겠나이다"라고 거듭하여 말합니다(16절).

본문은 선한 양심을 가진 거듭난 주님의 백성들은 이웃 형제들을 어떻게 대우해야 하는지, 교회가 어떤 곳인지를 가르쳐 줍니다. 즉, 자기와 동일시 해야 한다는 것입니다. 우리는 우리의 이웃을 어떻게 사랑해야 합니까? "자신과 같이"입니다(마 22:39). 형제들은 과연 어떤 마음으로 다른 형제를 인식하며 대하고 있었습니까? 내 자루에서 걸리지 않았으니 천만다행인가요? 46장에 가면, 형제들이 가족들을 이끌고 애굽으로 올 때, 형제들의 명단이 있습니다. 그곳을 보면, 형제들은 모두가 가정을 이뤘다는 사실을 알 수 있습니다. 독립된 가정을 일군 가장들입니다. 청지기와 요셉이 극구 은잔이 발견된 자만 노예를 남아야 한다고 했음에도 불구하고 그들은 베냐민을 자신들과 동일시하는 것을 보여 줍니다. 따라서 하나님께서는 이 형들의 모습을 통해 교회는 자기를 주장하지 않고, 하나 된 공동체로서 한 형제와 자매가 되어야 한다고 가르쳐 주고 계십니다. 선한 양심을 가진 형제들이 선을 향하여 걸어가는 한 공동체가 되는 모습을 보여 주시는 것이죠. 서로의 유익을 위하여 서로가 양보하며, 한 명의 낙오도 없이, 한 명의 소외도 없이 함께 진리 안에서 하나가 되는 공동체 말입니다. 여러분의 교회 공동체는 어떤 공동체인가요? 그런 공동체가 되기 위해서는 내가 먼저 변화되어야 합니다.

서로 사랑하라

하나님께서는 요셉을 통해 형들을 억울한 상황에 몰아넣어 시험함으로 형들이 가지게 된 선한 양심의 실천적 모습을 보길 원하셨습니다. 한 사람이라도 같은 무게로 대우해야 했습니다. 언약 공동체에서는 구성원 그 어떤 사람도 가치의 정도에 있어 차이가 없습니다. 내가 소중하듯이, 우리 가족이 소중하듯이, 이웃은 동등하며 모두가 소중합니다. 우리의 이웃인 교회 구성원을 느끼는 무게는 어떻습니까? 예수님의 대제사장적 기도라고 알려진 요한복음 17장을 보면, 예수님의 기도가 나옵니다.

내가 비옵는 것은 이 사람들만 위함이 아니요 또 그들의 말로 말미암아 나를 믿는 사람들도 위함이니 아버지여, 아버지께서 내 안에, 내가 아버지 안에 있는 것같이 그들도 다 하나가 되어 우리 안에 있게 하사 세상으로 아버지께서 나를 보내신 것을 믿게 하옵소서 _ 요 17:20-21

예수님께서는 아버지이신 성부 하나님과 아들이신 그리스도께서 하나이듯이 우리도 서로 하나 되어 그리스도 안에서 하나님과 하나 되기를 기도하십니다. 우리의 하나 됨은 온 율법과 선지자의 강령입니다(마 22:40).

그러므로 우리가 언약 공동체로서 서로 사랑하는 방법은 악을 미워하고 선에 속하며, 선을 악으로 갚지 않고, 악을 선으로 갚는 사랑으로만 가능합니다. 로마서 12장 9-17절은 그것을 잘 보여 줍니다.

> 사랑에는 거짓이 없나니 악을 미워하고 선을 속하라 형제를 사랑하여 서로 우애하고 존경하기를 서로 먼저 하며 … 성도들의 쓸 것을 공급하며 손 대접하기를 힘쓰라 서로 마음을 같이하며 높은 데 마음을 두지 말고 도리어 낮은 데 처하며 스스로 지혜 있는 체하지 말라 아무에게도 악을 악으로 갚지 말고 모든 사람 앞에서 선한 일을 도모하라 _ 롬 12:9-12

언약 공동체가 서로 사랑하는 일은 선한 일임을 잊지 맙시다. 주님께서는 우리에게 이 마음으로 하나 되기를 원하십니다.

18

하나님이 종들의 죄악을 찾아내셨으니

창 44:14-34

유다가 말하되 우리가 내 주께 무슨 말을 하오리이까 무슨 설명을 하오리이까
우리가 어떻게 우리의 정직함을 나타내리이까 하나님이 종들의 죄악을 찾아내
셨으니 우리와 이 잔이 발견된 자가 다 내 주의 노예가 되겠나이다(16절)

어찌하여 이런 일을 행하였느냐?

요셉의 시험은 사전에 잘 짜인 각본에 따라 치밀하게 진행되었
습니다. 베냐민의 자루에 은잔을 숨긴 다음, 첫째 형인 르우벤부터
자루를 풀어 한 명씩 그들의 무죄가 입증되도록 했습니다. 그러다
가 막내 베냐민의 자루에서 은잔이 발견됩니다. 베냐민은 꼼짝없
이 범인으로 지목되었습니다. 이런 상황에서 형들은 어떤 반응을
보일까, 요셉이 꾸민 시험의 핵심입니다. 형들의 반응은 의외였습
니다. 예전의 형들이 아니었습니다. 충격적인 은잔 사건에 대해 형
들은 누구의 책임을 묻지도 따지지도 않고, 각자의 책임으로 이해
하고 받아들입니다. 선한 양심을 가지고 살아가는 신자의 바른 삶
의 모습을 보여 줍니다. 악으로 선을 갚으며, 선에 속하기보다 악
을 품고 살아왔던 형들이 변합니다. 베냐민뿐 아니라 형제 중 누구

도 예외 없이 하나의 공동체로서 형제를 나 자신과 같이 여기는 모습을 보여 줍니다.

물론, 형제들의 변화는 단숨에 일어나지 않았습니다. 하나님께서 형들을 이끌고 오신 수많은 순간이 모여서 오늘 그 변화의 정점을 찍는 것입니다. 요셉이 "어찌하여 이런 일을 행하느냐"(15절)라는 질문에 결백을 주장합니다. 그리고 그들은 "이런 일은 결단코 하지 아니하니라"(7절)라는 결백을 하고, 이 모든 일을 보니 배후에서 일하신 하나님의 통치가 있음을 깨닫게 됩니다. 따라서 요셉이 형들에게 물었던 "어찌하여 이런 일을 행하였느냐"라는 질문은, 단순히 은잔을 훔친 일을 물어보는 것이 아니었습니다. 형들은 애굽에 도착하여 거듭해서 일어나는 모든 일이 모두 하나로 연결되어 일어나는 일임을 깨닫게 됩니다. 하나님께서 종들의 죄악을 찾아내시고 들춰내셔서, 깨닫게 하시고, 돌아보도록 하사 변화된 삶을 살도록 역사하신 손길입니다.

하나님께서 요셉을 통하여 형들의 죄를 "어찌하여 이런 일을 행하였느냐"로 물으신 것처럼, 우리에게도 물으십니다. 우리의 은밀한 죄를 찾으십니다. 사람과의 관계에서 일어난 죄, 일과 관련된 죄, 자기 자신과 관련된 죄 등을 물으십니다. 그리고 변화된 삶을 요구하십니다. 단순히 들춰서 까발려 모욕을 주고, 추궁하시는 것이 아닙니다. 요셉이 형들에게 베냐민만 종이 되어야 한다고 집요하게 요구했던 것을 통해 형들이 요셉에게 했던 지난 과거의 모습이 생각나게 했던 것처럼, 우리가 변화된 인생으로서, 용서받는 자로서 살아가도록 하시 위함입니다.

그러므로 우리는 형들의 모습을 통해서 우리 자신을 살펴보면 좋겠습니다. 하나님께서 종들의 죄악을 어떻게 밝히시는지, 밝혀진 죄가 있을 때 우리는 어떻게 해야 하는지를 보겠습니다.

억울함

누가 더 억울한가?

은잔 사건에서 형들의 마음을 한마디로 표현하자면 '억울함'일 것입니다. 청지기가 "너희가 어찌하여 선을 악으로 갚느냐, 너희가 이같이 하니 악하도다"(4절)라고 할 때, 그들이 대답하기를 "내 주여 어찌 이렇게 말씀하시나이까 당신의 종들이 이런 일은 결단코 아니하나이다"라고 억울함을 표시했습니다(7절). 요셉이 다시 한번 "너희가 어찌하여 이런 일을 행하였느냐"라고 하자(15절), 유다가 대표하여 "무슨 설명을 하오리이까 우리가 어떻게 우리의 정직함을 나타내리이까"라고 합니다(16절). 기가 막히고 억울했습니다. 돌이켜보면, 오늘만의 문제가 아니었습니다. 기근이 시작되면서 먹을 것을 찾아 애굽에 도착한 이후, 억울함은 계속됐습니다.

억울함이 밀려오면 감정은 요동칩니다. 특별히 오해가 바탕이 되면 죽을 지경입니다. 원망이 불을 지펴서, 상황을 뒤집어 보게 만들고, 입에서는 불평과 저주가 쏟아집니다. 자기 주위 사람들을 파괴하기 시작합니다. 관련된 사람들을 추궁하고, 피해에 대한 대가가 예상되면 그 책임을 전가하는 일은 다반사입니다. 때론 희생

양을 찾아서 복수하기도 하고요. 이런 일은 작은 일이든, 큰일이든 상관없습니다. 오늘의 동지도, 심지어 가족도 소용없습니다. 내가 죽게 생겼으면, 일단 살고 볼 일입니다. 억울함은 종종 나의 이성적 판단을 중지시키기 때문입니다. 형들의 억울함도 이와 유사하지 않을까요? 곰곰이 생각해 봅시다. 억울한 사람은 형일까요? 요셉일까요? 형들은 의심을 받을 뿐, 책임은 하나도 지지 않은 상태입니다. 형들은 추궁을 받았지만, 대가를 치른 적이 없습니다. 누구도 노예가 되지 않았습니다. 시므온이 극한 대우를 받은 것도 아니었습니다. 하지만 요셉은 17세에 노예로 팔려서 총리가 된 22년 동안 얼마나 억울했겠습니까? 요셉은 총리가 되는 것보다 아버지의 집에서 가족과 함께 있는 것이 더 행복할 아이였습니다. 당시에 자신이 총리가 될 것이라고 생각했겠습니까? 게다가 요셉은 22년 중 절반 이상인 13년 동안 억울한 옥살이를 해야 했습니다. 그러니 억울해도 요셉이 억울하지, 사실 형들이 억울할 상황은 아닙니다. 그래서 하나님께서는 지금 형들에게 자신들이 당하는 억울함을 통해 요셉의 억울함을 보도록 하신 것입니다.

억울함을 통해 죄를 보게 하신다

그런데 문제가 하나 있습니다. 억울함은 죄를 죄로 드러나지 못하게 만드는 가장 큰 훼방꾼이기 때문입니다. 사람은 대개 억울함이 밀려오면 자기방어 기제가 작동합니다. 특히 정의롭고 선한 일을 하고서 억울함이 밀려오면 더 심하게 반응하죠. 억울함이 쌓일수록 죄를 보는 시각을 잃어 갑니다. 자기기만이 자기를 속이는 것입니다. 그렇다면 형들에게는 무엇이 억울함을 통해 죄를 보게 했을까요?

형들이 당한 일련의 억울한 일은 하나로 연결된 사건입니다. 이 사건에는 상수와 변수가 있을 뿐입니다. 상수는 베냐민과 아버지이며, 이 둘은 형들이 당하는 모든 사건의 핵심 열쇠를 가지고 있었습니다. 변수는 형들입니다. 형들이 베냐민을 어떻게 대하느냐, 아버지의 말씀에 어떤 반응과 순종을 하느냐에 따라서 시험의 결과가 달랐습니다. 억울함 속에서 형들은 하나님께서 자신들을 어떻게 압박하는지를 깨닫게 됩니다. 모든 일을 보아하니 "종들의 죄악을 찾아내신"(16절) 당신의 뜻이었음을 보게 됩니다. 따라서 애굽에 처음 왔을 때, 42장에서 르우벤의 고백과 본문 44장 16절의 "우리와 이 잔이 발견된 자가 다 내 주의 노예가 되겠나이다"라는 유다의 고백을 종합해 보면 애굽에서 일어나는 모든 사건은 "그의 핏값을 치르는 일"이었습니다(42:22). 하나님께서 형제들이 이 사실을 보도록 그들을 이끌고 있습니다. 이제 형들은 억울함과 함께 등장하는 방어 기재, 자기 위로, 추궁, 복수, 희생양 찾기, 책임 전가 등등을 나타내지 않습니다. 오히려 유다의 탄원을 통해 자신들이 이 문제를 어떻게 보고 있는지를 자세히 설명합니다.

유다의 탄원 : 탄원의 주요 내용 5가지

형들은 절대 베냐민을 두고 갈 수 없었습니다. 따라서 유다는 다섯 가지를 탄원합니다. 첫째는, 호의를 베풀어 달라(18절)는 것입니다. 회개는 철저한 돌이킴을 동반합니다. 그래서 먼저는 총리에 대한 존경과 자비에 근거하여 진지함을 가지고 말하고, 총리가 자신들에게 베풀어 주었던 호의에 대한 감사를 표현합니다.

둘째는, 총리의 과거 발언을 기억해 달라(21-23절)는 것입니다. 그리고 자신들은 지금까지 총리의 말대로 순종했음을 강조합니다. 만나는 순간마다 고집을 부린 것은 당신이지 우리가 아님을 분명히 합니다. 그리고 다시 한번 우리는 처음부터 정탐꾼이 아니라고 합니다. 이 말이 중요한 이유는 변명이나 무죄를 강조한 주장이 아니라, 우리가 한 형제라는 것을 강조하기 위해서입니다.

셋째는, 집에서 일어난 일은 다음과 같다(27-29절)는 것입니다. 총리가 보지 못한 부분이죠. 총리의 요구에 대해 우리 아버지는 고통스러워했고, 그런데도 우리는 총리의 요구를 따르기 위해서 최선을 다해 당신의 명령을 수행하려고 했다고 말합니다. 왜냐하면, 시므온의 목숨을 그냥 내버려 둘 수 없었기 때문입니다. 시므온은 우리의 한 형제라는 것입니다.

넷째는, 아버지의 생명이 위태롭다(30-31절)는 것입니다. 계속해서 유다의 탄원 핵심이 드러납니다. 본인이 탄원하는 것은 베냐민이 은잔을 훔친 죄 문제가 아님을 강조합니다. 베냐민이 잡힌다면 아버지가 죽을지도 모른다고 말하면서, 이 사건은 절도죄가 아니라 살인죄로 변할 수 있음을 말합니다. 정말로 다시 한번 '이 일'이 어찌 된 연유인지 모르지만, 범인으로 지목된 베냐민은 절대 내버려 둘 수 없다고 합니다. 여기서도 줄곧 강조되는 핵심인 '우리는 한 형제'이기 때문입니다. 그뿐 아니라 아버지와 베냐민은 생명으로 연결되었기 때문에 절대로 베냐민을 놔둘 수 없다고 합니다.

유다는 여기서 총 열네 번 아버지를 언급하면서 아버지에 대해 강조합니다.

다섯째, 그러므로 담보를 허락해 달라(32절)는 것입니다. 결국, 유다는 자비를 베풀어 달라고 부탁합니다. 눈물로 애원합니다. 용서를 바라는 것이 아니라 죄의 대가는 치르겠다고 합니다. 본인이 베냐민을 "대신하여"(33절) 벌을 받겠다고 합니다. 만약 총리가 내 말을 들어주지 않으면, 당신은 베냐민을 노예 삼음으로 우리 연로하신 아버지를 죽이는 게 될 뿐 아니라 내가 아버지에게 생명으로 약속했던 것을 지키지 못하게 함으로 유다가 죄를 짓도록 하는 자가 될 것이라고 합니다.

유다의 말을 천천히 듣던 요셉은 놀라움과 감동에 휩싸입니다. '아! 형들이 정말로 변했구나! 말만 변한 것이 아니구나. 진심으로 행동이 따르고 있구나.' 요셉이 동생이고, 혈육임에도 불구하고 노예로 팔자고 제안했던 유다가 아니었습니까? 이렇게 유다의 탄원은 형들의 변화된 모습을 잘 나타내 보여 줍니다. 요셉이 그토록 보고자 했던, 아니 하나님께서 요셉을 통해서 일하셨던 이유가 유다의 탄원을 통해서 구구절절 드러나고 있습니다.

하나님께서 죄를 찾으시는 방법

요셉의 형들은 선하신 하나님의 시험을 잘 풀었습니다. 선한 양심을 가지고 출제자의 의도를 넘는 만점입니다. 우리는 형들의 모습을 보면서, 우리도 하나님의 시험을 잘 풀기 위해서는 훈련과 양육의 과정을 반드시 통과해야 한다는 것을 확인하게 됩니다. 하나님은 자기 백성을 단련하시고 교육하시는 과정에서 죄가 무엇인지를 깨닫도록 하시고 죄의식의 깊은 곳으로 인도하셔서 눈물의 회개를 이끌어 내시기 때문입니다. 본문을 통해 살펴보면 하나님은 우리가 죄를 찾도록 두 가지의 방식을 사용하십니다.

첫째는, 하나님께서는 강요에 의한 선택을 하게 하심으로 죄를 찾도록 하십니다. 자유로운 선택과 달리 강요에 의한 선택은 자기 자신의 모습을 적나라하게 보여 주기 때문입니다. 위기 상황에서 이루어지는 선택이 자신의 영적인 내면 상태를 보여 줍니다. 형들은 회개를 통해 전체를 하나로, 하나를 전체로 여기며 아버지의 아픔을 자신의 아픔으로 여기는 선택을 한 것입니다.

그리고 둘째, 하나님께서는 여러 가지 다양한 시험을 제출하셔서 우리의 죄를 찾도록 하십니다. 한 문제만 풀고 끝나지 않습니다. 훈련과 양육의 방식은 쉼이 없습니다. 하나님은 우리 삶의 매 순간 시험을 주셔서 우리 믿음의 동기와 내용을 보고자 하시기 때문입니다. 우리가 죄를 피하고, 멀리하며, 떨쳐버리는 훈련을 하도록 하십니다.

하나님께서 우리의 죄를 찾으셔서 회개하도록 하시는 이 두 가지의 훈련은 하나님의 백성에게 필수입니다. 하나님께서는 우리가 시험지를 잘 풀어갈 때마다 신앙이 더욱 성숙해지는 것을 보길 원하십니다. 시험지를 잘 풀면 칭찬과 상급을 허락하셔서 기쁨과 평안으로 진정한 샬롬을 허락하십니다. 가장 중요한 것은, 우리가 시험지를 풀 때 하나님께서는 우리를 향한 자신의 오래 참음과 자비를 보여 주신다는 것입니다. 우리가 한 문제 틀렸다고 해서 버리지 않으시고, 잘못 풀었거나 정답이 아니라고 해서 내 자녀가 아니라고 하지 않는다는 것입니다. 하나님은 거듭하여 다른 시험을 주셔서 우리가 풀 수 있도록, 끈기를 가지고 거짓을 벗어 버리고 죄악을 회개하며 승리하도록 하십니다.

그러므로 우리는 시험지를 잘 푸는 것보다, 시험지를 제대로 읽는 방법을 알아야 합니다. 시험지를 제대로 읽는 방법은 말씀을 잘 아는 것입니다. 예수님께서 사탄의 시험을 받으셨을 때, 그를 물리치신 방법은 말씀이었습니다.

사람이 떡으로만 살 것이 아니요 하나님의 입으로부터 나오는 모든 말씀으로 살 것이라 하였으니라 하시니 _ 마 4:4

그리고 훈련 과정에서 지치지 않기 위해서 무엇보다 기도가 필요합니다.

시험에 들지 않게 깨어 기도하라 마음에는 원이로되 육신이 약하도다 _ 마 26:41

이렇게 말씀과 기도는 우리를 거룩하게 할 뿐 아니라 하나님의 사람으로 자라 가게 합니다. 아버지 야곱이 형들을 보내면서 했었던 말씀과 기도가 그대로 이루어졌습니다.

전능하신 하나님께서 그 사람 앞에서 너희에게 은혜를 베푸사 그 사람으로 너희 다른 형제와 베냐민을 돌려보내게 하시기를 원하노라 _ 창 43:14

그리고 마지막 이 모든 과정에는 성령께서 주시는 은혜가 필요합니다.

19 나를 당신들보다 먼저 보내셨나이다
창 45:1-15

> 당신들이 나를 이곳에 팔았다고 해서 근심하지 마소서 한탄하지 마소서 하나님이 생명을 구원하시려고 나를 당신들보다 먼저 보내셨나이다(5절)

하나님의 섭리

요셉의 인생에서 가장 중요한 핵심 중 하나는 '하나님의 섭리'입니다. 섭리란 웨스트민스터 소요리문답 제11문답에 따르면 "하나님께서 모든 피조물과 피조물의 모든 행동을 더 없는 거룩하심과 지혜와 권능으로 보존하고 통치하시는 것"입니다. 신자이든 불신자이든 상관없이 세상에 속한 모든 사람에게 해당하는 일로서, 나에게 일어나는 모든 일이 우연처럼 보일지라도 하나님의 다스림 가운데 당신 뜻이 한 치의 오차도 없이 진행된다는 고백입니다. 또한 하나님의 섭리 때문에 우리는 안전하고 평안한 삶을 살 수 있습니다. 하나님께서는 자신의 계획을 위해서 악도 사용하십니다. 요셉의 형들은 요셉을 시기하여 노예로 팔았지만, 하나님께서 야곱 가족의 생명을 구원하시고 요셉을 애굽에 먼저 보내셨다는 것에서 확인할 수 있습니다.

이 섭리에 관한 가르침은 사실 위로와 혼란을 동시에 가져다 줍니다. 인간의 어떠한 행위도 하나님의 통치 아래에서 이루어지기 때문에 하나님의 백성은 안전을 확보할 수 있습니다. 반면에 악을 행한 사람들의 행위를 정당화해 줄 수 있는 공간이 마련됩니다. 마치 "내가 너를 애굽에 안 팔았다면 어떻게 되었겠니?"라고 하는 어처구니없는 물음이 주어질 수 있습니다. 이 당황스러운 섭리를 어떻게 이해해야 할까요? 본문은 하나님의 섭리가 악한 자의 행동을 정당화하는 데 사용되지 않는다고 말합니다. 섭리를 고백하는 자는 악을 행한 형들이 아니라 악행을 당한 요셉임을 주목할 필요가 있습니다. 요셉이 자신의 일생 가운데 섭리하신 하나님의 주권적인 역사를 되돌아보며 고백합니다. 그래서 형들을 진정으로 용서하여 받아드립니다. 나를 이곳에 서 있는 것은, 당신들이 팔았기 때문이 아니라 하나님께서 생명을 권하시려고 나를 먼저 보내셨기 때문이라고 하면서 말입니다.

그러므로 이 세상을 살아가는 신자로서 인생을 바라보는 자세는 하나님의 실제적인 통치를 바라보며 살아가는 것입니다. 본문 말씀을 통해서 내가 속한 이곳에 있게 된 것은 하나님의 선하신 뜻과 손길이 있었음을 고백하는 자가 되길 바랍니다. 요셉을 애굽으로 형제들보다 먼저 보내신 것과 마찬가지로 우리를 먼저 보내신 이유가 있습니다. 여러분의 자녀 앞으로, 직장 앞으로, 교회로 부르신 이유가 있습니다. 요셉이 형제들에게 나를 당신들보다 먼저 보내신 분을 고백하는 신앙고백이 우리의 고백이 되길 바랍니다. 그 선하신 손길을 바라보는 시간이 되길 바랍니다.

가까이 오소서

근심하지 말고, 한탄하지 마소서

유다의 탄원은 요셉으로 하여금 주체할 수 없을 만큼의 큰 감정을 불러일으켰습니다. 대성통곡을 했다고 합니다. 유다의 탄원을 들은 총리는 갑자기 소리를 질러 형들만 남겨 둔 채, 모든 종을 나가도록 합니다. 형들은 엄청난 공포와 긴장감에 휘말렸을 것입니다. 유다는 자신의 탄원이 결국 총리의 심기를 더 건드렸을 것이라고 여겼을지도 모릅니다. 그런데 난데없이 총리가 자신을 요셉이라고 밝힙니다. 1절에서도 "자기를 알리고", 3절에서는 더 분명하게 "나는 요셉이라"라고 합니다. 애굽 언어가 아니라 히브리 언어로 형들이 알아듣도록 이야기했습니다. 그리고 "내 아버지가 아직 살아 계시니이까"라고 물었습니다. 요셉의 말에 형들은 도무지 정신을 차리지 못합니다. 총리가 갑작스레 우는 것도, 히브리 말로 자신이 요셉이라고 말하는 것도 도무지 믿을 수가 없었습니다. 그 앞에서 놀라서 대답하지 못했다고 합니다(3절).

형들이 이런 반응을 보인 이유는 총리의 말이 자신들에게 유리한 말인지, 불리한 말인지 구분이 가질 않았기 때문입니다. 총리가 요셉이라니, '베냐민만은 어떻게든 살리려고 했는데, 베냐민은커녕 우리 모두 죽게 생겼구나!'라고 망연자실했을지도 모릅니다. 그리고 요셉이 "가까이 오라"(4절)고 하는 말은 더 무시무시했을 것입니다. 이제는 꼼짝없이 죽었다고 생각했겠죠. 마음의 거리는 몸의 거리라고도 하지 않습니까? 거리낌이 있고 마음이 불편한 사람과는 자연스럽게 거리를 유지하려고 하는 게 사람입니다. 하지만, 요셉이 형들에게 가까이 오라는 말은 형들이 생각하는 것과는 전혀 다른 차원의 말이었습니다. "이제 내가 너희에게 복수하겠어!"라는 뜻이 아니라 "나는 당신들에게 아무런 불편함이 없고, 원한도 없다"라는 화해의 의사로서 가까이 올 것을 주문한 것이었습니다.

그 증거가 5절입니다. 겁을 먹는 형들이 근심하지 말고, 즉 슬퍼하지 말고 한탄할, 자책할 필요가 없는 이유가 밝혀집니다. 이 모든 일은 하나님께서 생명을 구원하시려고 나를 이곳에 보내셨기 때문이라고 합니다. 이 사실은 7-8절에서도 반복됩니다.

하나님이 큰 구원으로 당신들의 생명을 보존하고 당신들의 후손을 세상에 두시려고 나를 당신들보다 먼저 보내셨나니 그런즉 나를 이리로 보낸 이는 당신들이 아니요 하나님이시라 하나님이 나를 바로에게 아버지로 삼으시고 그 온 집의 주로 삼으시며 애굽 온 땅의 통치자로 삼으셨나이다 _ 창 45:7-8

요셉의 이 고백은 그가 그토록 오랫동안 고통을 당하면서도, 억울한 삶을 살면서도 어떻게 그렇게 꿋꿋하게 이겨 낼 수 있었는지를 보여 줍니다. 그것은 하나님께서 꿈을 통해 계시를 주실 뿐 아니라(37장), 고통 속에서도 인자를 더하셔서 요셉과 함께하시고 (38-39장), 순간마다 하나님의 영이 명철과 지혜를 주심으로(41장) 인생의 길을 바라보았기 때문입니다. 45장에서 갑자기 이를 깨달은 것이 아닙니다. 요셉의 이 고백은 직분자로서 하나님에 대한 믿음과 아버지 야곱과 할아버지 이삭과 아브라함을 통해 언약을 주신 하나님의 인자와 성실하심을 알고 신뢰하며 깨달은 신앙고백입니다.

그러므로 요셉이 형들에게 말한 "근심하지도 말고, 한탄하지도 말라"라는 말은 하나님의 섭리를 믿는 믿음의 백성 입에서 나올 수 있는 신앙고백입니다. 이 고백을 들은 형들은 선한 양심으로 변화된 그들의 신앙에 화룡점정이 찍힙니다. 시기와 질투로 가득 찬 악독한 마음이 아닌, 악의 편에 서서 자기의 이익을 추구하는 자가 아닌, 꿈이 어떻게 이루어지는지 보자는 하나님에 대해 불경이 아닌, 죄책감에 두려워 떠는 인생이 아닌, 쓰라림과 비난과 증오와 추궁과 복수의 인생이 아닌, 역사를 움직이시고 인간의 악과 실패와 두려움까지도 선으로 뒤바꿔 역사하시는 하나님의 놀라운 주권을 바라보게 된 것입니다. 요셉이 "가까이 오소서"라고 했던 소리는 곡소리 나는 복수의 소리가 아닌 하나님의 섭리를 고백하는 화해와 용서의 소리였습니다.

형들과 안고 우니 그제야

복수와 용서의 선택에서

우리는 하루에도 수없이 많은 복수와 용서라는 선택의 갈림길에서 길을 잃습니다. 화해와 용서의 즐거움을 모르는 사람은 없습니다. 손해를 보며 살자고 수없이 되뇝니다. 그조차도 쉽지 않은 일입니다. 우리의 삶에는 정말로 용서할 수 없는, 그냥 넘어갈 수 없는 일들이 있으니까요. 하지만 오늘 본문은 우리에게 분명한 길을 제시합니다. 우리 앞에 높여진 복수와 용서의 선택은 하나님을 섬기는 것과 자신을 섬기는 것 사이의 선택이라는 사실입니다. 하나님의 섭리를 믿는 자는 용서의 길을 걸어갑니다. 요셉이 자신을 애굽에 보낸 이는 형들이 아니라 하나님이라고 했던 고백(8절)은 사실이면서도 사실이 아닙니다. 왜냐하면, 요셉을 애굽에 판 사람은 형들이며, 그들이 시기로 가득한 악독한 마음으로 행한 일이기도 하지만, 요셉에게 일어난 모든 일의 배후에는 하나님의 손길이 있었기 때문입니다. 하나님의 백성은 이것을 믿습니다. 나타난 일의 인과(因果)보다 더 크신 하나님에 대한 손길을 고백하는 것입니다. 그래서 나에게 손해를 끼친 일이 아닌 '사람'에 대해서는 관대하고 관용하게 됩니다.

만약 요셉이 하나님에 대한 믿음이 없었다면, 애굽의 총리가 되었을 때 가장 긴장해야 했던 사람이 누구였겠습니까? 형들 이전에 보디발이고, 보디발의 아내이며, 술 맡은 관원장입니다. 그리고 보디발의 아내의 말에 대해 동조하며 자신을 도와주지 않았던 노예 동료들입니다. 하지만 요셉은 그 누구에게도 복수하지 않았습니다. 하나님의 섭리를 믿는 자의 용서를 보여 주고 있습니다. 이처럼 우리의 신앙생활은 어려움과 환란 가운데 우는 것을 그치고, 하나님의 선하신 인도하심을 바라보는 일입니다. 왜냐하면, 우리 신앙고백의 핵심이 "여호와 주의 인자하심은 하늘에 있고 주의 진실하심이 공중에 사무쳤으며 주의 의는 하늘의 산들과 같고 주의 심판은 큰 바다와 같"다고 고백하기 때문입니다(시 36:5-6).

화해를 누림

요셉은 하나님께서 자기를 애굽에 먼저 보내신 이유를 분명히 알고 있었습니다. 총리가 된 이유가 언약 백성의 생명을 구원하기 위함이라는 것도 알았습니다. 요셉은 형제들에게 자신의 계획에 긴박함과 치밀함을 알립니다. 총 7년의 기근 중 나머지 5년은 지금의 2년의 기근과 비교할 수 없는 큰 고통임을 알기 때문입니다. 그래서 "지체 말고"(9절), 아버지를 "속히 모시고 내려오소서"(13절)라고 합니다. 한시가 급했습니다. 가족들이 오면 살 곳도 이미 물색해 놓았습니다. '고센 땅'입니다(10절). 애굽 사람들은 목축업을 하는 히브리 사람을 멸시하기 때문에 그들과 섞여 살 필요가 없으므로, 요셉 자신과 가까운 거리에 살도록 미리 준비한 땅입니다. 그곳에서 아버지와 형들과 모든 가족이 부족함 없이 지낼 수 있도록 하겠다고 합니다(11절).

요셉은 이 말을 마치고 다시 한번 눈물을 왈칵 쏟아 냅니다. 자신도 주체하지 못한 울음이었습니다. 먼저 요셉은 베냐민을 안아서 울고, 나머지 형들과 입을 맞추며 웁니다. 진정한 화해가 이루어지는 장면입니다. 형들은 요셉 가까이 가서 이야기를 들었음에도 도대체 무슨 일이 일어나는 것인지 정신을 못 차렸을 것입니다. 하지만 요셉의 계획을 듣고, 진정한 용서의 힘을 느낀 형들은 한없이 부끄럽고 미안했습니다. 그리고 20년 만에 형과 동생으로서 대화합니다. "형들이 그제서야 요셉과 말하느라"(15절). 얼마나 감동적인 장면인가요?

먼저 보내셨나이다

요셉과 형들은 진정한 화해와 회복을 합니다. 시기와 질투와 미움이 아닌 사랑과 존경과 감사의 교제를 하게 됩니다. 이 화목과 회복의 바탕은 하나님의 섭리에 대한 바른 이해와 신앙고백의 터위에서 이루어졌음을 볼 수 있습니다. 요셉은 자신의 사명이 무엇인지를 분명히 알고 있었습니다. 언약 백성의 생명을 구원하는 자입니다. 하나님의 교회를 보호하고, 어려움 속에서 이기도록 이끄는 자임을 분명히 했습니다. "나를 바로에게 아버지로 삼으시고 그 온 집의 주로 삼으시며 애굽 온 땅의 통치자로" 대제국의 총리가 되게 하신 것은 하나님의 큰 구원을 위한 직분을 감당하게 하시기 위함이라는 것이죠. 그래서 긴박함과 치밀한 계획으로 가정들을 고센 땅으로 이끄는 것입니다.

우리 또한 먼저 보냄을 받은 자입니다. 아버지로서, 어머니로서 아이들에게 먼저 보냄을 받았습니다. 큰 구원의 직분자로서 아이들의 영혼을 위해서 부름을 받았습니다. 아이들의 생명과 필요를 채워줄 뿐 아니라, 언약의 후손을 세상에 두기 위해 부름을 받았습니다. 이 세상에 하나님의 백성으로서 하나님의 섭리를 고백하는 자로 이끌도록 부름을 받았습니다. 동시에 직장으로, 교회로, 세상으로 먼저 보내심의 부름을 받았습니다. 우리가 사는 곳에서 하나님의 백성으로서, 죽어가는 소망 없는 자들에게 생명을 전하는 자로서, 소망의 이유를 전하는 자로서, 영생의 기쁨을 전하는 자로서 먼저 보내심을 받았습니다.

우리를 먼저 부르신 이유를 베드로전서 2장 9절은 다음과 같이 말합니다.

> 너희는 택하신 족속이요 왕 같은 제사장들이요 거룩한 나라요 그의 소유가 된 백성이니 이는 너희를 어두운 데서 불러내어 그의 기이한 빛에 들어가게 하신 이의 아름다운 덕을 선포하게 하려 하심이라 _ 벧전 2:9

물론, 부르심에 따른 삶을 살다 보면 힘들고 지칩니다. 그리고 어떤 어려움도 견뎌야 합니다. 요셉도 마찬가지였습니다. 요셉이 어려움과 환난에서 승리할 수 있었던 힘은 하나님에 대한 믿음이었습니다. 하나님을 바라보며 인내했기 때문입니다. 우리도 그리스도를 바라보며 인내합시다. 승천하신 하나님의 아들 예수 그리스도께서 때를 따라 돕는 은혜를 주실 줄 믿습니다(히 4:16).

20 요셉이 지금까지 살아 있으니

창 45:9-28

이스라엘이 이르되 족하도다 내 아들 요셉이 지금까지 살아 있으니 내가 죽기
전에 가서 그를 보리라 하니라(28절)

복음 들고 산을 넘는 자

'뜸북 뜸북 뜸북새'로 시작하는 〈오빠 생각〉이라는 동요를 아시
죠? 이 노래는 1925년 당시 열두 살이던 최순애 씨가 서울에서 댕
기를 사가지고 온다던 오빠가 아무리 기다려도 오지 않자 애타게
기다리며 쓴 시로 알려져 있습니다. 오빠를 기다리던 소녀에게 가
장 기쁜 소식은 무엇이었을까요? 생일날 아버지가 사가지고 오신
다던 장난감을 기다리는 아이가 있습니다. 그 아이에게 가장 기쁜
소식은 무엇일까요? 생사의 갈림길에서 수술실로 들어간 환자가
있습니다. 그의 가족에게 가장 기쁜 소식은 무엇일까요?

기쁜 소식은 'Good News'라고 합니다. 다른 말로 하면 복음입니
다. 복음은 기쁜 소식이요. 복된 소식입니다. 기다리던 오빠가 돌
아오고, 수술실에 들어간 우리 가족이 무사히 수술을 마쳤다는 소
식이 복음입니다. 그래서 복음의 내용과 복음의 소식은 분리되지

않습니다. 이처럼 요셉의 형들도 요셉에게 복음을 들었습니다. 복음의 내용은 "하나님이 큰 구원으로 당신들의 생명을 보전하고 당신들의 후손을 세상에 두시려고 나를 당신들보다 먼저 보내셨나니"입니다(7절). 이것보다 더 큰 복음이 어디 있겠습니까? 하나님께서 할아버지 아브라함을 택하여 부르시고 언약을 맺으시면서, 이 땅을 영원히 줄 것이고, 약속의 자녀를 통해 충만케 할 것이고, 복을 주어, 너로 말미암아 많은 사람들이 복을 얻게 하시겠다고 하지 않았습니까? 기근이 들어 한 치 앞도 내다볼 수 없는 상황에서 동생이 대제국의 총리가 되었으니, 걱정할 필요가 없을 것입니다.

이제 형들은 이 복음을 들고 가나안으로 향합니다. 복음의 복된 내용을 가지고 아버지와 가족에게 향합니다. 아버지가 죽었다고 생각했던 요셉이 살아 있을 뿐 아니라 애굽의 총리가 되어 우리를 살리기 위해 초청했다고 하는 복된 소식입니다.

그러므로 우리는 본문을 통해 기쁜 소식을 전하는 자로서 임명된 형들의 모습을 보면서 복음의 내용이 무엇이며, 복음을 전달할 때 어려움은 어떻게 극복해야 하는지, 그리고 우리도 복음을 전하는 자로서 어떤 삶을 살아야 하는지를 살펴보겠습니다.

변화된 사명자의 미션

복음 들고 아버지와 가족들에게

요셉이 형들보다 먼저 애굽에 보냄을 받았다면, 이제 형들은 아버지보다 먼저 애굽에 보냄을 받은 자가 되었습니다. 하나님께서 그들을 먼저 부르신 이유가 있습니다. 요셉은 야곱 가족의 큰 구원과 생명을 보존하고, 후손들 즉 교회를 보존하기 위해서 부름을 받았습니다. 형들은 이제 이 일을 실제로 실행할 사람으로 부름받았습니다. 영광스럽고 복된 소식을 가지고 아버지와 가족들에게 전달하러 가야 합니다. 그들은 이제 사명자로서 맡겨진 임무를 잘 감당해야 합니다. 요셉과 바로는 한마음으로 명령했습니다. 요셉은 "당신들은 속히 아버지께로 올라가서 아뢰기를"(9절), "속히 모시고 내려오소서"(13절), 그리고 바로는 "너희 아버지와 너희 가족을 이끌고 내게로 오라"(17절), "너희 아버지와 너희 가족을 이끌고 내게로 오라"(18절)라고 합니다.

미션을 받은 사명자로서 형들이 감당해야 할 복음의 내용은 무엇이었습니까? 죽은 줄로만 알았던 요셉이 살아 있다는 것, 살아 있을 뿐 아니라 애굽의 총리가 되었다는 것, 총리가 된 요셉이 기근으로 고생하는 우리의 가족을 살리기 위해서 모든 것을 준비하여 초청하고 있다는 사실입니다. 그리고 한 가지 더 있습니다. 이 모든 것은 총리인 요셉의 이야기일 뿐 아니라 바로가 직접 명령했다는 사실입니다. 신기하게 바로와 요셉이 사전에 모의한 것처럼, 서로 같은 말을 했습니다. 바로와 요셉의 일치된 말은 형들이 전해야 하는 복된 소식이 거짓 없는, 변함없는 하나님의 일하심이라는 것을 형들에게 확신하도록 했습니다.

요셉이 살아 있으니

요셉은 이미 치밀한 계획을 세워 놓고 가족들을 이사시키려고 준비했습니다. 하나님께서 자신을 총리로 삼으신 이유를 정확하게 알았습니다. 그러므로 복음을 들고 집으로 향하는 형들의 발걸음은 가벼웠습니다. 복음을 들고 산을 넘는 자들의 발길은 아름답습니다.

이사야 52장 7절을 보면 "좋은 소식을 가져오며 평화를 공포하며 복된 좋은 소식을 가져오며 구원을 공포하며 시온을 향하여 이르기를 네 하나님이 통치하신다 하는 자의 산을 넘는 발이 어찌 그리 아름다운고"라고 합니다. 인생의 큰 산을 넘어야만 하고, 그 산에는 온갖 두려운 것이 살아 숨 쉬고 있음에도, 복음의 좋은 소식을 가지고 걸어가는 발길은 아름답다고 합니다. 왜 그런가요? 요셉이 살아 있을 뿐 아니라, 애굽을 통치하고 있기 때문입니다(26절). 그 요셉이 애굽의 모든 영광을 한 몸에 받고 있기 때문입니다.

마찬가지로 복음을 누리는 우리의 발길도 아름답습니다. 왜 그런가요? 우리 주님이 죽음의 모든 권세를 물리치시고 살아나셨기 때문입니다. 그뿐 아닙니다. 우리 주님께서 만왕의 왕으로서 하늘에 있는 자들과 땅에 있는 자들과 땅 아래에 있는 자들로 모든 무릎을 예수의 이름에 꿇게 하시고 통치하시기 때문입니다(빌 2:10). 우리 주님께만 세세 영원토록 영광이 있기 때문입니다(롬 16:27). 이 통치 아래에서 우리는 안전과 평안을 누기 때문입니다. 그리스도의 모든 충만한 은혜가 부어지기 때문입니다.

형들의 복된 소식의 핵심은 '요셉의 살아 있음'입니다. 형들이 정탐꾼이라는 오명을 벗고 베냐민과 시므온을 무사히 구출한 다음, 먹을 양식을 구해 오고 있다는 소식도 기쁜 소식이긴 하지만,

이 소식은 순간의 문제를 해결할 뿐입니다. 양식이 떨어지면 또 사러 가야 합니다. 하지만 진짜 복된 소식은 한시적 어려움, 지금의 고통에서 벗어나는 것을 넘어 근본적인 문제를 해결해 주는 일입니다. 요셉이 살아 있을 뿐 아니라 애굽에서 바로의 아버지가 되고 온 집의 주가 된 요셉과 함께하는 것이 근본적인 문제의 해결이 아니겠습니까?

만약 하나님 아버지께서 우리 죄를 그리스도의 죽음으로 말미암아 용서해 주셨다는 것으로 사역을 끝내셨다면 어떻게 되었을까요? 1회용품은 재사용이 불가능합니다. 한 번의 쓰임은 그것으로 충분합니다. 그런데 형들의 기쁜 소식은 요셉이 살아 있다는 소식입니다. 순간과 현재의 넘어감이 아니라, 살아 있기에 지속해서 변함없이 한결같다는 말입니다. 살아난 요셉이기에 형들이 입맞춤의 교제를 하고, 살아 있으므로 야곱이 "내가 죽기 전에 그를 보리라"(28절)는 결심을 하게 되지 않습니까? 우리 주님께서 죽음에서 부활하셨다는 사실은 그분이 현재 살아 계신다는 말입니다. 할렐루야! 그가 참으로 부활하셨습니다. 우리 주님께서 정말로 부활하셔서 영광 가운데 우리와 참된 교제를 하고 계십니다. 주님께서 살아 계시기에 볼 수 있고, 입맞춤할 수 있습니다. 살아 계시기에 우리의 생명을 돌보십니다. 만약 지금 살아 계신 그리스도를 만나지 못한다면, 교회가 이 그리스도를 선포하는 일을 그만둔다면 교회는 더 이상 존재할 가치가 없습니다. 그러므로 이 그리스도를 경험하길 원합니다. 참 생명을 누리길 바랍니다.

형들의 사명은 한 가지가 더 있습니다. 아버지와 가족들을 안전하게 애굽으로 이주시키는 일입니다. 왕과 총리의 초대장을 전달하여 이 모든 일이 사실임을 믿게 하는 일입니다. 요셉의 초청장은 11절에 있습니다. 바로도 요셉과 마찬가지로 "네게로 오라"(18절)라고 합니다. 마치 예수님께서 요한의 두 제자였던 안드레와 베드로를 부르실 때 "와서 보라"라고 하셨던 음성과 같습니다(요 1:39). 예수님께서 두 제자에게 무엇을 보라고 하신 것입니까? 복음이 가리키는, 복음 자체이신 그리스도를 보라는 뜻입니다. 야곱의 식구들이 요셉이 약속한 것을 누리기 위해 애굽으로 온다는 것은 곧 요셉에게 온다는 것입니다.

그러니까 복음의 실체는 형들이 전하는 복음의 내용과 분리되지 않을 뿐 아니라 그 내용이 바로 복음이라는 말입니다. 마찬가지로 그리스도와 복음의 내용은 분리되지 않는다는 것을 보여 줍니다. 형들이 전하는 복음은 곧 요셉을 전하는 것이요, 우리에게는 그리스도입니다. 우리가 복음을 듣는 것은 그리스도를 듣는 것이고, 복음을 받아들인다는 말은 그리스도를 받아들인다는 말이며, 복음으로 삶이 변화된다는 것은 그리스도로 인해 삶이 변화된다는 말입니다.

다투지 마소서

요셉은 복음을 전하러 가는 사명자에게 주의할 점 하나를 알려 줍니다. 가는 길에 다투지 말라고 합니다. 형들은 요셉을 처음 만났을 때, 요셉 앞에서 다툼이 있었습니다. "내가 너희에게 그 아이에 대하여 죄를 짓지 말라고 하지 아니하였더냐 그대로 너희가 듣지 아니하였느니라"(42:22). 여기서 형들이 크게 다투지는 않았지만, 분명한 것은 요셉과 아버지는 형제들에게 시기심을 불러일으켰고 시기심에 불탄 형제들은 제공자인 요셉의 문제를 처리하면서 서로 다툼이 있었다는 사실입니다. 이렇듯 시기심은 원인 제공자를 넘어 주위를 파괴하기도 합니다.

마찬가지로 형들에게 죄에 대한 회개가 일어난다고 해도 사람에게 시기심이 완전히 없어지지 않고 남아 있는 이상 서로 간에 다툼의 소지는 다분합니다. 아무리 시기가 사라진 평화의 시기라 할지라도 죄의 속성 자체가 평화를 얻는 순간 새로운 관심거리에 의해 다툼이 일어날 수 있기 때문입니다. 죄는 대개 한가로울 때, 위협의 요소가 사라질 때, 평화로울 때, 가장 활발하게 작동합니다. 죄를 짓기 가장 좋은 타이밍은 어려움을 극복한 직후입니다. 긴장이 사라지고, 슬픔을 극복했을 때입니다. 복음을 전하는 발길 속에서도 다툼은 여전히 일어날 수 있습니다.

형들은 지금까지 쉼 없이 위기를 극복해 왔습니다. 정탐꾼이라는 누명에서, 시므온을 구출하기 위해, 야곱을 설득하기 위해, 은잔 탈취 사건의 범인을 찾기 위해 쉼 없이 달려왔습니다. 위기는 서로를 의지하고 서로를 하나로 결속하도록 연결해 준 연대의 땔감이었습니다. 그들이 하나 되지 않았다면, 공동의 지혜를 발휘하지 않았다면 닥쳐오는 환란을 극복하기는 어려웠을 것입니다. 그러나 지금 모든 환란을 극복하여 금의환향하는 시점에, 최고급 롤스로이스를 타고, 출장 뷔페까지 대동하고, 멋있는 옷을 입고서 고향으로 떠나는 순간이 바로, 죄에 틈을 무방비로 노출하는 순간입니다. 이 위험한 순간을 조심해야 합니다. 술 취함은 즐거움과 만족함을 주는 동시에 속 쓰림과 주변의 어지러움을 함께 선물합니다.

길에서

요셉은 형들에게 그냥 다투지 말라고 하지 않았습니다. "길에서" 다투지 말라고 합니다(24절). 이 길은 집으로 돌아가는 길입니다. 아버지를 모시러 가는 '길목', '도중', '도상'입니다. 형들은 한 형제로서, 애굽에서 보여 준 한 공동체로서, 그들이 보여 준 선한 양심을 가는 도중에도 보여 줘야 합니다. 최종 목적지에 도착할 때까지 자신들의 사명을 잊지 않아야 합니다. 형들은 사명을 받은 자로서 복음 들고 산을 넘는 자들입니다. 서로를 섬기고, 남을 낮게 여기고, 믿음을 따라서 형제를 용서하며, 어찌하든지 사랑과 온유함을 가지고 서로에게 선을 행해야 합니다. 하지만 사람은 언제든 다툴 수 있습니다. 전하고자 하는 복음에 깊이 잠겨야 다투지 않을 수 있습니다.

믿지 아니하더라도

다투지 말아야 할 것이 또 한 가지 있습니다. 이것은 길에서가 아니라 집에 도착해서 일어나는 겁니다. 아버지 야곱의 혼미한 마음과의 다툼입니다. 도저히 진실을 믿지 않는 아버지의 마음과 다투지 않아야 합니다. 26절을 보면 야곱은 아들들의 말을 "믿지 않았다", "어리둥절"했다고 합니다. 늙은 아버지의 어안이 벙벙한 것입니다. 더 심각한 것은 형들이 예전에 했던 거짓된 보고에 진실도 따지지 않고서 피 묻은 채색옷만을 보고 악한 짐승이 잡아먹었다고 결론을 내리더니, 이제는 진실 된 보고임에도 불구하고 제대로 따지고 의심하며 부정하고 있습니다. 이때 형들은 어떻게 해야 할까요?

사람들은 선과 진리를 추구한다고 생각하지만, 제대로 보면 거짓과 불의는 쉽게 믿고 참된 진리이시며 유일한 소망이신 그리스도는 믿지 않습니다. 그럼에도 불구하고 우리는 다투지 않아야 합니다. 우리에게 필요한 것은 기다림과 인내입니다. 우리 주님께서 "믿음이 적은 자들아 어리석고 마음에 더디 믿는 자"라고 책망은 하셨다 할지라도, 그 누구도 내치신 적이 없다는 사실을 기억할 필요가 있습니다. 주님은 항상 믿음이 부족한 우리 모두를 인내로써 받아 주셨습니다. 복음은 모든 것을 이기기 때문입니다.

살아 계신 그리스도를 보라

요셉은 시기심 때문에 죽음의 구렁텅이에 빠졌고, 노예로 팔렸습니다. 모함에 의해 감옥살이를 하고, 온갖 수치와 모욕과 고통을 당했습니다. 자유를 잃은 채, 불명예의 인생을 살았습니다. 우리도 진실하게 살아가려고 할 때마다, 공의를 실천하려고 할 때마다 불의와 거짓이 왕좌에 앉아 우리를 심판합니다. 비웃음과 조롱과 수치로 모멸감을 주어 우리를 옥죄입니다. 그러나 요셉은 오히려 높은 곳에 앉아서 당당히 악을 행했던 형들에게 "내가 요셉이다. 당신들이 애굽에 판자, 요셉이다."라고 하면서 선으로 악을 이깁니다. 힘과 억압으로 악을 이긴 것이 아니라, 진실과 부드러움과 자비의 마음으로 그들을 굴복시킵니다.

우리 주님께서 십자가에 달려 모든 수치와 고난과 비웃음과 비방과 고통을 당하신 이유가 바로 여기에 있습니다. 우리가 악의 폭압으로 공포에 질리지 않도록 하기 위해서입니다. 악은 언제나 우리의 길목에 놓여 있고, 우리를 언제나 넘어뜨리려 하지만, 죽은 자들 가운데서 살아나신 그리스도께서 하늘 높이 저 높은 보좌에 앉으사 "너희가 죽인 내가 바로 예수다, 너희들이 악으로 팔아 버린 예수다."라고 하면서 사망의 모든 권세를 이기신 것을 선포하십니다. 우리 예수님께서는 우리와 영원히 함께하신다고 하셨습니다. 그러므로 우리는 다툼을 멈추고, 믿음을 가지고서 그리스도를 바라봐야 합니다.

그리스도의 통치는 명령과 규율로 억죄는 통치가 아닙니다. 자유와 기쁨과 즐거움의 통치입니다. 요셉이 아버지와 형들을 이주시킬 때, 가나안의 모든 기구가 필요 없을 정도로, 이사를 위한 짐을 챙기고 옷을 싸지 않아도 되었던 것은, 이미 최고급으로 준비해 놓았기 때문입니다. 걸어서 가지 않아도 되었습니다. 수레가 준비되어 있지 않습니까. 아들 요셉이 통치하는 곳이기 때문입니다. 그렇습니다. 우리 주님께서 통치하시는 이상, 우리는 아무것도 염려할 필요가 없습니다. 염려는 우리 주님의 통치 영역에서 벗어나 있을 때 찾아오는 불청객입니다. 내가 통치자가 되는 것을 중단하고 살아 계신 주님의 다스림 안으로 들어오는 자에게는 샬롬이 있을 뿐입니다.

21 반드시 너를 인도하여

창 46:1-27

내가 너와 함께 애굽으로 내려가겠고 반드시 너를 인도하여 다시 올라올 것이
며 요셉이 그의 손으로 네 눈을 감기리라 하셨더라(4절)

두려운 곳

형들이 애굽에서 가져온 소식은 야곱에게 그야말로 충격이었습
니다. 죽었다고 생각했던 요셉이 살아있을 뿐만 아니라, 애굽의 총
리가 되어 가족들을 데려오라고 하고 있으니 말입니다. 야곱은 꿈
에서라도 만나기를 원했던 요셉을 진짜로 만날 수 있다는 소식 자
체로 감격했습니다. 기력이 쇠하여 언제 죽을지 모르는 상황이지
만, 죽기 전에 애굽으로 가서 그를 보리라 결심합니다. 그러나 문
제가 있습니다. 애굽에 있는 요셉을 잠시 만나러 가는 것이 아니라
헤브론의 삶을 완전히 정리하고서 이민해야 했기 때문입니다. 여
러분은 이사를 얼마나 해보았습니까? 이사도 혼자 살면서 하는 이
사와 가정을 이뤄 식구들이 많아졌을 때 하는 이사는 매우 다릅니
다. 또한 어느 한 지역 안에서 하는 이사와 아는 사람이 하나도 없
는 곳으로 가는 이사는 또 다릅니다. 진짜 아무도 없는 곳으로, 의

지할 사람도 없는 곳으로, 급할 때 도움을 요청할 사람이 없는 곳으로 갈 때는 정말 막막합니다. 그래서 해외 이민의 경우, 교회를 중심으로 커뮤니티가 형성되는 이민의 경우가 많다고 합니다.

이런 이유 때문인지 야곱은 애굽에 가는 것이 두려웠습니다. 이런 야곱에게 사랑의 하나님은 희생 제사를 지낸 야곱에게 나타나셔서 이렇게 말씀하십니다. "두려워 말라"(3절). 야곱이 몹시 떨고 있었다는 것입니다. 야곱이 느끼는 두려움의 정체는 무엇이었을까요? 애굽에서의 새로운 삶이 두려웠을까요? 아니면 집을 떠나는 것이 두려웠을까요?

그러므로 우리는 본문을 통해 야곱의 가정이 애굽으로 이주, 이민하는 내용을 살피면서 하나님께서 그리고 계시는 언약 공동체의 큰 그림을 볼 것입니다. 먼저 두려움의 정체가 무엇인지를 확인하고, 두려움을 이겨 내고서라도 애굽으로 가야 했던 이유와 그곳에서 하나님이 이루고자 하시는 일이 무엇인지를 차례대로 보겠습니다.

두려움을 떨쳐 버리고

두려움의 정체

인생을 살아가다 보면 수많은 두려움을 만납니다. 실패와 좌절로 인한 불안이 두려움을 가져다주기도 하지만, 어쩌면 욕망을 성취하지 못하게 하는 불가능성에 대한 두려움이 더 근본적일지도 모릅니다. 내가 원하는 것을 얻지 못할 것 같고, 얻은 것을 잃어버릴 것 같은 두려움 말이죠. 야곱은 요셉이 살아 있다는 소식에는 기뻐했지만, 이민 가는 일은 두려웠습니다. 두려움의 정체는 몇 가지로 요약할 수 있습니다. 첫 번째, 노인이 가진 두려움입니다. 삶의 끝을 바라보고 아버지가 계신 저 하늘나라를 소망하고 있는 나이입니다. 그렇다 보니 야곱은 새로운 도전에 대한 두려움이 있었을 것입니다. 변화에 대한 강한 저항이 거부감으로 나타난 것이죠. 어른들은 안정을 추구하고 삶의 터전이 주는 익숙함을 선호합니다. 시골에 노인들이 많은 이유이기도 합니다. 자식들이 부모를 모시고 도시로 나가서 함께 살기를 원해도 움직이지 않습니다. 나에게 익숙한, 나에게 안정감을 주었던 모든 것을 잃어버릴 것에 대한 두려움입니다.

두 번째는, 애굽과 관련한 가족의 역사가 보여 주는 두려움입니다. 애굽은 할아버지 아브라함과 아버지 이삭의 시대 기근 때 등장합니다. 창세기 12장을 보면, 아브라함이 현재와 같은 기근을 피해 곡식이 있었던 애굽으로 이주했으나 그곳에서 바로에게 아내를 누이로 속여야만 했습니다. 또 26장을 보면 아버지 이삭도 아브라함처럼 기근을 당하여 애굽으로 이주하려고 했으나 하나님께서 막으셨습니다. 대신 지시하는 땅, 곧 가나안에 머물 것을 명령하셨고, 그곳을 자손에게 주시고 자손을 번성하게 하여 천하 만민이 복을 받게 하는 통로로 사용하시겠다고 약속하셨습니다. 따라서 이 땅에 머물러 있어야만 불안이 주는 두려움을 해결할 수 있었습니다.

세 번째는, '이방 나라의 객'이 되는 두려움입니다. 야곱은 아무리 혼미한 양심이 있을지라도 아버지와 할아버지를 통해 주신 언약 백성의 축복을 소중하게 생각했습니다. 그래서 할아버지에게 주신 말씀을 기억하고 있었습니다. 창세기 15장 13절을 보면, 여기에 언약 백성이 이방에서의 객이 될 것이라고 하지 않습니까? 지금까지 가족들은 한 번도 가나안을 떠난 적이 없습니다. 그런데 지금 처음으로 온 가족이 이주를 앞두고 있습니다. 자연스럽게 하나님께서 말씀하신 이방이 애굽일지도 모른다는 생각을 했을 것입니다. 하나님의 말씀대로 애굽으로 이주를 한다면 400년이 지나야 되돌아올 수 있는 일이고, 또한 그곳의 삶은 정착민이 아니라 이방인으로서의 불편한 삶을 살아야 할 게 뻔하니, 두려움이 생기지 않았겠습니까?

따라서 야곱은 지금까지 극심한 가뭄 속에서 먹을 것이 없더라도 약속의 땅을 떠나지 않았습니다. 이곳 가나안 땅이 축복의 땅일 뿐만 아니라, 자손 대대가 함께할 땅이라고 믿어 왔습니다. 조상들과 같은 실수를 경험하고 싶지 않았습니다. 그러니 야곱의 두려움은 자연스러운 현상입니다. 앞으로 펼쳐진 삶에 대한 불안에 의한 저항입니다. 만약 우리가 야곱이었다면 어땠을까요? 야곱과 같이 떨고 있지 않을까요? 야곱은 현재 인간의 연약함을 있는 그대로 보여 주고 있습니다. 단순히 땅의 문제가 아니라, 어떤 결정이든지 마찬가지입니다. 욕망의 성취에 대한 불가능성이 예상되거나, 이룰 수 없다는 불안감이 들면 들수록 우리는 두려움에 떨게 됩니다. 결정에 대해서도 쉽사리 확신하지 못합니다.

브엘세바

이렇게 야곱은 두려움에 떨고 있었지만 달리 선택할 방법이 없었습니다. 그래서 어쩔 수 없이 두려움을 안고 길을 떠납니다. 애굽으로 향하던 길에 브엘세바에 도착합니다. 브엘세바는 그가 그토록 떠나고 싶지 않던 약속의 땅의 최남단입니다. 이곳을 떠나면 진짜 약속의 땅을 떠나게 됩니다. 두려움을 떨칠 수 없던 그는 하나님께 희생 제사를 통해 하나님을 뜻을 묻게 됩니다. 브엘세바는 언약의, 맹세의 우물이라는 뜻을 가지고 있습니다. 할아버지 아브라함이 21장 33절과 22장 19절에서, 이삭이 26장 23-25절에서 제단을 쌓아 하나님께 제사했던 곳이기도 합니다. 특별히 여기서 "그의 아버지 이삭의 하나님"이라는 표현은 26장 24절에 근거합니다. 그곳에서 하나님은 이삭에게 나타나셔서 "두려워하지 말라, 내가 너와 함께 있어 복을 주고 네 자손이 번성하게 하리라"고 약속하신 곳입니다. 야곱은 벧엘, 얍복 나루터에 나타나셨던 하나님께서 브엘세바에서의 아버지 이삭에게도 나타나셨던 것처럼, 지금 여기에 나타나 말씀해 주시기를, 확증해 주시기를 바랐기에 자신의 결정과 걸음이 하나님의 뜻 가운데서 이루어지는 것인지 묻고자 한 것으로 보입니다.

야곱이 드린 희생 제사는 단순한 예배가 아니었습니다. 그래서 이 말씀을 쉽게 적용하여, 어떤 문제가 있을 때에는 예배를 잘 드리라는 식으로 이해하면 안 됩니다. 제사는 예배와 달리 복잡한 과정이 필요하기 때문입니다. 제단과 제물이 필요합니다. 이런 면에서 지금 야곱은 중차대한 일을 앞두고 하나님께서 주신 약속에 대한 적극적인 사인을 바라보고 있습니다. 가족의 애굽행이 하나님께서 허락한 일인지, 하나님께서 지금 자신의 애굽행을 통해서 보여 주고자 하신 뜻이 무엇인지를 다시금 확인하고 있는 것입니다.

이런 야곱의 행동은 우리에게 중요한 통찰을 줍니다. 야곱이 희생 제사를 통해 하나님의 뜻을 구하고자 한 것의 정체가 무엇인가 하는 것입니다. 세상의 눈으로 보면 애굽은 풍요의 땅입니다. 아들 요셉이 다스리는 안정과 평안을 주는 곳입니다. 반대로 가나안은 죽음의 땅입니다. 하나님께서 약속만 주셨을 뿐, 아무런 변화도 없고 심지어 고통만 주는 곳입니다. 이렇게 보면 풍요와 현실의 문제 해결이 신자의 어떤 결정의 핵심적 이유가 되지 않는다는 것을 알려 줍니다. 우리는 그것에 눈속임을 당하지 않아야 합니다. 우리는 어떤 문제를 신중하게 결정하기 앞서 하나님께 물어야 합니다. 외적인 조건과 환경의 지배 속에서 벗어나 하나님의 뜻이 어디에 있는지를 물어야 합니다.

내려가겠고, 다시 올라올 것이며

야곱아, 야곱아

하나님께서 희생 제사를 지낸 야곱에게 나타나십니다. "야곱아, 야곱아"라고 이름을 불러 주심으로 친절하게 대하십니다(2절). 주님의 부름은 요셉을 잃은 이후 혼미해 버린 야곱을 다시금 일으키고 믿음을 주시기 위한 배려입니다. 야곱은 현재 회복이 필요한 시점이었습니다. 비록 언약의 말씀을 굳게 붙잡고, 하나님의 크신 능력으로 자신의 삶을 지켜 왔지만, 요셉 사건 이후로 모든 것이 달라졌기 때문입니다. 현재 희생 제사도 여전히 두려움에 떨면서 확신하지 못합니다. 땅에 집착하는 모습을 보입니다. 야곱은 다시 한 번 하나님의 약속이 어디에 있는지를 봐야 할 필요가 있었습니다. 형들이 가지고 온 요셉이 살아 있다는 복음의 소식을 넘어 야곱은, 야곱의 가족은, 언약 공동체는, 약속의 하나님을 다시 붙잡는 것이 필요했습니다.

그래서 하나님은 3-4절에 다음과 같이 말씀하십니다. "두려워 말라. 내가 너로 큰 민족을 이룰 것은 변함이 없다. 대신 네가 확신하지 못하는 애굽행에 내가 동행하겠다." 그리고 "반드시 너를 인도하여 다시 올라올 것이다. 이 땅으로 다시 올라올 것이다. 그러니 걱정하지 말아라. 나의 일을 의심하지 말고 구원의 역사를 바라보아라."라고 따뜻하게 말씀해 주십니다. 더하여 "너는 요셉과 일생을 마칠 것이다."라는 위로의 말씀까지 해주십니다. 형들이 가져온 소식은 진짜 복음의 소식임을 확증해 주시고, 야곱에게 애굽행은 하나님의 뜻 가운데 있는 길임을 확신시켜 주십니다.

여기서 우리는 하나님의 놀라운 일하심을 확인하게 됩니다. 많은 설교자가 신자들에게 복음을 듣고 세상을 향하여 담대하게 열심을 가지고 외치며 살아가는 선포자와 헌신자가 되기를 주문합니다. 하지만 야곱을 보면 복음은 불굴의 의지를 갖춘 내적인 강함과 성공을 향한 진취적인 열정이라는 믿음에 장단을 맞추지 않습니다. 복음은 약하고, 부러지기 쉽고, 자기 마음이 심각하게 만신창이가 되어 버려 스스로는 도저히 고칠 수 없다는 것을 인정하는 사람을 위한 것으로 보입니다. 야곱은 어찌할 수 없는 상황에서 하나님의 위로와 돌보심을 받습니다. 우리가 믿음을 굳게 하여, 열심히 애굽을 가나안처럼 만드는 것이 복음의 사역이 아님을 보여 줍니다. 오히려 하나님께서는 우리가 감추고 숨기고 싶어 하는 것을 들춰내셔서, 죄와 허물을 부끄럽지 않은 일로 만들어 가십니다. 왜냐하면, 죄는 감출 때, 숨길 때 더욱더 확산되기 때문입니다.

이것은 형들이 자신들의 죄악을 회개하고 새로운 생명으로 하나의 결속을 이루는 것이나, 악으로 선을 갚지 않는 것이나, 자신의 삶에 이해할 수 없는 일들이 무차별적으로 들이대도 불평하지 않는 것이나, 성적인 유혹에 굴복하지 않는 것이나, 주변의 사람들에게 친절하고 자신에게 주어진 일에 성실하게 감당하며 사랑과 섬김의 봉사를 하는 것 등 모두가 하나님께서 우리 아버지로서 우리에게 은혜를 베풀어 주셨기에 가능하다는 것을 가르쳐 줍니다.

우리가 무슨 일을 하려고 하는 순간, 우리는 좌절과 고통에 빠집니다. 그때 우리는 잠잠히 하나님의 일을 바라보고 우리를 위해 일하시는 하나님의 손길을 바라봐야 합니다. 우리의 결심과 노력을 바라보지 말고, 우리를 위해 계획을 세우시고 실행하시는 하나님의 말씀을 경청하며, 이를 배우고, 이를 통해 하나님의 보호와 격려와 위로를 받아야 합니다.

결국, 애굽은 하나님께서 언급하신 이방 나라이며, 요셉은 이스라엘을 그곳으로 인도하는 수단일 뿐입니다. 이제 아브라함에게 하신 약속을 지키시고 그의 자손을 보존하는 것 이상으로 애굽으로부터 출애굽 시키시는 놀라운 구원의 역사가 펼쳐지게 됩니다.

다시 올라올 것이며

하나님께서는 애굽으로 떠나는 야곱의 발걸음을 안심시켜 주셨습니다. 야곱의 애굽행은 합당한 걸음이고 주님의 선하신 손길이 있는 곳임을 재차 말씀하십니다. 다시 한번, 아버지와 할아버지에게 주셨던 약속을 재확인하게 하시므로 하나님 자신의 영원한 계획의 일부임을 확신시켜 주십니다. "야곱 네가 어디로 가든지 내가 동행할 것이며, 임마누엘의 하나님이 될 것이다."라고 위로해 주십니다. 우리가 우리 인생의 이유와 목적을 하나님께 둘 때, 임마누엘의 자비하신 하나님께서 우리를 자신의 나라로 이끄실 것입니다.

이제 야곱은 이 약속을 믿고 힘차게 행진합니다. 5-7절을 보면, 같은 내용이 반복됩니다. 야곱의 순종을 강조하기 위한 장치입니다. 다시 올라올 것을, 하나님께서 인도하사 반드시 다시 올라올 것을 확신한다는 말입니다. 하나님께서는 정확하게 400여 년이 흐른 후 모세를 부르시면서, "가나안 땅 곧 그들이 거류하는 땅을 그들에게 주기로 그들과 언약하였더니 이제 애굽 사람이 종으로 삼은 이스라엘 자손의 신음을 내가 듣고 나의 언약을 기억하노라"(출 6:4-5)라고 하시면서 출애굽 하게 하실 것입니다.

70여 명의 식구

하나님께서는 자기 백성을 위한 거대한 구원의 역사를 펼쳐 가십니다. 오늘 야곱과 그의 가족들을 애굽에 함께 들어가게 하심으로 아브라함과 이삭과 야곱을 부르신 이유가 실행됩니다. 이는 야곱의 가정이 애굽에 들어간 명단을 통해 확실히 드러납니다. 가족이 총 70명이라고 했습니다(27절). 이것은 정확하지 않은 숫자입니다. 의도적으로 70명을 맞추려고 했을 뿐입니다. 성경에서 7은 완전수이고, 10은 충만함을 의미하기 때문입니다. 예수님께서 전도대를 파송하실 때도 70명이었고, 계시록에서도 70장로가 등장합니다. 또한 미미한 숫자임을 강조하기 위한 장치이기도 합니다. 아주 작은 씨앗의 70명이었지만 400년이 지나 출애굽 할 때는 3만 배가 불어나 60만 명이 되었다는 것을 보여 주기 위한 장치인 것입니다. 이는 하나님께서 조상들을 통해 약속하신 "너로 큰 민족을 이루게 하시겠다."라는 것을 보여 줍니다.

그뿐 아닙니다. 야곱은 자기중심에서 떠나야 비로소 진짜 편하고 안락한 곳, 안전과 기쁨을 주는 곳으로 갈 수 있음을 배웁니다. 야곱에게는 헤브론이 행복을 주는 곳이요, 안전한 곳이었습니다. 하나님의 약속에 의지한 결정이기도 했습니다. 우리에게 있어서 행복을 얻으려는 집착은 자연스럽지만 하찮은 것에 안주하려고 하는 것이 문제입니다. 그렇다 보니 하나님께서 역사를 이루시는 과정에 대해서 무지할 수 있습니다. 큰 민족과 땅에 대한 약속은 있지만, 그들은 힘이 없었습니다. 손자 손녀를 다 합쳐야 겨우, 70명이 모여 사는 작은 곳인 헤브론에서 무엇을 하겠습니까? 하지만 하나님께서는 애굽행을 통해 미약한 70명으로 상상할 수 없는 큰 민족을 이루는 일을 하십니다. 애굽행을 통해 굶주림으로부터 생명을 보호하시고, 고센이라는 분리된 땅에서 이민족과 섞이지 않도록 신앙을 보호하시는 일도 하십니다. 가나안으로부터 완전히 떠나게 하심으로 가나안의 거짓된 풍속으로부터 보호하시는 놀라운 역사를 펼치고 계십니다.

사람들은 누구나 편하고 안전한 곳, 풍요롭고 기쁨이 있는 곳을 좋아합니다. 하지만 그것이 누구로부터 주어지는 것인가? 그것이 더 중요합니다. 주신 것과 주는 자를 혼동하면 안 됩니다. 우리 인생의 길을 함께 걸어가시고, 반드시 우리를 이끌어 그 나라로 인도하실 주님을 신뢰하시길 바랍니다.

22 야곱이 바로에게 축복하매

창 46:28-47:12

요셉이 자기 아버지 야곱을 인도하여 바로 앞에 서게 하니 야곱이 바로에게 축복하매(47:7)

언약 공동체의 정체성

하나님께서는 애굽으로 내려가기를 두려워하는 야곱에게 나타나셔서 위로와 격려의 말씀으로 힘을 북돋아 주십니다. "내가 거기서 너로 큰 민족을 이루게 하며 내가 너와 함께 애굽으로 내려갔고 반드시 너를 인도하여 다시 올라올 것이며 요셉이 그의 손으로 네 눈을 감기리라"(46:3-4)라고 약속하십니다. 하나님의 말씀은 분명하고 확실했습니다. 그러나 문제가 있다면, 애굽이라는 거대한 문화 가운데 언약 공동체로서 정체성을 유지하며 살아가기 위한 구체적인 방법입니다. 하나님께서는 우리가 선택하는 모든 순간 하나하나 구체적으로 어떻게 할 것인지를 알려 주시지는 않기 때문입니다.

예를 들면, 하나님께서는 우리가 언약 백성으로서 대한민국이라는 국가와 사회 속에서 교회의 정체성을 유지하기 위해 어떤 선택을 하며 살아야 할지 구체적으로 지시해 주시지 않습니다. 대통령은 누가 되어야 하는가? 집은 사야 할까 말아야 할까? 어디에 있는 집이 좋은 곳인가? 자녀들은 어떤 기준으로 교육해야 할까? 자녀들에게도 마찬가지입니다. 공부가 전부일까? 대학은 필수인가? 결혼은 누구랑 해야 하는가? 등등 수없이 많습니다.

야곱의 가족은 유목민으로서 작은 부족을 이루어 하나님의 선택을 받은 언약 백성이라고 하는 독특한 정체성을 가지고 살아왔습니다. 하지만 이제는 다릅니다. 애굽으로 이주한 야곱의 가족들은 화려한 문명을 소유하며 다양한 신을 섬기는 다수의 이방인 틈에서 촌스럽고, 고집스럽게 한 분 하나님만 섬기는 소수의 사람으로 살아가야 합니다. 야곱의 가족은 애굽에서 어떻게 자신들의 정체성을 유지하며 살아가야 할까요?

사실 우리도 마찬가지입니다. 코로나19로 인해 교회의 위기는 더욱 심해졌습니다. 1차에서 3차에 이르는 코로나 대유행에 교회가 직간접적으로 연관되어 있다 보니, 교회라는 이름은 사회에서 손가락질의 대상이 되어 버렸습니다. 믿음과 신앙의 위기에 있던 사람들은 대면 예배가 사라진 예배당을 썰물처럼 빠져나갔습니다. 청년들과 교회학교 교육은 자취를 감추었습니다. 교회는 힘없이 무너졌습니다. 교회는 더욱 설 곳이 없어지고 있습니다. 청년들에게, 자녀들에게 세상은 더 커 보이고, 세상의 힘은 더 위대해 보입니다. 이런 상황에서 언약 백성인 그리스도인으로서의 정체성을 유지하며 살아가는 방법은 무엇일까요? 본문은 이것을 가르쳐 주고 있습니다.

그러므로 우리는 본문을 통해 야곱의 가족이 어떻게 애굽에 정착하는지 그 과정을 보면서, 어떻게 언약 백성의 정체성을 유지하며 살아가야 하는지를 살펴보겠습니다. 특별히 위기의 시대를 살아가는 우리는 과연 어떤 삶을 살아야 하는지를 확인할 것입니다.

애굽의 정착 과정

꿈에서도 그리던 아버지를 맞으며

야곱의 가족은 요셉의 계획에 따라 애굽의 수도가 아닌 고센에 도착합니다. 야곱이 유다를 요셉에게 보내어 가족의 도착 소식을 알렸고, 요셉은 드디어 오매불망하던 아버지를 만납니다(28절). 형들을 만날 때마다 아버지의 안부를 먼저 물었던 요셉이잖습니까? 사랑하는 아버지를 맞이하는 요셉의 마음에 감격과 흥분이 한순간에 차올랐을 것입니다. 아버지를 만나자 목을 어긋 맞춘 뒤, 힘없는 노인이 되어 버린 아버지를 안고 하염없이 눈물을 흘립니다. 아버지 야곱도 마찬가지입니다. 야곱의 마음이 다음과 같이 극적으로 표현됩니다. "네가 살아 있고 내가 네 얼굴을 보았으니 지금 죽어도 족하도다"(30절). 아버지는 한순간도 요셉을 향한 사랑을 놓지 않고 있었습니다. 그가 죽었다고 생각했지만, 잊을 수는 없었습니다. 자식을 잃은 부모의 마음은 헤아리기가 어렵습니다. 22년을 한 번만이라도 봤으면, 어딘가에 살아 있다는 소식만이라도 들었으면 하는 생각으로 보냈을 것입니다. 이렇게 아들 요셉과 아버지의 만남은 지난날의 후회와 기쁨이 뒤섞여 있었습니다. 이러한 장면을 보고 있는 형들은 어땠을까요? 아마도 요셉과 아버지를 둘러싸고 서 함께 울지 않았을까 싶습니다.

분리되었지만 고립되지 않는 방법

극적인 아버지와 아들의 만남이 끝나자, 언약 공동체의 애굽 정 착 계획이 실행됩니다. 요셉의 치밀한 계획과 준비를 통해서 진행 됩니다. 요셉이 가족들에게 말하기를 바로가 직업이 무엇이냐고 물으면 가족 대대로 목자로서 목축업을 했다고 말하라고 합니다. 그러면 애굽 사람들은 목축업을 싫어하므로(43:32) 고센에서 살게 될 것이라고 말입니다(31-34절). 왜냐하면, 바로는 요셉 때문에 총 리 가족들을 수도에 살도록 대우하라고 했을 것이기 때문입니다. 지금 요셉이 아니면 위기를 헤쳐갈 수 없었고, 요셉으로 얻은 복을 놓치고 싶지 않았기 때문에, 요셉에게 잘 보일 수 있는 절호의 기 회를 놓치고 싶지 않았을 것입니다. 요셉은 이것을 잘 알고 있었으 므로 치밀한 계획이 필요했습니다. 결국, 47장 5절에 이르면, 바 로에게서 고센 땅에 살도록 허락을 받을 뿐 아니라, 바로의 가축도 돌보는 파격적인 대우를 받습니다.

요셉이 이런 작전을 세운 이유가 무엇 때문일까요? 우리가 요셉 이었다면 어떻게 했을까요? 시골에 살던 가족들에게 최고급 리조 트에서 살게 하면서, 스페셜 고급 뷔페와 하인들을 두고 떵떵거리 며 살게 할 수 있는 절호의 기회가 아니었던가요? 요셉이 죽은 줄 알고서 시름시름 앓아 가고 죽음을 재촉하면서 살았던 아버지를 제대로 호강시켜 줄 기회가 아니었던가요? 삼촌으로서 조카들에게 최고급 교육을 제공할 뿐 아니라 보장된 미래를 보장해 줄 기회가 아니었던가요? 만약 우리에게 죽은 줄로만 알았던 삼촌이 대제국의 총리가 되어 우리를 초청했다면 그것을 당연히 누려야 하지 않겠습니까? 한국 사회의 부의 대물림이 급속하게 늘어가고 있는 현실에서 우리 자녀들이 스스로의 힘으로 정상적인 생활을 한다는 것이 더욱 어렵게 되지 않았습니까? 야곱의 가족에게 절호의 기회였습니다.

그러나 요셉은 예상과 달리 분리를 선택합니다. 요셉이 누구였는지를 떠올려 봅시다. 요셉이 하나님으로부터 어떤 사명을 받은 자인지를 생각해 보세요. 요셉은 선지자로서 이 모든 일을 주도하시는 하나님의 뜻을 분별하고 있습니다. 야곱 가족들의 애굽 이주는 단순한 타향살이가 아닙니다. 야곱의 가족은 어디를 가든지 하나님의 구별된 언약 백성의 공동체로서 자리매김해야 합니다. 그러므로 야곱의 가족은 애굽으로부터 분리되어야 했습니다. 애굽의 문화와 풍습과 언어와 교육에서 철저한 구별됨이 필요했습니다. 죄악이 극대화되는 순간은 개별적일 때보다 문화 속에서 영향을 받는 때입니다. 나뿐만 아니라 다른 사람들도 비슷한 생각과 행동을 하는 것을 보며 안주하게 됩니다. 공동체를 이룬 다른 사람들의 생각과 행동을 무심코 닮아가게 됩니다. 예를 들어 애굽에 이주한 야곱 가족이 애굽 사람들의 틈바구니에서 성공적으로 정착하기 위해 가장 필요한 것이 무엇일까요? 언어생활과 행동 방식을 통해서 인정받는 것입니다. 반면에 무엇이 가장 두려울까요? 거절입니다. 그러므로 야곱 가족은 인정을 받기 위해, 거절당하지 않기 위해,

모든 역량을 여기에 쏟을 것입니다. 자신들의 감정도 인정과 거절이라는 온도에 따라 변하게 될 것입니다. 이런 삶은 자신과 가족을 질식시킵니다. 인정은 상대에 따라서, 상황에 따라서도 급변할 뿐입니다. 인정은 기준도 정량도 없습니다. 인정을 받기 위해 자신의 온 인생을 허비하게 될지 모릅니다. 사실, 이 세상에서 누구도 다른 사람에게 온전한 인정을 받기란 불가능하기 때문입니다. 사랑이 아니고서는 불가능합니다.

야곱의 언약 공동체가 분리된 고센 땅을 통하여 준비되어야 했던 것은 열두 지파로서 이스라엘이라는 거대한 민족으로 자라 가는 일입니다. 아브라함에게 약속한 하나님의 영원하신 언약이 때에 따라 열매를 맺어 가는 과정입니다. 하나님께서 그들을 지키시고 보호하시는 방법이 여기에 있습니다. 이것은 또한 교회로서 살아가는 우리 삶의 정체성을 보여 줍니다. 우리는 어떤가요? 세상에서 구별되어 살아가고 있습니까? 거듭난 신자로서 하늘의 시민권을 행사하면서 살아가나요? 세상 사람들보다 더 악착같이 세상 문화에 뒤쳐지지 않기 위해 노력하나요? 우리는 애굽이라는 큰 나라 안에 살지만, 교회로서 우뚝 서서 구별된 공동체를 이루는 삶을 보여 줘야 합니다.

그렇다고 분리를 고립이라고 오해하면 안 됩니다. 언약 공동체는 자기들만의 세상을 만들어 살아간 것이 아닙니다. 야곱 가족은 분리되어 고센에 살았지만 47장 6절에 보면, 바로의 가축을 돌보는 일을 하게 됩니다. 애굽이라는 문화와 전혀 관계하지 않고 동떨어진 섬나라에서 살아가지 않았다는 것을 보여 줍니다. 요셉을 통한 야곱 가족의 애굽 정착은 구별된 공동체로서 살아가는 의지를 보여 줄 뿐입니다. 이곳은 그들의 영원한 거주지가 아니라, 하나님의 시간 안에서 잠시 머무는 체류지이기 때문입니다. 야곱의 가족은 결국 하나님께서 약속하신 땅으로 떠나게 될 것입니다.

바로에게 축복하매

두 번의 축복

언약 공동체로 분리되지만 고립되지 않는 야곱 가족의 이주는 바로를 만난 야곱의 축복에서 절정에 이릅니다. 요셉은 두 번에 걸쳐서 가족을 소개합니다. 처음에는 형제 중 다섯 명을 선택하여 바로에게 소개한 뒤, 아버지를 소개합니다. 야곱은 화려한 왕궁을 지나 바로의 보좌를 향하여 절뚝거리면서 많은 생각을 했을 것입니다. 이런 으리으리한 곳에서 나의 잃어버린 아들이 살고 있었다니 너무나 감격스러웠을 것입니다. 자신은 초라한 시골 목동이지만 내 사랑하는 아들이 이곳의 총리임이 자랑스러웠을 것입니다. 야곱은 바로를 만나자 특별한 행동을 합니다. 바로를 두 번이나 축복합니다(7, 10절). 야곱의 이런 행동은 상당히 무례한 것이었습니다. 그 당시 바로는 살아 있는 신이었고, 축복은 신만이 할 수 있는 특별한 행동이었기 때문입니다. 그런데 인사가 아닌 축복을, 그것도 2번이나 하다니…. 물론 시골 노인이 세상 물정 아무것도 모르는 상태에서 죽은 줄로만 알았던 아들을 총리까지 시켜 주고 지켜 준 은혜에 감사함으로 했던 축복이었다고 생각할 수 있습니다. 야곱이 어쩔 줄 몰라서, 정말 고마운 마음이 커서 한 행동 말입니다.

하지만 야곱이 한 축복은 단순한 인사가 아니었습니다. 야곱이 바로를 축복하면서 사용한 용어를 봐도 알 수 있습니다. 야곱의 축복은 아브라함과 이삭에게 주신 언약 백성의 특권인 하나님의 축복을 말하고 있기 때문입니다. 하나님께서는 아브라함을 부르시면서 12장 3절에 "너를 축복하는 자에게는 내가 복을 내리고 너를 저주하는 자에게는 내가 저주하리니 땅의 모든 족속이 너로 말미암아 복을 받을 것이라"고 하셨습니다. 야곱은 바로 이 언약에 근거한 축복을 바로에게 하고 있습니다. 물론 바로가 보기에 야곱의 축복은 아무것도 아니었습니다. 바로는 야곱보다 권력도, 재산도, 능력도, 가족도, 땅도 많았습니다. 다만 바로가 보기에 야곱은 자기보다 나이만 많을 뿐입니다. 그래서 바로가 묻습니다. "네 나이가 얼마냐?"(8절) 그 질문에 야곱은 자신의 삶을 다음과 같이 요약합니다. "나그넷길이 130년으로 우리 아버지와 할아버지와 비교해 많이 살지는 못한 짧은 세월이지만 험악한 세월을 보냈다."(9절) 바로의 질문에 대한 야곱의 짤막한 대답의 막간에는 지난 세월 동안 파란만장한 삶의 회한이 주마등처럼 스쳐 지나갔을 것입니다. 야곱의 삶은 바로에 비해 쉽지 않은 삶이었습니다. 그런데도 야곱은 바로를 축복하는 자가 되어 있습니다. 언약 백성의 삶은 현재의 모습으로 우리의 인생이 평가되지 않기 때문입니다. 권력과 힘과 재산으로 세상을 지배하는 것이 아닙니다. 이 모든 것은 잠시 있다가 사라지는 것들입니다. 언약 백성은 하나님을 소유했기 때문에 진정한 축복을 받은 자입니다.

이 장면은 우리가 세상을 향한 복을 전하는 자로서 부름받은 존재임을 분명하게 가르쳐 줍니다. 세상은 자신들이 가진 권위와 문명과 돈과 힘과 권력으로 우리를 축복하는 자로 서 있다고 착각합니다. 우리가 그들에게 절하는 순간, 그들이 가진 것을 베풀어 주는 자라고 착각합니다. 하지만 바로가 야곱을 축복하지 않고, 야곱의 축복을 받았음을 기억합시다. 우리는 언약 안에서 세상에서 가장 큰 보배인 그리스도를 소유한 자입니다. 절망의 시대를 살아가는 사람들은 저마다의 소망을 얻기 위해 노력합니다. 참된 행복을 찾아 소망합니다. 하지만 그들이 찾는 소망은 신기루입니다. 보이는 소망이 참 소망이 아니기 때문입니다(롬 8:24). 어디에 진정한 소망과 행복이 있습니까? 진정한 축복을 누가 누릴 수 있습니까? 그리스도인인 우리가 바로 주인공입니다.

바울 사도는 다음과 같이 말했습니다. "우리는 하나님의 은혜로 예수 그리스도 안에서 복음을 소유한 자로서 무명한 자 같으나 유명한 자요, 죽은 자 같으나 살아 있는 자요, 근심하는 자 같으나 항상 기뻐하고, 가난한 자 같으나 많은 사람을 부유하게 하고 아무 것도 없는 자 같으나 모든 것을 가진 자이다"(고후 6:9-10). 그러므로 우리는 당당히 세상을 살아갈 수 있습니다. 그리고 분리되어 고립되는 것이 아니라, 이 자유와 기쁨을 전파하는 자로 부름을 받은 사명을 잊지 않아야 합니다. 우리가 가진 참된 복이 훼손되지 않도록 대를 이어 전수되도록 보존을 하되, 세상에 소망의 이유를 묻는 자들에게 당당하게 복음을 들고 외쳐야 합니다. 참된 복은 하나님께로부터 오는 것이요, 우리는 그 복을 전달하는 사명을 받은 자이기 때문입니다. 언약 공동체는 하나님께서 이 땅에서 번창하게 하실 뿐 아니라, 참 복의 근원이신 하나님을 알지 못하는 세상에 복을 가져다주어야 합니다.

나그네의 길

바로 앞에 선 야곱은 자신의 삶을 회고하면서 짧은 세월이지만 험난했으며, 한마디로 나그네의 삶이었다고 했습니다. 자신뿐 아니라 우리 조상의 삶, 곧 아버지 이삭과 할아버지 아브라함의 삶도 나그네의 삶이었다고 합니다. 야곱 가문의 역사를 뒤돌아보면 하란을 떠난 후, 정착하여 세대를 이룬 적이 없습니다. 그들이 가나안 땅에서 소유한 유일한 땅은 막벨라 굴로서 매장지로 사용할 뿐이었습니다. 그러니 그들의 삶은 정착지가 없이 떠도는 인생이었습니다. 야곱의 경우는 더 심했습니다. 부모님과 함께 살던 헤브론에서 하란으로, 세겜에서 벧엘로, 다시 베들레헴에서 브엘세바로 그리고 이제는 이방 나라인 애굽에 이주하게 되었습니다.

야곱 가문이 나그네 삶을 살았던 이유에 대해서 히브리서는 다음과 같이 말합니다. "이 사람들은(야곱의 가문) 다 믿음을 따라 죽었으며 … 또 땅에서는 외국인과 그네임을 증언하였으니 그들이 이같이 말하는 것은 자기들이 본향 찾는 자임을 나타냄이라"(히 11:13-14) 그들이 찾는 본향은 "하나님이 계획하시고 지으신 터가 있는 성"(10절)이고, "하늘에"(16절)에 있다는 것입니다. 그러므로 야곱은 눈에 보이는 화려한 바로의 왕궁의 삶을 부러워하지도 탐내

지도 않았습니다. 만약 목자로 사는 삶보다 왕궁의 화려한 총리의 가족으로 사는 것을 만족으로 누렸다면 고센의 분리를 선택하지 않았을 것입니다. 매 순간 자신을 보호하시며 함께 하실 뿐 아니라 인생의 끝에서도 함께 누릴 수 있는 참된 복이신 하나님을 바로와 세상 앞에서 담대히 선포하며 선언할 뿐입니다.

우리의 삶도 마찬가지입니다. 우리는 참된 복을 소유한 자로서, 우리가 받은 복을 나눠 주고 선포하는 자임을 잊지 않아야 합니다. 우리가 맞닥뜨리는 인생의 모든 문제 앞에서 구별된 삶의 방식을 통한 해결을 보여 주는 삶임을 잊지 맙시다. 우리는 예수 그리스도의 복음으로 말미암아 참된 자유와 기쁨을 가지고 살아가는 자들입니다. 세상은 마음으로 미워하는 것이 살인이요, 선으로 악을 이기라는 말씀을 용납하지 못합니다. 어찌 보면 이해하지 못하는 것이 아니라 마음으로 거절할 뿐입니다. 그러므로 그들의 마음은 예수 그리스도의 복음이 아니고서는 치유할 수 없습니다. 복음이 어디에 있습니까? 누구를 통해 선포됩니까? 하나님으로부터 부르심을 받은 언약의 공동체인 교회에 있고, 예수 그리스도의 복음으로 자유를 얻은 자의 독특한 구별된 삶을 통해서 선포되는 것입니다. 우리가 고립이 아닌 구별된 삶의 양식으로 하나님의 법을 즐겁게 사용함으로써 복을 받는 것임을 선포해야 합니다. 언약의 공동체는 구별되어 어둠 속에 빛으로서, 오염된 곳에 소금으로서 살아가야 합니다. 이 정체성을 유지하며 살아갑시다. 하나님의 복을 누리고 전달하는 사명의 길을 걸어가는 여러분이 되기를 바랍니다.

23 생육하고 번성하였더라
창 47:13-27

이스라엘 족속이 애굽 고센 땅에 거주하며 거기서 생업을 얻어 생육하고 번성하였더라(27절)

상상할 수 없는 방식

코로나19가 시작될 될 무렵, 백신도 없는 상황에서 가족과 상대방을 지키는 유일한 보호 수단은 마스크였습니다. 전 세계적으로 마스크를 충분히 확보하기 위해 전쟁 아닌 전쟁을 벌여야만 했습니다. 세계에서 가장 큰 마스크 제조 회사 1위와 2위는 미국의 3M과 허니웰입니다. 하지만 미국에서 마스크를 구하는 일은 힘들었습니다. 왜냐하면, 중국과 동남아시아에서 외주로 생산하고 있었기 때문입니다. 반면에 우리나라는 마스크를 직접 생산하고 있었기 때문에 국가의 주도로 공급량을 조절하고 시설을 확충하는 등 초기의 대란을 빨리 해결할 수 있었습니다. 하지만 초기 공급이 더딜 때 부작용도 만만치 않았습니다. 가짜 마스크, 불량 마스크, 다량의 사재기 등으로 마스크를 구하지 못하는 사람들이 생겼습니다. 마스크 가격도 천정부지로 치솟았습니다. 정부는 이 사태를 진정시키기 위해 마스크 생산량을 극대화하고 공적 마스크 제도를 도입하여 유례없는 마스크 5부제를 시행했습니다.

요셉 시대의 불어닥친 기근은 전 세계의 마스크 대란과 흡사했습니다. 코로나 시기에 마스크를 구하지 못하는 것은 생명과 직결되는 문제였던 것과 마찬가지로 기근 시기에 식량을 구하지 못하는 것은 곧 죽음이었습니다. 계속된 기근은 하나님께서 바로에게 꿈으로 예언한 것과 같이 애굽 땅은 물론 가나안 땅까지 광범위하게 펼쳐졌습니다. "기근이 더욱 심하여 사방에 먹을 것이 없고 애굽 땅과 가나안 땅이 기근으로 황폐하니"(13절). 이때 하나님은 요셉을 준비하셨고, 요셉이 애굽의 총리가 되어 기근을 준비하게 했습니다. 우리나라의 마스크 생산이 정상화되자, 다른 나라에 마스크를 공급해 주었던 것과 비슷하게 식량이 있는 애굽에 다른 나라 사람들도 모이기 시작했습니다. 이 위기의 시대에, 유일하게 7년간의 풍년 때에 앞으로 닥쳐올 기근을 대비했던 바로의 창고에만 곡식이 있었습니다. 사람들은 곡식을 얻기 위해서 곡식 판매를 담당하고 있는 요셉에게 찾아올 수밖에 없었습니다.

그런데 여기서 우리는 요셉의 모습이 상당히 당황스럽습니다. 이전과 다른 요셉을 마주하게 되기 때문입니다. 본문을 읽어 나갈수록 당혹감은 더 커질 뿐입니다. 요셉의 정책이 국가적 재난인 기근을 이용하여 사람들의 재산뿐 아니라 토지까지도 몽땅 빼앗는 것처럼 보이기 때문입니다. 요셉의 모습은 은혜롭고 자비한 통치자가 아닌 가장한 욕심 많은 포악한 군주처럼 보입니다. 그뿐 아닙니다. 21절에 따르면, 요셉이 백성들의 토지를 강제로(?) 사들인 후에 사람들의 주거지를 마음대로 정하고 옮긴 것처럼 보입니다. 그래서 우리는 의문을 가질 수밖에 없습니다. 요셉이 나라의 위기 가운데 하나님께서 주신 지혜를 발휘하여 고작 다른 나라 왕을 기쁘게 하면서 자신의 권력만을 견고하게 했다는 뜻일까요? 절대 권력은 부패하기 마련인가요? 만약 마스크를 가지고 정부의 관료들이 장난을 쳤다면 우리는 얼마나 분개했을까요?

요셉은 자신의 가장 큰 숙제인 아버지를 모시는 일과 가족의 안전을 이미 확보했습니다. 12절에 따르면, 왕의 허락을 받아 가장 좋은 땅인 고센에 정착하게 했을 뿐만 아니라 식구에 따라 먹을 것을 주었다고 합니다. 그러니 이제는 자신의 이익을 챙기려는 것일까요? 그러나 본문은 요셉의 지혜로운 지도력으로 말미암아 애굽과 온 땅에 임한 복을 설명합니다. 이것은 애굽 사람들이 요셉의 정책에 얼마나 무한한 신뢰를 보였는지 애굽 사람들의 입으로 다음과 같이 확증됩니다. "그들이 이르되 주께서 우리를 살리셨사오니 우리가 주께 은혜를 입고 바로의 종이 되겠나이다"(25절). 그리고 본문에서 기근 문제는 요셉의 토지 정책, 곧 땅 문제를 통해 해결되고 있음에 주목할 필요가 있습니다. 애굽 사람들은 정착민임에도 불구하고 기근 때에 먹을 것이 없어서 땅을 팔아야 했지만, 야곱의 언약 공동체는 이주민임에도 불구하고 요셉에게 먹을 것을 공급(12절)받고 바로에게 좋은 땅을 얻어 정착하게 됩니다(6절). 언약 공동체를 향한 하나님의 세심한 돌보심과 축복이 위기 가운데 어떻게 빛을 발하는지를 보여 주는 장면입니다. 사람의 생각으로는 도저히 상상할 수 없는 방식으로 생육하고 번성하게 하시는 하나님의 축복을 보여 줍니다.

그러므로 우리는 본문을 통해 기근의 상황에서 요셉이 실시한 토지법의 독특성을 살펴본 후에, 어떠한 상황이라도 언약 공동체를 향한 하나님의 축복은 중단되지 않고 생육과 번성이라는 결과를 가져오게 하시는 삼위 하나님의 은혜로우신 사역에 대해 살펴보도록 하겠습니다.

요셉의 통치

기근이 심함

야곱의 언약 공동체가 성공적인 애굽 정착 생활을 시작하게 되자, 기근은 더욱 심해집니다(13절). 현재까지의 고통도 말로 할 수 없었지만, 시간이 지속됨에 따라 사람들은 더욱 지쳐 갔습니다. 이 상황을 어떻게 해결해야 할까요? 물론, 이 극심한 기근은 요셉의 꿈에 의하면 7년이라는 정해진 시간이 있습니다. 하나님께서는 기근이 분명히 끝날 것이라고 했고, 풍년으로 흉년을 충분히 대비하면 망하지 않을 것이라고 했습니다(41:36). 그리고 이 모든 일을 주관하는 자가 하나님의 영에 감동되어 명철하고 지혜 있게 행동하는 요셉이라는 사실을 잊으면 안 됩니다(41:38-39). 이는 세상의 모든 일이 우연히 일어나는 것이 아니라 하나님 계획 안에서 언약 백성을 적재적소에 사용하심으로 발생한다는 것을 보여 줍니다. 더불어 세상이 위기를 만날 때에는 언약 백성을 통해서 세상이 복을 받는다는 것도 보여 줍니다.

사람들은 오랜 흉년으로 말미암아 곡식을 사기 위해서 있는 돈을 다 써버렸습니다(14절). 이제 사람들은 곡식 살 돈도 없어 죽게 생겼다고 요셉에게 하소연합니다. 그러자 요셉은 16절에 가축으로 곡식을 살 것을 제안하고, 사람들은 자신들의 가축을 곡식과 교환합니다. 하지만 이것도 고작 1년 버틸 뿐이었습니다(17절). 더 심해지는 기근, 언제 끝날지 모르는 상황에서 백성들은 요셉에게 말합니다. 백성들은 요셉에게 땅과 몸을 팔아서 종으로서 먹을 것을 찾고자 합니다. 그들은 바로의 소작농이 되어서 토지를 일궈 먹고 살고자 한 것입니다.

요셉은 애굽 사람들이 낸 의견을 받아들입니다. 그리고 새로운 애굽의 토지법을 세웁니다. "추수의 오분의 일을 바로에게 상납하고 오분의 사는 너희가 가져서 토지의 종로도 삼고 너희의 양식으로도 삼고 너희 가족과 어린아이의 양식으로도 삼으라 그들이 이르되 주께서 우리를 살리셨사오니 우리가 주께 은혜를 입고 바로의 종이 되겠나이다"(24-25절). 요셉은 수입의 1/5(20%)을 세금으로 내도록 했습니다. 이것은 풍년 때 거두었던 1/5(20%) 세금으로 흉년을 대비한 것과 같습니다(41:34). 과도한 세금이 아닌가 의문을 가질 수 있습니다. 단순 비교는 불가능하겠지만, 현재 우리나라가 간접세를 제외한 조세 국민 부담률이 약 27%입니다. 사회 보장이 잘되어 있는 북유럽의 경우 약 50%, 유럽의 경우 약 30%인 것을 고려해 보면, 요셉의 세 부담률은 그리 높다고 볼 수 없습니다. 왜냐하면, 그 당시에는 사회 보장 시스템이 갖춰져 있지 않았기 때문에, 개인이 미래를 위한 복지를 부담해야 했기 때문입니다. 요셉은 수입의 80%가 필요한 이유는 가족과 어린아이들의 양식을 사고, 미래의 파종을 위한 종자로 보관해야 하기 때문이라고 했습니다(24절). 백성들은 이런 요셉의 탁월한 통찰력과 자비로 인해 은혜를 입었다고 감사를 표현하고 있습니다.

요셉의 토지법

그렇다면 요셉은 백성들에게 사들인 토지를 어떻게 사용했을까요? 무엇을 위해 토지를 사들였을까요? 요셉이 하고자 한 일이 있었습니다. 토지 문제는 오늘날에도 변하지 않는 핵심 이슈입니다. 우리나라의 경우, 국토가 삼면의 바다로 둘러싸인 반도인데다가 국토 면적의 약 80%가 산악 지역이다 보니 한정된 토지 이용의 문제로 잡음이 끊이지 않습니다. 부의 불평등과 심각한 양극화 현상은 부동산 문제에 있다고 해도 과언이 아닙니다. 2019년 통계 자료에 따르면, 우리나라 상위 10%가 전체 토지 면적의 77.3%를 소유하는 독점 구조로 되어 있을 뿐 아니라 부동산 불로소득은 약 353조로 GDP의 18.4%라고 합니다. 이런 상황이다 보니 국가에 의한 토지 개발이든, 민간에 의한 개발이든, 개인의 사고파는 문제이든 상관없이 부동산 문제는 끊임없이 발생합니다. 역사적으로 토지 개혁은 정권의 운명과 같이했을 정도입니다. 그러므로 토지와 건축물인 부동산 문제는 개인과 공동의 재산권 문제를 넘어 사회적, 경제적, 정치적 문제로서 인간이 살아가는 데 있어 가장 직접적인 문제이며 해결하기 어려운 주제입니다.

예를 들어, 요즘 다시 논의되고 있는 '토지의 개인 소유는 인정하되 공공의 이익을 위해 토지를 사용하자'라는 토지 공개념도 이미 오래전에 몇몇 제도가 시행되었다가 폐지되었습니다. 개인이 200평 이상의 택지 소유를 하려면 허가를 받아야 한다든지, 택지 소유 상환제도와 개발이 이루어져 땅값이 오르면 땅 주인이 초과 이익을 세금으로 내야 한다는 토지 초과 이득세도 1998년에 위헌 결정으로 폐지되었습니다. 그나마 명맥을 유지하던 개발 이익 환수제의 경우도 2000년 초반 급격한 부동산 가격의 급등으로 인해 민간 자본에 의한 개발을 유도하기 위한 명목으로 사실상 중지된 상태입니다. 그렇다 보니 대규모 택지 개발 사업과 관련하여 초과 이득을 어떻게 볼 것인가에 대해서 팽팽한 견해차를 보입니다. 이렇듯 토지 개혁은 곧 경제 개혁이고, 국가 개혁임을 알 수 있습니다.

요셉도 하나님의 지혜로, 이 지점을 잘 알고 있었던 것으로 보입니다. 그래서 요셉의 토지법에는 독특한 점이 발견됩니다. 두 가지가 있습니다. 첫째, 요셉의 토지법은 지대 개혁을 가능하게 했습니다. 우리는 21절을 쉽게 읽고 넘어갈 수 있지만, 요셉이 토지를 사드린 후에 한 행동을 기록하고 있습니다. "요셉이 애굽 땅 이 끝에서 저 끝까지의 백성을 성읍들에 옮겼으나"(21절). 예전이나 지금이나 사람들은 모여 살기를 좋아합니다. 부동산 가격에 영향을 미치는 가장 큰 요소가 교통과 교육, 생활의 인프라 아닙니까? 내가 사는 곳 가까이에 병원, 학교, 마트, 도서관, 공원 등이 있으면 가격이 상승합니다. 학세권, 숲세권, 역세권이라고 하지 않습니까? 그렇다 보니 한정된 자원으로 많은 사람이 함께 누리기 위해서 오밀조밀 모여 살게 되어 있습니다. 바로의 시대에도 그랬습니다. 지금이야 먹을 것, 입을 것이 생산 시설을 통해 우리에게 전달되지만, 그 당시만 해도 자급자족을 해야 했습니다. 땅을 개관하고, 물을 대는 간수 작업, 수확하여 시장에 파는 등의 경제활동을 하기 위해서는 사람들이 모여 살아야 가능했습니다. 교통수단도 불편하고, 생산을 극대화하는 기술도, 저장하는 능력도 부족했기 때문입니다. 이런 경우, 흉년 등의 위기에 대응 능력이 현저히 떨어집니다. 토지와 비교해서 경작 면적이 좁다 보니 생산량이 한정되어 있기 때문입니다.

이때 필요한 것은 사민 정책입니다. 국가가 나서서 땅을 개척하고 사람들을 이사시키는 것입니다. 하지만 이런 정책은 저항이 거셉니다. 주로 척박한 곳에 사람들을 보내는 것이기 때문입니다. 우리나라의 경우, 조선 시대 함경도 지역에 4군 6진의 개척으로 여진족을 경계하고 척박한 땅을 개척할 목적으로 사민 정책이 시행된 적이 있습니다. 사민에 참여하는 백성들에게 우대 정책을 폈습니다. 양반들은 관직도 주고, 노비는 면천도 해주고, 토지도 제공하는 등의 파격적인 대우를 했습니다. 하지만 실패했습니다. 하물며 현대를 사는 우리에게는 더 어려운 일입니다. 20여 년 전에 시행한 지방 분권화, 국토 균형 발전이 얼마나 큰 저항과 세월이 걸렸는지를 보면 알 수 있습니다. 지방에 공공기관을 이전하고 혁신 도시를 세워서 지방을 살리려고 했지만, 지방은 더욱더 사멸되어 가고 있습니다. 그런데 애굽의 경우 전국의 토지를 국가가 소유함에 따라, 기근의 대책으로 개혁할 수 있었습니다. 계획에 따라 자유롭게 사람들을 이주시킬 수 있게 된 것입니다(21절). 더불어 세금의 개혁도 단행했습니다. 이런 토지 개척 사업은 또다시 발생할지 모르는 흉년을 효과적으로 대비하는 정책이 되었습니다.

두 번째 독특한 점은 애굽 사람들의 토지를 모두 샀지만, 제사장의 토지를 사지 않았다는 두 번의 강조입니다(47:22, 26). 제사장은 바로에게 먹을 것을 받았으므로 토지를 팔 필요가 없었다고 합니다. 이런 뜬금없는 내용이 나온 이유가 무엇일까요? 요셉의 토지 개혁에 최대의 저항 세력이 있었으며, 바로도 어찌할 수 없는 기득권 세력이 있었다는 것일까요? 이것은 요셉이 애굽에서 어떤 신분이었는지를 보여 줍니다. 요셉이 누구랑 결혼했는지 떠올려 봅시다. 온 제사장의 보디베라의 딸과 결혼했습니다(41:45). 자연스럽게 요셉은 결혼할 당시에 혈족이 없는 혼자의 몸이었기 때문에 제사장의 집안의 대를 이를 자로 인정받은 것으로 보입니다. 따라서 애굽으로 이주한 요셉의 가족들도 제사장 집안으로 인정을 받은 것입니다. 만약 그렇지 않다면, 요셉이 아무리 총리로서 신분이 있다지만 애굽으로 이주한 가족들은 바로에게 분배받은 고센 땅일지라도 극심한 기근 때문에 곡식을 위해서 땅을 팔아야 했을 것이고, 다른 지역으로 이주해야만 했을지도 모릅니다. 하지만 야곱의 가족은 고센 땅에서 계속 살게 됩니다. 왜냐하면, 제사장의 토지는 바로의 소유가 되지 않았기 때문입니다.

이 모든 것이 요셉의 통치를 통해 애굽 땅에 임한 하나님의 은혜입니다. 요셉은 심각한 현재의 기근이라는 위기 앞에서 미래의 필요를 준비할 통찰력을 갖추게 됩니다. 애굽 사람들은 현재의 필요때문에 돈도 가축도 자신들의 자유도 다 팔아야 하는 비참한 상황에 있다 할지라도, 하나님께서는 하나님의 영에 감동된 통치자인요셉을 통해 현재의 먹을 것을 주심으로 돌보실 뿐만 아니라, 토지개혁을 통해 미래의 필요를 준비하고 계십니다. 애굽 사람들은 토지를 잃고 노예가 되어 비참하게 된 것처럼 보이지만, 요셉을 통해은혜를 입어 살아가게 된 것입니다. 더 놀라운 사실은 애굽에 이주한 언약 공동체에 생육하고 번성하는 축복을 주셨다는 것입니다. 하나님의 백성은 하나님께서 하나님의 방법으로 지키시고, 보호하실 뿐만 아니라, 번성케 하십니다.

생육하고 번성하였더라

생육과 번성

하나님께서는 분명하고도 확실하게 언약 공동체를 번성하게 하십니다. 이스라엘인 야곱의 인생이 증명합니다. 아버지 이삭을 속여서 혼자 삼촌 라반의 집으로 갔지만, 네 명의 아내와 열두 명의아들과 수많은 소와 나귀와 양 떼와 노비(32:5)를 얻어서 고향으로왔습니다. 브엘세바에 정착하여 살면서 가족은 이제 70여 명으로늘었습니다. 이 모든 것이 전능하신 하나님의 약속에 의한 실행이요, 현실이었습니다. 그래서 오늘 본문은 "기근이 더욱 심하여 사방에 먹을 것이 없고 애굽 땅과 가나안 땅이 기근으로 황폐하나"(23절) "이스라엘 족속이 애굽 고센 땅에 거주하며 거기서 생업을 얻어 생육하고 번성하였더라"(27절)로 끝을 맺습니다.

하나님께서는 요셉을 통해서 애굽의 가장 좋은 땅을 예비하시면서 생육하고 번성케 하셨습니다. 그곳은 나일강이 흐르는 비옥한 땅이었습니다. 이곳만큼 양들을 키우기에 적합한 땅은 없었습니다. 하나님의 뜻은 고센에서 언약 공동체라는 묘목을 심으셔서 생육하게 하시고 큰 나라로 성장하여 번성케 하는 것이었습니다. 그런 다음에는 아브라함에게 약속하셨던 더 영구적인 위치인 가나안 땅에 옮겨심을 것입니다. 이 일을 위해서 이스라엘이라는 어린 나무는 건강하고 성숙한 나무로 성장하고 발달하기 위해서 특별한 관리가 필요했습니다. 언약 공동체로서 이스라엘이라는 묘목이 요셉을 통해 보살핌을 받은 것입니다(47:12).

마찬가지로 지금 우리도 언약 공동체인 이상, 야곱에게 주셨던 하나님의 약속은 우리의 약속입니다. 하나님께서는 우리를 이 땅에서 생육하고 번성하도록 약속하셨을 뿐만 아니라 그것을 실행하십니다. 알아서 살길을 찾으라고 하시거나, 내가 맡겨 준 것을 알아서 운영하라고 하지 않으십니다. 세심하게 돌보시고, 함께하시고, 이끄시고, 힘 주시고, 동행하십니다. 하나님께서는 우리 언약 공동체를 확실하게 돌보십니다. 우리 가정이 머물러야 할 곳이 어디인지를 잘 알고 계실 뿐 아니라 그분의 섭리로 우리가 어디에서 성장하고 성숙할 수 있을지 세심하게 이끄십니다. 그런 다음 우리가 충분히 양육을 받고, 영적인 힘과 성숙함으로 자랐을 때, 필요한 곳에 우리를 들어 쓰십니다. 이스라엘의 공동체가 가나안 땅을 정복할 힘이 있을 때, 강하고 건강한 군인으로 성장했을 때, 그들을 가나안 땅에 두셨다는 것을 잊지 않길 바랍니다.

따라서 무조건 약속의 땅 가나안에 들어가야만 생육하고 번성한 것은 아닙니다. 오히려 지금 여기서 훈련받고 담금질하는 현장에서도 언약 백성은 번성합니다. 우리는 요셉이 애굽에 끌려와 모진 고통을 당했음에도 그 순간에 하나님께서는 요셉과 함께 계셨고, 형통한 자가 되도록 이끄셨다는 사실을 기억해야 합니다(39:3). 요셉이 애굽에 먼저 온 것도 언약 공동체인 야곱의 가족들을 하나님께서 큰 구원으로 생명을 보존하고 후손을 세상에 두려고 하신 큰 뜻이 있었다는 것도 잊지 않아야 합니다(45:7-8). 하나님께서는 한순간도 우리를 향한 그분의 사랑을 멈추신 적이 없습니다. 하나님은 항상 우리와 함께하시면서 일상의 모든 전쟁에서 함께 싸우실 뿐만 아니라 승리하도록 이끄시는 분이십니다.

기근에도 불구하고 생육하고 번성한 이유

하나님의 언약 공동체는 극심한 기근에도 불구하고 생육하고 번성했습니다. 그 이유가 무엇인가요? 하나님의 약속 때문입니다. 그리고 그 약속이 눈에 보이는 형태로 요셉의 통치를 통해 나타났습니다. 할아버지 아브라함을 통해 이미 주셨던 말씀입니다. 창세기 17장 2, 6절을 봅시다. "너를 크게 번성하게 하리라" 그리고 26장 4, 22절도 봅시다. 에서가 야곱을 죽이려고 했을 때 이삭이 야곱을 라반의 집으로 보내면서 했던 말이 무엇입니까? "전능하신 하나님이 네게 복을 주어 네가 생육하고 번성하게 하여 네가 여러 족속을 이루게 하시고"입니다(28:3). 야곱이 삼촌 라반으로부터 벗어나 약속의 땅으로 돌아오던 도중에 벧엘에서 하나님이 다시 나타나 예전에 주셨던 약속을 되풀이하시면서 하신 말씀도 마찬가지입니다. "하나님이 그에게 이르시되 나는 전능한 하나님이라 생육하고 번성하라 한 백성과 백성들의 총회가 네게서 나오고 왕들이 네 허리에서 나오리라"(35:11). 야곱이 애굽에 오기를 주저할 때 주신 약속도 생육과 번성으로 큰 민족을 이루게 하리라는 약속이었습니다(46:3). 또한, 야곱은 죽음이 가까울 때 유언을 하면서 평생을 통해 주신 하나님의 약속을 기억하여 다음과 같이 설명합니다. "요셉에게 이르되 이전에 가나안 땅 루스에서 전능하신 하나님이 내게 나타나사 복을 주시며 내게 이르시되 내가 너로 생육하고 번성하게 하여 네게서 많은 백성이 나게 하고 내가 이 땅을 네 후손에게 주어 영원한 소유가 되게 하리라 하셨느니라"(48:3-4). 하나님의 약속은 속 빈 강정처럼 약속만 되풀이하지 않았습니다. 하나님의 때가 되자 그들은 강한 나라가 되었습니다. 구별하여 분리된 곳에서 고립되었지만, 정체성을 갖춘 고센이라는 특수한 땅에서 그들은 큰 나라가 됩니다.

이스라엘 자손은 생육하고 불어나 번성하여 매우 강하여 온 땅에 가득하게 되었더라 _ 출 1:6

애굽이 큰 나라인가요? 아니면, 기근 때문에 살 곳을 구걸하는 인구 70명의 이스라엘이 큰 나라인가요? 당연히 애굽이 큰 나라입니다. 하지만 성경은 다음과 같이 말하고 있습니다. "애굽 사람들은 기근으로 노예가 되지만, 이스라엘 족속은 자유인이 된다. 그뿐 아니라 애굽 사람들은 자기의 토지를 바로에게 팔지만, 이스라엘 사람들은 생업을 얻는다." 더 주목해야 할 점은 이 모든 것이 언약 백성의 축복으로부터 시작된다는 점입니다. 애굽에 도착한 야곱이 바로를 축복했고. 축복의 내용이 요셉을 통한 토지법의 개혁이었습니다. 우리 모두 이 사실을 기억하기를 바랍니다. 모든 나라와 권세와 영광이 아버지께 속해 있습니다(마 6:13).

예수님께서 부활하시고 40일 동안 제자들과 함께하신 후에, 그들이 보는 가운데 하늘로 승천하시면서 주신 명령입니다. "오직 성령이 너희에게 임하시면 너희가 권능을 받고 예루살렘과 온 유대와 사마리아와 땅끝까지 이르러 내 증인이 되리라"(행 1:8). 그런데 이 말씀을 듣고 있던 제자들에게 그리 적절한 명령 같지는 않아 보입니다. 제자들이 속한 나라는 로마의 지배를 받고 있었기 때문입니다. 또한, 이 명령을 받은 제자들의 상태도 좋지 않았습니다. 비록 예수님께서 부활하셨음에도 불구하고 불과 얼마 전에 백성들의 고소로 무참히 십자가에 달려 돌아가셨음을 목격한 지 얼마 되지 않았습니다. 그런데 이들이 무엇을 한다는 말입니까? 하지만 우리는 알고 있습니다. 제자들은 땅끝까지 이르러 예수님의 충실한 증언자로 서게 됩니다. 오순절에 예수님께서 약속하신 성령이 임하자 권능을 받았기 때문입니다. 참된 복의 실체이신 우리 주님께서는 단순한 명으로 그치지 않으시고, 단순히 약속만으로 공수표를 날리지 않으시고, 그리스도를 소유한 자들에게 능력도 함께 주셨습니다. 이렇게 하나님께서는 자신의 때에 자신의 방법으로 일하십니다. 사랑의 하나님은 유일하고 복 되신 그리스도를 소유한 우리를 통해 복의 통로로 사용하십니다. 언약 공동체는 아름다운 복을 선포하는 자로 부름을 받았으므로 어디에 있든지 무엇을 하든지 번성케 됩니다. 이 복을 누리는 우리 모두가 되기를 바랍니다.

24

이스라엘이 죽을 날이 가까우매

창 47:28–48:22

이스라엘이 죽을 날이 가까우매 그의 아들 요셉을 불러 그에게 이르되 …
(47:29)

죽음을 앞둔 사람들의 공통점

죽음을 앞둔 사람들이 가장 후회하는 것은 무엇일까요? 죽음을 앞둔 4,000명의 암 환자를 상담한 정신과 의사 시미즈 캔은 『1년 후 내가 이 세상에 없다면』(もしも一年後、この世にいないとしたら)에서 이들의 공통점 3가지를 이야기합니다. 첫째, 너무 앞만 보며 살지 말 것. 10년 뒤에 미래에만 몰두하며 미래를 위해 현재를 희생하며 살아가지 말라는 것입니다. 둘째, 돈을 모으기만 하지 말 것. 항상 절약만 생각하거나 통장의 잔액만 보고 살지 말고, 가족과 행복한 시간을 위해, 소중한 사람을 위해, 건강한 사회를 위해 돈을 쓰라는 것입니다. 셋째, 진짜 원하는 것을 하며 살 것. 주저하지 말고 내일로 미루지 말고 바로 오늘 시작하라는 것입니다.

이근후 박사의 『삶의 마지막에 후회하는 3가지』도 비슷합니다. 다시 태어난다면 어떤 인생을 살고 싶은가? 첫째, "내 마음대로 살

자. 정해진 대로 살지 않겠다. 하고 싶은 것을 마음껏 하겠다. 잘 하려고 하지 말고 좋아하는 일을 하며 살겠다."라고 합니다. 둘째, "맺힌 것을 풀고 살자. 인간은 사람들과 관계를 맺으면서 감정적인 응어리가 고인다. 특히 가족과 자기가 하는 일에 관련된 사람들의 언어와 행동을 상대방의 의도와 상관없이 자기 스스로 단정하여 감정대로 움직인다. 그러므로 감정을 다스리며 살자."라고 합니다. 마지막 셋째, "나누고 살자. 내 것, 내가 수고한 것이라고 아까워하지 말고 많이 나눠 주고 살자."라고 합니다.

이렇게 보면, 죽음을 앞둔 사람들은 후회를 많이 한다는 뜻이겠죠. 왜 우리는 삶에 대해 후회를 할까요? 후회란 잘못에 대한 반성이기보다는 선택에 대한 불안, 분노, 괴로움의 감정입니다. 더 나은 결과를 예측하지 못한 자책이지요. 그렇다 보니 현재에서 과거를 보며 더 나은 선택을 하지 못한 자신을 되돌아보고 후회합니다. 우리는 어떤가요? 여러분이 만약 죽음을 앞두고 있다면, 어떤 말을 남기고 싶은가요? 보통의 사람들처럼 후회 없이 삶을 의미 있게, 감정을 풀고 나누며 살라고 할 건가요?

우리는 언약 백성으로서 믿음의 사람입니다. 믿음의 사람은 실패와 좌절의 투성이인 자신을 바라보며 살지 않고 "믿음의 주요 또 온전하게 하시는 이인 예수를 바라보는" 사람입니다(히 12:2). 우리는 예수 그리스도께서 십자가를 통해 주신 참된 자유와 기쁨의 능력으로 살아가는 사람입니다. 그러니 우리의 마지막은 달라야 하지 않을까요? 이런 측면에서 야곱은 우리에게 하나님의 언약 백성으로서 마지막에 어떤 말을 남겨야 하는지를 잘 보여 줍니다. 야곱은 험악한 인생의 거친 파도와 풍랑의 항해를 끝내고, 영원한 안식인 죽음이라는 종점을 바라보면서 인생을 후회하지 않습니다. 히브리서에서는 언약 백성의 삶이란 "믿음을 따라서 죽는 것"이라고 합니다(히 11:13). 우리의 삶은 믿음으로 시작하여 믿음으로 마치는 것입니다.

그러므로 우리는 본문에서 야곱의 마지막 모습을 통해 신자의 삶에 관하여 살펴볼 것입니다. 야곱은 "죽을 날이 가까우매" 다음의 세 가지를 남깁니다. 첫째, 우리는 어디를 향하여 가는가? 부르신 곳으로 향하는 자이다(47:27-31a). 둘째, 우리는 무엇을 하며 살아야 하는가? 예배하는 삶이다(47:31b). 셋째, 무엇을 물려주어야 하는가? 축복을 전달해야 한다(48:1-22). 이제, 순서대로 살펴보도록 합시다.

우리는 어디를 향하고 있는가?

야곱의 장례를 위한 맹세

야곱은 이 땅에서 147년간의 항해를 마치고 인생의 종착역을 바라봅니다. 곧 도착할 항구에서 내릴 준비를 하기 위해 요셉을 불러 준비합니다. 자신이 죽고 난 뒤에 해야 할 장사, 곧 죽은 사람을 처리할 문제를 지시하기 위해서입니다. 부모님이 죽을 때 매장 또는 화장, 수목장 등을 유언으로 남기는 것과 유사합니다. 물론 이 일은 요셉에게 은밀하게 지시한 것이 아닙니다. 야곱은 죽기 전에 모든 아들을 모아 놓고 당부합니다(49:29-33). 하지만 요셉을 먼저 부른 이유는 자신의 장사를 위해 요셉에게 '맹세'하게 하기 위함입니다. 왜 야곱은 장사하는 일을 요셉에게 맹세까지 요구했을까요? 요셉이 베냐민을 제외하고 가장 어린 자녀였음에도 불구하고 총리로서의 사회적 지위와 아버지의 신임 속에서 장자의 위치에 있었기 때문일까요? 물론 그런 이유도 있겠지만, 야곱은 자신의 시신을 처리하는 장례에 특별한 의미를 부여하기 위해서 그랬습니다. 애굽으로 이주한 언약 공동체는 이곳에 정착하여 안정을 유지하며 번성하는 것이 아니라, 하나님께서 약속하신 땅을 향하여 가는 존재임을 알리고자 한 것입니다. 그리고 선지자로서 요셉은 이 언약의 말씀을 정확하게 이해했습니다.

두 사람은 전형적인 고대 근동 방식으로 맹세합니다. 한 사람이 다른 사람의 허벅지 아래에 손을 넣는 것입니다(47:29). 약간 민망한 행동일 수 있는데, 한 남성이 다른 남성의 성기를 움켜쥐는 것을 묘사하는 완곡한 방법입니다. 이런 일은 이미 아브라함이 이삭의 아내를 구할 때 그의 종 엘리멜렉과 했던 행동입니다(24:2). 고대에 남성의 생식 기관은 신성한 물건으로 여겨져 종종 맹세할 때 사용되었습니다. 그러므로 맹세는 자신의 생명을 걸고 상대와 나누는 행위이므로, 맹세를 한 요셉은 야곱과의 약속을 반드시 지켜야 함을 보여 줍니다. 동시에 맹세를 요구한 야곱은 자신의 장사는 맹세만큼 생명과 관련된 일임을 강조하고자 했습니다.

부르신 곳으로 향하는 자

야곱의 장례가 맹세까지 할 만큼 중요했던 이유는 무엇입니까? 야곱은 무엇을 남기고자 한 것일까요? 야곱은, 우리 언약 공동체는 부르신 곳으로 향하는 자라는 것을 남기고자 했습니다. 야곱은 자신을 "애굽에서 매어다가 조상의 묘지에 장사"하라고 합니다(47:30). 조상의 묘지는 가나안 땅 마므레 앞 막벨라 밭에 있는 곳으로 아브라함과 사라, 이삭과 리브가, 레아와 자신이 묻힐 곳입니다(49:30). 그래서 야곱은 "내가 조상들과 함께 눕거든", "조상의 묘지에 장사하라"(47:30)라고 하면서 '조상'들을 강조한 것입니다. 야곱이 요셉에게 요구한 맹세는 단순히 아버지의 마지막 희망 사항이 아닙니다. 야곱은 지금 믿음의 행위를 하고 있습니다. 가나안은 하나님께서 야곱과 그의 조상들에게 약속하신 땅이었고 언약 공동체에 주신 유업입니다. 따라서 야곱이 그곳에 묻히도록 요구하는 것은 하나님의 약속에 대한 믿음과 헌신일 뿐만 아니라, 자신의 대를 이어서 자식들이 바라보며 살아야 할 방향을 전달하는 것입니다. 즉, 우리 공동체가 어디를 향하여 가는가를 가르쳐 주기 위해서 요셉에게 맹세를 시키고 있는 것입니다. 결국, 요셉의 약속(47:30)은 단순히 아버지의 마지막 유언을 들어주고자 하는 아들의 효심이 아니라, 요셉으로 대표되는 언약 공동체가 아버지 야곱과 이삭과 아브라함에게 주신 약속을 신뢰하고 같은 믿음을 가지고 있음을 보여 주고 있는 것입니다.

사실, 야곱과 요셉은 애굽에서 남부러운 것이 없는 사람들이었습니다. 그 어느 때보다 좋은 시절을 보내고 있습니다. 요셉은 바로의 신임을 얻는 총리로서 사회적 최고의 지위를 얻은 자입니다. 야곱은 요셉으로 인해 기근 때문에 목숨이 위태로운 상황에서 건져져 목축하기 좋은 땅인 고센에서 번성하여 경제적으로 풍요를 얻었습니다. 시기와 반목으로 분열된 가족들은 요셉의 위기를 거치면서 언약 공동체로서 화목하게 되었습니다. 그들이 예전에 살고 있었던 브엘셀바보다 애굽은 더할 나위 없이 좋은 곳이었습니다. 애굽은 안전지대이고, 지상의 평화를 가져다준 곳입니다. 하지만 야곱과 요셉은 현실에 눈을 두지 않고 믿음의 눈을 들어 하나님의 약속에 의지하여 살아갑니다. 만약 우리가 야곱이라면 어떻게 했을까요? "주여, 이곳이 좋사오니, 이곳에 자리를 펴고 될 수 있으면 오래 있게 하소서."라고 했을까요?

우리는 부르신 곳을 향해 가는 사람들입니다. 언약 백성은 수단과 목적을 착각해서는 안 됩니다. 목적지로 향하는 수단을 아까워하고 집착하는 것은 가장 어리석은 사람의 행동입니다. 아이들의 사진을 찍다 보면 날이 갈수록 사진기가 좋아져서 예전과 다른 좋은 사진을 얻게 됩니다. 하지만 아무리 좋은 사진일지라도 실체인 아이를 바꿀 수 없습니다. 사진은 순간을 기록할 뿐이요, 인생의 점일 뿐입니다. 도구에 집착하여 더 좋은 사진기를 소유한들, 항상 순간만 간직할 뿐입니다. 우리는 하나님 나라를 향하여 가는 언약 백성입니다.

여기서 무엇을 하며 살아야 하는가?

예배자

야곱은 이제, 우리가 부르신 곳으로 향해 가는 자로서 이 땅에서 무엇을 하며 살아야 하는지를 보여 줍니다. "야곱이 또 이르되 내게 맹세하라 그가 맹세하니 이스라엘이 침상 머리에서 하나님께 경배하느라"(31절). 야곱은 요셉에게 맹세하도록 하고 함께 하나님을 경배, 예배했다고 합니다. 여기서 이 부분을 쉽게 넘기면 안 됩니다. 왜냐하면, 히브리서에서 믿음의 족장으로서 야곱의 인생을 요약할 때, 이 부분을 강조하기 때문입니다. 히브리서 11장 21절을 함께 봅시다.

> 믿음으로 야곱은 죽을 때에 요셉의 각 아들에게 축복하고 그 지팡이 머리에 의지하여 경배하였으며 _ 히 11:21

히브리서 기자는 야곱의 인생을 한마디로 요약하면서 아들에게 축복한 것과 예배를 말합니다. 이것은 아주 중요한 내용입니다. 야곱은 정말 죽을 날이 가까웠습니다. 늙고 기력이 쇠하여 지팡이를 의지하지 않고서는 제대로 앉거나, 설 수 없을 정도였습니다. 그런데도 야곱은 마지막까지 힘을 다하여 감사로 침대 머리를 향해 예배하는 모습을 보여 줍니다. 히브리서는 이 부분을 믿음의 행동으로 표현합니다. 야곱은 자신의 삶을 마무리하는 이 시점에 우리가 부르심을 받아 하나님 나라를 향해 가는 자로서 이 땅에서 무엇을 해야 하는지를 정확하게 보여 주고 있습니다. 자녀들이 "무엇을 하며 이 땅을 살아야 합니까?"라고 묻는다면, 우리는 "예배자로서 살아야 한다."라고 대답해야 합니다. 언약 공동체는 고센 땅에서 분리되어 구별된 삶을 통해 하나님을 예배해야 합니다. 이것은 그들을 부르신 곳인 가나안으로 가야 하는 것과도 같습니다. 400여 년이 지나 약속의 출애굽 시간이 다가왔을 때, 모세가 바로에게 했던 말을 봅시다.

> 그들이 이르되 히브리인의 하나님이 우리에게 나타나셨은즉 우리가 광야로 사흘 길쯤 가서 우리 하나님 여호와께 제사를 드리려 하노니 가도록 허락하소서 _ 출 5:3

우리는 과연 예배자입니까? 우리는 매주 구별한 한 날인 주일을 지킴으로써 예배만은 확실히 하면서 살고 있다고 생각할 수 있습니다. 그렇다면, 우리 가정은 언약 공동체로서 하나님의 말씀을 받으며 감사하며 살고 있나요? 주일 예배 시간을 제외한 일상에서는 어떤가요? 로마서 12장 1절은 다음과 같이 말합니다.

> 그러므로 형제들아 내가 하나님의 모든 자비하심으로 너희를 권하노니 너희 몸을 하나님이 기뻐하시는 거룩한 산 제물로 드리라 이는 너희가 드릴 영적 예배니라 _ 롬 12:1

바울은 주일에만 너희 몸을 예배자로 만들라고 하지 않습니다.

우리의 모든 삶이 예배가 되어야 한다고 합니다. 흔히들 목사의 집 례로 순서에 따라 하는 의식 행위만을 예배라고 착각합니다. 그렇 지 않습니다.

우리는 실제로 하나님뿐만 아니라 우리의 정체성을 만드는 다 양한 것을 예배하며 살아갑니다. 돈, 명예, 평가, 평안, 자식 등으 로 자신의 정체성을 확인하면서 그것들을 예배합니다. 혹자는 우 리가 저것들을 추구한다고 할지라도 그것을 예배한다고 말하는 것 은 너무한 것이 아니냐고 항변할지 모르지만, 루터는 자신의 대교 리문답에서 십계명 제1계명을 해석하면서 "일반적으로 신이란 사 람들이 소망하는 모든 좋은 것, 온갖 시련의 피난처가 되는 대상입 니다. 그러므로 '어떤 신을 섬긴다'는 말은 그 대상을 진심으로 믿 고 신뢰하는 것을 뜻합니다."라고 했습니다. 그러면서 "오직 마음 의 믿음과 신뢰만이 신을 만들 수도 있고 우상을 만들 수도 있습니 다."라고 덧붙였습니다. 우리가 만약 자신의 정체성을 성령 하나님 을 통해 예수 그리스도를 믿는 믿음 안에서 찾지 않는다면, 하나님 이 아닌 다른 것에서 우리의 삶을 누리며 산다면, 우리는 삶 속에 서 하나님을 예배하지 않는 것입니다.

그래서 아우구스티누스는 『고백록』(Confessions)에서 다음과 같은 유명한 기도를 했습니다. "당신께서는 우리를 당신을 향하여 있도 록 지으셨기에, 우리의 마음은 당신 안에 안식할 때까지 쉴 수 없 습니다." 이 말의 뜻은 우리가 무엇을 위해 창조되었는지, 무엇을 위해 살아야 하는지를 가르쳐 줍니다. 야곱이 마지막까지 보여 준 모습입니다. 우리는 이 땅에서 무엇을 하든, 어디에 있든, 하나님을 예배하는 자가 되어야 합니다. 그러므로 우리는 나이가 들수록 믿음으로 드리는 예배를 통하여 자식과 후배와 동료들에게, 여기서 무엇을 하며, 어떻게 살아야 하는지를 보여 주는 삶을 살아야 합니다.

무엇을 남겨야 하는가?

하나님의 복을 전달

야곱은 자기 삶의 마지막을 바라보며 복된 마무리를 합니다. 우리는 종종 늙어서 추악해지고, 마지막까지 손가락질을 받으며 죽어 가는 사람들의 이야기를 듣습니다. 하지만 믿음의 사람이었던 야곱은 축복을 전달하는 것으로 자신의 마지막을 마감합니다. 첫 번째는 바로에게(47장), 두 번째는 요셉과 그의 아들들에게(48장), 세 번째는 자기 자식들에게(49장) 축복합니다. 이로써 믿음의 사람이 마지막 이 땅을 떠날 때 무엇을 남겨야 하는지를 분명하게 가르쳐 줍니다. 하나님의 복을 전달해야 한다고 말입니다. 야곱은 이 마지막 사명을 충실하게 감당합니다. 어떤 사람이 야곱의 임종이 가까웠음을 요셉에게 알립니다. 그러자 요셉은 자신의 두 아들을 데리고 고센 땅으로 향합니다(48:1).

요셉은 독특하게 야곱으로부터 두 번의 축복을 받습니다. 한 번은 48장에서, 다른 한 번은 49장에서 다른 형들과 함께 있을 때입니다. 요셉이 두 번 축복을 받은 것은 요셉의 두 아들을 자기 아들로 입양시킨 일 때문입니다. "내가 애굽으로 와서 내게 이르기 전에 애굽에서 네가 낳은 두 아들 에브라임과 므낫세는 내 것이라 르우벤과 시므온처럼 내 것이 될 것이요"(48:5). 그러면서 이상한 행동을 합니다. 요셉이 야곱의 무릎 사이에 두 아들을 엎드리게 하고 (12절), 눈이 어두워서 보지 못했음에도 불구하고(10절), 힘이 없어서 불편한 자세임에도 불구하고 손을 교차하여 오른손으로는 차자 에브라임, 왼손으로는 장자 므낫세의 머리에 얹고 축복합니다(13절). 이 광경을 지켜보던 요셉이 아버지를 말리게 됩니다(18절). 그러자 야곱은 자신도 안다고 하면서(19절) 다시 한번 확증하며 "그날에 그들에게 축복하여 이르되 이스라엘이 너로 말미암아 축복하기를 하나님이 네게 에브라임 같고 므낫세 같게 하시리라 하며 에브라임을 므낫세 보다 앞세웠더라"(20절)라고 합니다.

왜 야곱은 요셉의 만류에도 불구하고 이런 행동을 했을까요? 요셉은 그 당시 오른손이 권능, 안수. 능력의 팔임을 알았기에 '순서'를 바로잡고자 했습니다. 역시, 야곱은 그런 이유로 손을 교차했습니다. 야곱은 이미 이 축복의 일을 하나님께 물었을 것이고, 하나님께서는 야곱에게 이렇게 지시하셨기 때문입니다. 이것은 앞으로 이스라엘 족속의 역사를 통해서 나타내실 하나님의 놀라운 통치 방식을 미리 보여 줍니다. 하나님의 통치 방식은 우리처럼 큰 자가 작은 자를 지배하고, 돈이 사람을 움직이며, 명예가 최고의 가치로서 인정받는 방식과 다르다는 것입니다. 하나님께서는 작은 자를 귀하게 여기시고, 사회적으로 가장 약자였던 고아와 과부와 객을 긍휼히 여기십니다. 하나님께서 이스라엘을 선택하신 이유가 무엇입니까? 가장 작은 나라요 가장 볼품없지만, 하나님의 뜻하심과 의지가 그들을 선택하게 만든 요소라는 것을 잊으면 안 됩니다.

우리가 흔히 하기 쉬운, 누가 더 높은지에 대한 관심보다 어떤 하나님께서 우리를 축복하시는지가 더 중요합니다. 야곱은 이 큰 축복을 하시는 하나님께서 우리 조상들이 섬기던 하나님이라고 말합니다(15-16절). 여기서 섬긴다는 말은, 무엇인가를 의무로서 행해야 할 행동을 말한 것이 아닙니다. 섬김은 규율과 법칙으로서 명령을 지키는 것이 아닙니다. 섬김의 가장 깊은 뜻은 '동행한다', '함께 걷는다'는 말입니다. 하나님과 함께 인생의 길을 걸어가는 것이 하나님을 섬기는 것입니다.

마찬가지로 하나님은 "출생으로부터 지금까지 나를 기르신 하나님"(15절)입니다. 나를 먹이시고 입히시는 것을 넘어, 평생토록 사귐과 친밀함을 주시는 하나님이라는 말입니다. 야곱은 마지막으로 자녀들에게 하나님께서 언약 백성에게 주시는 축복의 내용, 이 땅에서 누리는 번성을 전달하고 있습니다. "자녀들아! 우리는 본향을 향해 전진하는 언약 백성이란다. 목적지를 향한 너희의 발걸음은 혼자가 아니야. 하나님께서 순간마다 친밀하게 동행하며 지키신단다. 나의 인생을 봐. 나를 환란에서 건지신 여호와의 사자가 너희도 동일하게 지키실 거야. 모든 악에서 구원하신 하나님께서 너희를 지실 거야."

사람이 남겨야 할 것

우리도 언젠가 죽을 것입니다. 죽음은 한순간이고 매우 가까이에 있습니다. 우리는 우리의 삶을 통해 자녀들에게 무엇을 남겨 주어야 할까요? 다른 어떤 것이 있을 수 없습니다. 우리 주 예수 그리스도에 대한 참된 믿음뿐입니다. 사도 베드로의 말을 들어 봅시다.

> 주의 날이 도적같이 오리니 그날에는 하늘이 큰 소리로 떠나가 물질이 뜨거운 불에 풀어지고 땅과 그중에 있는 모든 일이 드러나리로다 이 모든 것이 풀어지리니 너희가 어떠한 사람이 되어야 마땅하냐 거룩한 행실과 경건함으로 하나님의 날이 임하기를 바라보고 간절히 사모하라 _ 벤후 3:10-12

야곱이 이와 같은 믿음을 보여 주고 있는 것입니다. 우리는 하나님의 날이 임하기를 사모하면서 하나님 보좌 우편에 앉아 우리를 부르신 예수 그리스도의 음성을 좇아 살아가는 사람입니다. 그러므로 사나 죽으나 우리의 유일한 소망이신 우리 주 예수 그리스도와 동행하며 거룩한 행실과 경건함으로 살아야 합니다. 그리고 이 복된 삶을 자녀에게 선물로 남겨 주어야 합니다. 이 기쁨이 우리 가운데 가득 넘치기를 바랍니다.

25 그들 각 사람의 분량대로 축복하였더라

창 49:1-28

이들은 이스라엘의 열두 지파라 이와 같이 그들의 아버지가 그들에게 말하고 그들에게 축복하였으니 곧 그들 각 사람의 분량대로 축복하였더라(28절)

저주인가? 축복인가?

'야곱의 축복'하면 "너는 담장 너머로 뻗은 나무"로 시작하는 노래가 생각납니다. 축복송 이래 가장 많이 불린 노래라고 합니다. 제목은 '야곱의 축복'이지만, 가사는 본문 22절을 중심으로 24, 25절을 적절히 조합한 '요셉을 향한 축복'의 내용입니다. 사실 야곱의 축복은 요셉을 넘어 열두 아들을 다 포함하고 있습니다. 야곱은 요셉의 두 아들인 에브라임과 므낫세를 자신의 양자로 삼은 뒤, 각각의 아들에게 한 명도 빼놓지 않고 축복합니다. 축복 내용은 형제들의 과거 행동을 요약하고(49:4-6), 이스라엘 열두 지파(49:28)의 미래를 보여 주는 독특성을 가지고 있습니다. 야곱의 축복은 아들들의 행동이 현재 어떤 모습을 만들었는지 말해 주고, 현재의 삶이 미래에 어떻게 반영되는지도 말해 줍니다.

그런데 내용을 유심히 관찰해 보면, 유다와 요셉을 제외한 다른 형제들은 축복이라기보다 저주를 예언한 것처럼 보입니다. 각 아들들의 행위에 대한 심판의 성격이 강해 보입니다. 그런데도 야곱은 자신의 말을 마감하면서 "이들은 이스라엘의 열두 지파라 이와 같이 그들의 아버지가 그들에게 말하고 그들에게 축복했다"(28절)라고 선언합니다. 이 축복은 분명 "그들 각 사람의 분량대로 축복"한 것이었습니다.

그렇다면 '저주도 축복인가?'라는 질문이 생깁니다. '잘못에 대한 심판도 축복으로 이해하라는 말인가?' 아니면 고난도 유익이라는 말과 같이(시 119:71), '저주의 삶이 예언되었을지라도 그것 또한 유익이니 받아들이라는 말인가?' 그것도 아니라면, '저주의 삶이 예견되니 축복의 삶으로 바꾸도록 노력하고 애쓰라는 말인가?'라고 물을 수 있습니다.

그러므로 우리는 야곱이 마지막으로 아들들에게 각자의 분량대로 축복한 내용이 과연 무슨 의미인지 살필 필요가 있습니다. 세 부분으로 나눠서 설명하도록 하겠습니다. 우선 야곱의 축복에 나타난 독특한 특징을 개괄적으로 살피고, 두 번째로 유다와 요셉을 제외한 나머지 형제들에게 주어진 축복의 내용에 대해서 살핀 후, 마지막으로는 가장 많은 내용을 담고 있을 뿐만 아니라 특별한 위치를 차지하는 유다와 요셉의 축복 내용을 중심으로 살펴보겠습니다. 언약 백성에게 주어진 축복은 곧 우리에게 주신 축복임을 알고 하나님의 사랑의 말씀을 듣길 바랍니다.

야곱의 축복에 나타난 특징

책망이자 경고

야곱은 아들들을 불러 모아 "후일에" 그들의 당할 일에 대하여 말합니다(1절). 그리고 야곱은 "너희는 모여 들으라"라고 하면서 "이스라엘에게 들을지어다"라고 다시 반복하여 '들으라'를 강조합니다(2절). 내가 이 세상에서 마지막으로 남기는 말이니 정신을 차려서 한마디 말도 놓치지 말라는 강조일 것입니다. 야곱의 마지막 말은 아버지의 유언으로 사사로이 하는 말이 아니라, 이스라엘의 미래와 관련된 하나님의 말씀이기 때문입니다. "후일에 당할 일"(1절)은 야곱의 축복에 따른 결과로써 열두 지파마다 시기를 달리하여 독특하게 나타나는 일을 내다보는 말입니다. 나중에 살펴보겠지만, 유다의 규는 다윗 때를 의미하고, 성취는 예수 그리스도께서 하십니다. 또 단의 경우 한 지파같이 그의 백성을 심판한다는 말은 사사 시대의 삼손을 뜻합니다. 이렇듯 야곱의 축복은 앞으로 일어날 일에 대한 예언적인 성격을 갖습니다.

그런데, 야곱의 축복은 복이 아니라 주로 저주가 많습니다. 야곱이 르우벤, 시므온, 레위, 스불론, 잇사갈, 단에게 한 말을 보면, 솔직히 저주에 가깝다는 느낌을 받습니다. 저주란 무엇인가요? 앞으로 일어날 어떤 일이 재앙이나 불행이 되도록 빌고 바라는 것을 말합니다. 그렇다면 야곱은 아들들의 잘못에 대해서 응분의 대가를 받도록 바라고 있다는 말일까요? 아닙니다. 왜냐하면, 지금 이 축복은 야곱이 하는 말이 아니라 하나님의 말씀이기 때문입니다. 하나님께서 야곱을 통해 말씀하시는 것입니다.

그러므로 야곱의 축복은 그들의 행위에 대가로서 저주를 말하고 있는 것이 아니라, 잘못에 대해 꾸짖고 타이르는 말로 이해해야 합니다. 책망이자 경고입니다. 이것은 마치 성령님께서 죄에 대하여, 의에 대하여, 세상에 대하여 책망하시는 것과 같습니다(요 16:7-11). 성령님은 하나님이신 예수님을 믿지 않는 것을 불신으로 정죄하시고 책망하십니다. 하나님의 말씀으로서 의이신 그리스도를 거부하는 것이 불의이므로 책망하십니다. 이렇게 세상은 구주이신 그리스도를 믿지 않고, 믿는 자들에게 불신하게 만들며, 그리스도의 말씀을 듣기보다는 자신의 말에 순종하도록 합니다. 선한 양심보다는 거짓되고, 혼미하며, 세심함 양심으로 복종하도록 합니다. 성령께서는 이런 세상을 책망하십니다. 결국, 우리는 성령님께서 말씀을 통해 책망하시면 잘못을 깨닫고 돌이켜 회개하게 됩니다. 대신에 책망으로서 경고를 듣지 않으면 화가 임할 것입니다. 이런 차원에서 야곱의 축복에는 저주처럼 보이는 책망의 경고가 축복의 삶을 누리며, 영광스럽고 복된 인생을 살 수 있도록 합니다. 오늘의 잘못에 대한 교정의 책망이 내일의 새로운 선택으로 우리를 만들 것입니다. 이것은 특히 레위를 통해 도드라지게 드러납니다.

순서에 담긴 특징

야곱의 축복은 순서를 유념해서 봐야 합니다. 우리는 무심코 축복의 순서를 그냥 읽고 지나칠 수 있습니다. 하지만 하나님은 야곱을 통해 축복을 출생 순서대로 하지 않았습니다. 야곱은 자신의 침상에 나이대로 둘러선 아들들을 부르면서 축복했을 것으로 상상하지만, 실제로는 그렇지 않은 것으로 보입니다. 순서에는 특별함이 담겨 있습니다. 먼저, 레아의 여섯 아들을 차례대로 축복합니다. 르우벤, 시므온, 레위, 유다, 스불론, 잇사갈의 순입니다. 그리고 라헬의 하녀인 빌하가 낳은 단과 납달리가, 레아의 하녀인 실바가 낳은 갓, 아셀을 앞뒤로 감싼 순서로써 단-갓-아셀-납달리의 순입니다. 마지막으로 야곱이 가장 사랑했던 라헬이 낳은 요셉과 베냐민입니다.

먼저, 레아 자녀들의 축복입니다. 르우벤부터 유다는 낳은 순서대로 축복한 뒤, 스불론은 열 번째 아들임에도 불구하고 자신의 형인 잇사갈 앞에 위치하여 유다 바로 다음에 축복을 받습니다. 이런 순서는 스불론과 유다의 연관성뿐 아니라 스불론 지파의 앞으로의 활동과 위치가 고려된 것으로 보입니다. 유다의 자손이신 그리스도께서 사신 곳과 활동하신 곳이 어디입니까? 갈릴리 지방입니다. 예수님께서 선지자 이사야의 말씀을 인용하시면서 천국 복음 전파 사역을 시작하신 곳입니다. 마태복음 4장 15절을 보면, "스불론 땅과 납달리 땅과 요단강 저편 해변 길과 이방의 갈릴리여"라고 하면서 이곳 갈릴리가 납달리 지파, 그리고 나중에 이쪽으로 이주한 단 지파와 더불어 스불론 지파의 땅이라고 합니다. 그래서 스불론 지파는 창세기 49장 13절처럼 해변에 거주하면서 자유롭게 이방인들과 교류하므로 복음의 전진 기지의 역할을 감당하게 됩니다. 이 지역에 예수님의 고향인 나사렛과 주요 활동 지역인 가버나움이 포함되었다는 것을 유념해야 합니다. 또한 야곱은 스불론을 "배 매는 해변"으로서의 역할이 있음을 말합니다. 즉 먼 항해를 다녀온 배들이 항구에 정박하여 피난처로 삼듯이 예수님 사역의 정박지 역할을 하게 된다는 뜻입니다.

두 번째는 레아와 라헬의 종인 빌하와 실바 자녀들의 축복 순서입니다. 문제는 단, 갓, 아셀, 납달리순으로 순서가 뒤섞여 있습니다. 이들이 서자로서 받은 서러움의 슬픔을 함께 공유하다 보니 순서와 상관없이 함께 섞였다고 볼 수 있습니다. 하지만 본문을 더 넓게 보면, 특별한 축복을 받은 유다와 요셉 사이를 스불론이 열고 납달리가 마감하는 모습입니다. 이미 설명한 바와 같이, 예수님께서 복음의 전초기지로 삼으신 곳이 스불론과 납달리 지경 해변에 있는 가버나움입니다. 마태복음 4장 16절은 예수님께서 이곳에서 "흑암에 앉은 백성이 큰 빛을 보았고 사람의 땅과 그늘에 앉은 자들에게 빛이 비치도록" 사역하실 것이라고 말씀하십니다.

그러므로 야곱의 축복은 일차적으로 이스라엘 열두 지파의 역사를 말해 줌과 동시에 우주적인 하나님의 구속 역사의 계획 안에서 언약 공동체 전체의 그림을 보여 준다는 것을 알 수 있습니다. 이제부터는 이 순서를 유념하면서 야곱을 통한 하나님의 축복이 열두 지파에 어떤 방식으로 주어지는지를 살펴보려고 합니다. 모두 설명하지 않고 르우벤과 시므온 레위를 통한 책망으로서 경고를, 유다와 요셉을 통해서는 특별한 축복이 무엇인지를 살펴보겠습니다.

책망으로서 경고

르우벤에게 주신 경고

야곱은 르우벤을 향하여 내 장자요, 내 능력이요 내 기력의 시
작이라고 말하면서 자랑스러워합니다. 그러나 위풍이 월등하고 권
능이 탁월하다고 할지라도 아버지의 침상을 더럽힌 죄로 장자권을
빼앗깁니다(4절). 르우벤은 정말로 다른 형제들과 달랐습니다. 형
제들이 눈엣가시였던 요셉을 팔자고 했을 때도, 요셉이 총리로서
그들을 처음 만나 시험할 때도 민감하게 반응한 사람이었습니다.
가장 맏형으로서 품위와 격조가 있던 사람입니다. 하지만 그는 "물
의 끓음" 같았습니다. 물은 끓으면 꺼야 합니다. 계속 끓으면 어떻
게 됩니까? 불의 열기로 한없이 타오르며, 결국에는 증발하여 물
은 말라 없어집니다. 그래서 공동 번역은 4절을 다음과 같이 번역
합니다. "내 힘, 내 정력의 첫 열매라, 너무 우쭐하고 세차구나, 터
져 나오는 물줄기 같아 걷잡을 수 없는 홍수 같아 끝내 맏아들 구
실을 하지 못하리라"

르우벤은 장자답게 영웅다운 성품을 가진 자로서 넘쳐 나는 매
력이 있었지만, 그것이 넘쳐흘렀습니다. 자기에게 있는 아니, 선물
로 주어진 탁월함을 남용할 뿐 아니라 아버지에게까지 과시하기까
지 했다는 것을 보여 줍니다. 넘지 않아야 할 선을 넘어 버린 것입
니다. 그렇다면 르우벤에게 책망으로 끝난 이 경고는 왜 하셨을까

요? 이 경고를 하나님의 장자인 모든 이스라엘이 들어야 했기 때문입니다. 하나님께서는 이스라엘을 출애굽기 4장 22절에서 "이스라엘은 내 아들 내 장자라"고 칭하십니다. 그렇다면 이스라엘은 장자로서 르우벤의 길이 아닌 어떤 길을 걸어야 합니까? 신명기 7-8장은 자세히 설명합니다. "너에게 넘치도록 주는 모든 탁월함은 내가 너를 사랑함으로 베푸는 선물임을 잊지 말라"고 합니다. "너는 하나님을 잊지 말고, 다른 신을 따라 섬기지 말고, 내 계명을 기쁨으로 순종하라"고 하십니다. 그래야 그들이 행복자가 될 수 있기 때문입니다.

하지만 이스라엘의 역사와 우리의 삶의 증거들은 어떻습니까? 르우벤처럼 정욕의 끓음이 쉬지 않고 있지 않습니까? 내 명예와 이름을 위해서 내 힘과 내 지혜로, 얼마든지 세상을 살아갈 수 있다고 생각하며, 자녀들을 교육하고 있지 않습니까? 우리에게 주신 모든 것이 다 하나님에게서 왔음을 감사하고 있습니까? 왜 우리는 그렇게 매일 분주한가요? 물이 끓어 넘치기 때문입니다. 방향 없이 사방으로 튀고, 주변을 오염시키기 때문입니다. 하지만 진짜 하나님의 맏아들이신 예수님께서는 "마음이 온유하고 겸손하셔서"(마 11:28) 모든 일에 하나님 아버지께서 영광을 받으시도록 자신에게 주어진 사명을 묵묵히 감당하셨습니다(요 17:4). 그리고 이 땅의 모든 사역을 "다 이루었다"(요 19:30) 하시고, 승천하시어 하나님 보좌 우편에 앉으셨음을 기억합시다.

시므온과 레위에게 주신 경고

시므온과 레위도 르우벤과 마찬가지입니다. 시므온과 레위는 다른 형제들보다 더 가까이하면서 깐부가 되어 폭력의 도구가 됩니다. 이 두 형제는 34장에서 디나가 히위 족속 세겜에게 부끄러운 일을 당하자 거짓으로 남자들을 모두 살육했던 무자비한 사람입니다. 심지어 할례라는 언약의 표증을 아무렇게나 사용했을 뿐만 아니라, 소의 발목 힘줄을 끊어 버릴 정도였습니다. 이들의 폭력성을 봤을 때, 시므온이 요셉을 구덩이에 넣자고 말한 인물일 가능성이 큽니다. 그래서 요셉이 처음 형제들을 만나는 장면에서 정탐꾼의 결백을 요구하면서 인질로 시므온을 잡아두었을 것입니다(창 42:24). 형들 편에서는 르우벤을 제외하면 가장 연장자로서 책임을 지는 것이 이상하지 않았을 것입니다.

야곱은 이 두 형제의 노여움, 분노, 혈기를 저주하면서 나누며 흩어질 것이라고 경고합니다. 그들이 분노한 것은 어찌 보면 오빠로서 당연한 것입니다. 하지만 하나님께서는 그들의 죄악을 콕 집어서 말씀하십니다. 시므온과 레위의 분노는 조절되지 않았습니다. 자기가 하고 싶은 대로, 자기가 원하는 대로 마음의 표현을 했음을 유념해야 합니다. 어린아이들이 언제 소리를 지르고, 떼를 쓰면서 울던가요? 자기 화가 통제되지 않을 때입니다. 말 그대로 완전히 열 받아서 뚜껑이 열렸을 때입니다. 그러면 부모도 울화통이 함께 터집니다. 폭력은 폭력으로 갚음을 받고 함께 망하게 됩니다.

실제로 시므온은 이스라엘 역사에서 유다 지파에 흡수되어 흩어져 버립니다. 하지만 레위 지파는 좀 다른 성격을 갖습니다. 야곱의 축복에 따라 나뉘어 흩어지지만 출애굽기 32장의 금송아지 사건 때, 유일하게 하나님의 편에 서서 헌신하는 지파가 됩니다. 그리고 민수기 25장에서는 발람이 사주한 모암 여인과의 음행 사건에서 레위 지파 아론의 손자인 비느하스가 그들을 심판하므로 평화의 언약을 통해 영원한 제사장의 직분을 얻습니다. 이때 하나님께서 레위 지파에 어떤 말씀을 주셨는지 봅시다.

> 여호와께서 모세에게 말씀하여 이르시되 제사장 아론의 손자 엘르아살의 아들 비느하스가 내 질투심으로 질투하여 이스라엘 자손 중에서 내 노를 돌이켜서 내 질투심으로 그들을 소멸하지 않게 하였도다 그러므로 말하라 내가 그에게 내 평화의 언약을 주리니 그와 그의 후손에게 영원한 제사장 직분의 언약이라 그가 그의 하나님을 위하여 질투하여 이스라엘 자손을 속죄하였음이니라 _ 민 25:10−13

참 신기한 장면입니다. 레위 지파도 시므온 지파와 같이 나뉘어 흩어지지만, 레위인은 없어지는 것이 아니라 여러 지파 곳곳에 흩어져 하나님의 제사장으로서의 역할을 감당하게 된다는 말입니다. 그들의 분노가 형제를 향하여 잔인하게 폭력으로 사용되지 않고, 하나님의 질투심을 가지고 하나님의 심판의 대상을 향하여 분노함으로 폭력을 행했기 때문입니다. 결국, 우리가 무엇을 분노해야 하는가를 보여 줍니다. 우리는 내 이름과 내 명예가 아니라 하나님의 이름이 거룩히 여김을 받지 못하는 일들에 대해 분노하고 노여워해야 합니다.

온전한 축복

유다와 요셉이 받은 축복

야곱의 축복은 책망의 경고뿐 아니라 온전한 축복의 의미도 내포합니다. 언약 백성으로서 야곱은 아브라함에게 주신 언약, 그 언약의 실체를 소유한 온전한 축복임을 알고 있었습니다. 이 언약이 어떻게 계승되고 전달되느냐가 중요한 것입니다. 유다와 요셉은 장자권이라는 온전한 축복을 통해 언약을 계승하게 됩니다. 장자권 축복은 두 부분으로 구성되는데, 가문의 계승과 두 배의 유산입니다(대상 5:1, 2). 이 중에서 유다는 왕권의 축복을 받고(창 49:10; 대상 5:1, 2), 요셉은 장자들이 받는 두 몫의 축복을 받습니다. 유다가 받은 장자권의 축복은 르우벤과 시므온, 레위와 비교한다면 너무나 큰 축복입니다. 유다는 넷째였을 뿐 아니라 형들과 별반 다를 바 없던 사람이었습니다. 가나안 사람 수아와 한통속으로 세상을 향한 끊임없는 욕구와 만족을 위해 욕정에 파묻혀 살아갔던 사람이었습니다. 하지만 그는 며느리인 다말의 결정적인 말을 통해 큰 회개를 했습니다. 그런 변화의 절정은 44장에서 아버지 야곱과 베냐민을 향한 헌신과 책임으로 나타났습니다. 그래서 유다는 "형제들의 찬송"이 되고(49:8), "그에게 모든 백성이 복종"(49:10)하게 되어 후손들 가운데 가장 권위 있는 위치가 되는 축복을 받습니다. 무엇보다 가장 큰 축복은 유다의 혈통에서 우리 구주 예수 그리스도께서 나신 것입니다.

요셉은 이미 48장에서 자신의 두 아들이 야곱의 아들로 입양되는 축복을 받음과 동시에 49장에서 추가 축복을 받음으로 두 몫을 받습니다. 그가 형들의 시기에 의해 노예로 팔린 이후, 애굽에서 당한 모진 고통과 역경에도 불구하고 온전하게 하나님을 경배했을 뿐 아니라 명철하고 지혜롭게 하나님의 영의 감동된 사람으로서의 품위를 유지하므로 축복을 받은 것입니다.

이렇게 야곱의 축복은 유다와 요셉의 축복을 통해서 앞으로 이스라엘 역사에서 어떤 일이 일어날 것인지를 예언합니다. 동시에 어떤 자에게 온전한 축복이 주어지며 언약 공동체를 살피고 세워야 하는 원칙도 제시해 주십니다. 먼저 유다를 통해서 알려 주신 것은 하나님께서는 교회의 지도자(직분자), 곧 칭찬받을 만하고 책임 있는 사람에게 자기 일을 맡기신다는 사실입니다. 우리는 이런 유다와 같은 사람을 교회의 지도자로 뽑아야 합니다. 사도행전 6장 3절에서 교회의 일꾼을 뽑을 때, 같은 말이 나옵니다. "형제들아 너희 가운데서 성령과 지혜가 충만하여 칭찬받는 사람 일곱을 택하라 우리가 이 일을 그들에게 맡기고". 마찬가지로 디모데전서 3장에서 말하는 감독의 자격 또한 책망할 것이 없으며, 남편으로서, 아버지로서 책임을 다하는 사람입니다. 우리는 유다와 요셉 같은 사람을 세워야 하고, 훈련해야 하고, 양육해야 합니다.

요셉을 통해서 알려 주신 것 또 하나는, 언약 공동체가 환란과 핍박과 고난과 압제가 따를지라도 믿음을 잃지 않고, 경건하게 하나님을 신앙하며 인내하면 승리를 주신다는 사실입니다. "요셉의 활은 도리어 굳세며 그의 팔은 힘이 있으니 이는 야곱의 전능자 이스라엘의 반석인 목자의 손을 힘입음이라"(49:24). 우리 하나님 아버지께서, 전능자께서 복을 주시고 동행하시기 때문입니다.

각 사람의 분량대로 축복하였더라

야곱은 자녀들에게 각 사람의 분량대로 축복하고서 이 땅의 수고로운 삶을 마칩니다. 야곱의 인생은 부침이 많았지만, 언약의 복을 위해 분투한 삶이었습니다. 야곱은 에서의 발꿈치를 잡고 태어날 때부터, 에서의 장자권을 뺏기 위한 속임, 브니엘에서 천사와의 싸움, 애굽으로 이주, 그리고 마지막 날까지 온통 하나님의 복에 목말라 했습니다. 하나님께서는 그런 야곱에게 때마다 자신의 방식대로 큰 복을 허락하셨습니다. 이제는 하나님의 계시에 따라 자녀들에게 하나님의 복을 각 사람의 분량대로 선언합니다. 여기서 우리는 왜 하나님께서 자녀들에게 각각 다른 복을 주셨는가 하는 의문을 던질 수 있습니다. 각 사람의 분량이 자신의 행위에 대한 대가인가 하는 질문입니다. 또한, 왜 누구는 저주로 보이고, 누구는 과할 정도의 축복으로 보이는 것인가? 이것이 과연 공평하신 하나님의 선하신 뜻일까 하는 의문이 듭니다.

우리는 이 질문 앞에서 하나님의 뜻을 다 알 수 없습니다. 하지만 분명한 것은 이 모든 열두 지파에게 야곱을 통해 주신 축복은, 분명한 하나님의 축복이었고 하나님의 자비의 손길 가운데 베푸신 은혜의 사역이었습니다. 왜냐하면, 본문에서 다루지 않은 다른 형제들의 축복, 특히 잇사갈은 힘든 일보다는 편한 일을 하게 될 것이라고 했으며, 단은 작지만 압제에 대항함으로 형제들을 도울 것이고, 갓은 군대의 습격을 받지만 물리칠 것이며, 아셀은 기름진 땅에서 왕에게 드릴 음식을 바칠 것이고, 납달리는 승리의 발 빠른 메신저가 될 것이고, 마지막으로 베냐민은 전쟁에서 승리하여 전리품을 얻을 것이라고 하면서 축복을 마치기 때문입니다.

하나님께서는 야곱의 열두 족장의 분량대로 축복함을 통해서 당신의 사랑을 보여 주시고, 경고와 책망을 통해서 당신의 공의를 보여 주신 것입니다. 분량대로 받은 것에 만족하며 살라는 뜻이 아닙니다. 오히려 우리가 하나님의 사랑 가운데 거하며, 경고를 통해서 자신을 경계하며 믿음의 경주를 힘써 하라는 뜻입니다. 그래서 히브리서 12장을 보면, 여러 믿음의 선진들을 보여 주시면서 기드온, 바락, 삼손, 입다, 다윗, 사무엘을 언급합니다. 유다와 요셉 지파의 자녀들만 복을 받았다고 하지 않습니다. 경고를 받은 지파도 복을 받습니다. 기드온은 므낫세 지파(삿 6장), 바락은 납달리 지파(삿 4장), 삼손은 단 지파(삿 13장), 입다는 갓 지파(삿 11장), 다윗은 유다 지파, 사무엘은 레위 지파(대상 6장), 그리고 바울은 베냐민 지파였습니다(빌 3장).

그들은 믿음으로 우리의 온전함을 이루어 "얽매기 쉬운 죄를 벗어버리고 인내로써 … 믿음의 주요 온전하게 하시는 이인 예수를 바라보며"(히 12:1) 살았기에 복을 받습니다. 유다와 요셉의 축복은 그리스도 안에서 온전하게 복으로 전달되기 때문입니다. 예수님만이 진정한 찬송이시며, 만왕의 왕이십니다. 그분은 세상을 통치하시고, 만민은 그에게 복종합니다. 세상의 모든 고난을 짊어지시고 인내와 희망으로 우리를 앞서 길을 예비하시는 주님이십니다. 야곱이 바라본 것도 이 예수 그리스도입니다. 이 복을 각 사람의 분량대로 누리게 됩니다. 그런데 생각해 보면 우리는 이 예수님이 성령으로 우리 안에 함께하십니다. 얼마나 큰 복을 소유한 자입니까? 이 신령한 복을 소유할 뿐 아니라 누림으로써 참된 평안이 여러분의 삶에 함께하길 바랍니다.

26 결론: 하나님이 반드시 당신들을 돌보시리니
창 49:29–50:26

요셉이 또 이스라엘 자손에게 맹세시켜 이르기를 하나님이 반드시 당신들을 돌보시리니 당신들은 여기서 내 해골을 메고 올라가겠다 하라 하였더라(50:25)

두 번의 대조

"야곱의 족보는 이러하니라"로 시작했던 야곱 아들들의 이야기 곧, 요셉과 그의 형제들의 이야기는 야곱의 죽음으로 끝을 맺습니다. 또한, 이야기의 중심 역할을 했던 요셉의 죽음으로 요셉과 그의 형들의 이야기도 끝을 맺습니다. 흔히들 죽음은 끝이라고 합니다. 한 사람의 모든 것이 죽음으로 인해 멈추기 때문입니다. 사람들은 나름, 세상의 모든 도전에 저항하면서 살아가지만 죽음 앞에서는 무력합니다. 나이도, 건강도, 재산도, 명예와 권력도 죽음의 강력한 힘 앞에서는 힘없이 무너집니다. 심지어 아무리 큰 범죄를 저지른 사람이라 할지라도, 그 사람이 죽어 버리면 수사와 처벌을 받을 사람이 없게 되므로 '공소권 없음'으로 마무리됩니다. 이렇게 사람들은 죽음을 끝이라고 보기 때문에 죽음은 모든 것을 멈춰 버립니다. 그렇다면 창세기 50장에서 야곱과 요셉의 죽음은 우리에게 그들의 역할이 끝났음을 보여 주기 위해 기록된 것일까요? 그들이 이 땅의 고단한 삶을 마치고 영원한 안식의 나라인 하나님 앞에 자유로워졌음을 보여 주기 위해 기록된 것일까요? 우리도 믿음으로 이 땅의 삶을 마감하라는 뜻일까요? 본문은 그 이상의 의미를 가르쳐 줍니다. 죽은 자들이 야곱과 요셉임을 이야기하려고 하기보다는 남겨진 형들과 요셉의 자녀들에게 하는 말씀입니다.

즉, 죽지 않고 현재를 살아가는 남겨진 사람들에게 주시는 말씀이며, 죽지 않고 살아 있는 오늘 우리에게 주신 하나님의 말씀입니다. 본문은 죽음 앞에 그리스도인이 무력한 존재가 아님을 강조합니다. 우리가 죽으면 그리스도의 능력으로 부활할 것이니 위로와 희망을 얻으라는 것 이상의 가르침을 줍니다. 본문은 이것을 두 개의 대조를 통해서 교훈하는데, 첫 번째는 야곱의 죽음에 대하여 슬퍼하는 사람들과 야곱의 죽음으로 인하여 두려워하는 형제들의 대조가 나타납니다. 야곱이 가족들의 정신적인 지주였을 뿐 아니라 후원자요, 방패 역할을 했기 때문입니다. 그리고 두 번째는, 죽음을 맞이한 야곱과 요셉의 대조적인 장례 모습입니다. 야곱은 대대적인 장례 행렬과 함께 약속의 땅에 묻혔지만, 요셉은 애굽에서 입관하게 됩니다.

그러므로 우리는 이 두 가지의 대조를 통해 하나님께서 우리를 어떻게 돌보시고 인도하시는지를 살펴보려고 합니다. 야곱의 죽음으로 인해 슬퍼하는 사람과 두려움에 떠는 형들의 비교를 통해서, 하나님께서는 어떻게 끝까지 언약 공동체를 돌보시는지, 또한 야곱의 장례와 요셉의 장례의 차이를 통해서 가르쳐 주시는 하나님의 돌보시는 방식을 살펴보고자 합니다. 요셉을 마무리하며 하나님께서는 우리에게 다시 한번 큰 위로를 주십니다. 하나님께서 우리를 반드시 돌보신다고 하는 하나님의 약속을 확신하는 시간이되길 바랍니다.

슬픔을 대하는 태도

슬퍼하는 사람들

야곱은 하나님의 계시에 따라 두 명의 손자와 열두 명의 아들을 각기 분량에 따라 축복한 뒤 이 땅의 삶을 마무리합니다. 야곱의 죽음은 여러 사람에게 슬픔을 안겨 주었습니다. 사랑하는 아들인 요셉과 가족뿐 아니라 애굽 사람들에게도 슬픔을 주었습니다. 한 가족의 슬픔을 넘어, 나라가 요셉의 슬픔을 자신들의 슬픔으로 받아들였습니다. 요셉은 아버지의 얼굴에 몸을 구푸려 울며 입 맞추고 이별의 아픔을 삼켰습니다(50:1). 야곱의 시신은 곧바로 장기간 보존하기 위해 방부 처리인 미라화 작업에 들어갔습니다. 야곱의 유업에 따라 가나안 땅 마므레 앞 막벨라 굴에 묻기 위한 필수적인 작업이었습니다(49:30; 50:13). 미라화에는 여러 단계의 진행 절차가 있습니다. 처음에는 물과 향신료를 넣은 포도주로 시체를 씻고, 그다음 내부 장기를 제거하면 탄산소다로 건조합니다. 약 40일이 지나면 신체는 완전히 탈수됩니다. 그런 다음 피부에 기름을 바르고 여러 층의 아마포 붕대로 몸을 감싼 뒤, 생전과 똑같이 생긴 마스크를 씌워서 관 속에 넣습니다. 보통, 이 과정이 약 70일 정도 진행

된다고 합니다. 정확하게 애굽 사람들이 70일간의 곡을 한 기간과 일치합니다(50:3).

그런데 왜 애굽 사람들은 야곱의 죽음을 이렇게까지 슬퍼했을까요? 야곱은 애굽 사람들과 철저히 분리되어 고센 땅에 살았을 뿐 아니라 이방인이었습니다. 게다가 이미 노인이 되어서 애굽에 왔고, 힘도 영향력도 없었을 뿐 아니라, 나라에 이바지한 바도 없었습니다. 심지어 애굽 사람이 싫어하는 목축업에 종사하는 사람이었습니다. 그럼에도 무려 70일간 곡을 했고(3절), 유언에 따라 매장지인 가나안 땅을 향하여 요단강을 건널 때 또다시 7일간 애곡했다고 합니다(11절). 이 장면을 본 가나안 사람은 애굽 사람의 큰 애통이라고 하여 그 땅의 이름을 '아벨미스라임'이라고 불렀을 정도입니다. 야곱의 장례가 현재의 국가 장례식인 국가장과도 같았다는 말입니다. 애굽 사람들은 무엇 때문에 이리도 슬퍼했을까요?

아버지를 잃은 요셉의 슬픔을 자신들의 슬픔으로 이해했기 때문입니다. 요셉은 단순히 7년간의 풍년과 7년간의 흉년만을 위해 준비된 사람이 아니었습니다. 그는 하나님께서 큰 구원으로 당신의 언약 백성의 생명을 보존하시고 언약 백성의 후손을 세상에 두시려고 먼저 보냄을 받은 자로서 인정과 지위를 얻은 사람이었습니다. 행정, 관리, 조직, 경제 등의 여러 방면으로 두루 큰 성과를 낸 사람입니다. 요셉이 곡하는 기간을 끝마치고 바로에게 부탁하여 아버지의 유언을 따라 가나안 땅, 조상의 묘에 안장할 수 있도록 허락을 받아내 길을 떠나는 장면을 보면 더 확실합니다(5절). 바로의 모든 신하와 바로 궁의 원로들과 애굽 땅의 모든 원로가 동행합니다(7절). 집안에는 어린아이를 제외하고 모든 가족이 함께합니다(8절). 그리고 이 장례 행렬에는 병거와 기병이 길을 열고, 함께 호위하면서 가나안을 향해 나아가고 있습니다(9절). 마치 개선 행진을 보여 주는 것 같습니다. 육신의 이별이지만 하늘나라를 향해 전진해 가는 모습으로 보입니다.

두려움에 떠는 형들

야곱의 장례 기간은 적게 잡아도 약 150일 정도, 5개월의 시간이 걸렸을 것입니다. 처음의 애도 기간은 형제들 모두의 슬픔이었습니다. 하지만 장례 절차가 끝나고 아버지가 없는 현실의 공간을 마주하자, 형들의 마음은 슬픔이 아닌 두려움으로 휘몰아칩니다. 아버지의 죽음으로 인한 슬픔의 큰 소용돌이에도 불구하고, 마음 한편에 불안감으로 두려움을 떨쳐 내지 못하는 요셉의 형들입니다. "요셉이 우리를 미워하여 우리가 그에게 행한 모든 악을 다 갚지나 아니할까"(15절)라는 말도 안 되는 상상력이 날개 칩니다. 이윽고 요셉이 듣기에 말도 안 되는 말로 자신들을 변호하기에 이릅니다.

요셉에게 말을 전하여 이르되 당신의 아버지가 돌아가시기 전에 명령하여 이르기를 너희는 이같이 요셉에게 이르라 네 형들이 네게 악을 행하였을지라도 이제 바라건대 그들의 허물과 죄를 용서하라 하셨나니 당신 아버지의 하나님의 종들인 우리 죄를 이제 용서하소

서 하매 요셉이 그들이 그에게 하는 말을 들을 때에 울었더라 _ 창
50:16-17

요셉은 형들이 가진 정체 모를 두려움을 보면서 아버지를 잃은
슬픔 못지않게 괴로웠습니다. 형들이 여전히 죄책감에 불구가 되
어 있었기 때문입니다. 왜 형들은 이런 마음을 가졌을까요? 형들
의 이런 모습은 우리에게도 언제든지 일어날 수 있음을 보여 줍니
다. 이제는 일상 용어가 되어 버린 '트라우마'를 겪게 된 경우 말이
죠. 과거에 경험했던 큰 위기나 공포가 비슷하게 발생하게 되면 그
당시의 감정이 똑같거나, 더 크게 작용하여 심리적 불안을 일으킵
니다. 형들이 처음 요셉의 정체를 알았을 때, 그들은 너무 놀라서
아무 말도 하지 못했을 뿐만 아니라 요셉이 입 맞추고 안을 때까지
도 어안이 벙벙했습니다. 무엇 때문이었을까요? 대제국의 권력자
인 요셉이 자신들에게 복수할 것에 대한 두려움 때문이었습니다.
하지만 예상과 달리 요셉은 그들을 용서했습니다. 그런데도 형들
은 요셉을 두려워했습니다. 용서의 과정에서 아버지의 안위와 동
생인 베냐민 때문에 용서가 이루어진 것으로 보였기 때문입니다.
그런데 지금 자신들의 유일한 방패막이였던 야곱이 사라지자, 두
려움의 감정이 되살아난 것입니다. 이것은 마치 가정에서 당했던
여러 어려움과 어린 시절에 당했던 수많은 고통이 성인이 되었다
고 해서 한순간에 잊히지 않고 지금에까지 영향을 주는 것과도 같
습니다. 요셉이 형들에게 당신들이 나를 이곳에 판 것은 당신들의
잘못이 아니라 하나님의 큰 계획이며 우리의 생명을 구원하기 위

한 일이었다고 위로하며 은혜를 베풀었다고 할지라도, 형들에게는 그 말이 완벽한 해결책이 되지 않았던 것입니다. 이런 모습은 우리가 하나님께 은혜를 받았으니 이제는 나를 괴롭히는 과거의 모든 죄에서 벗어나라고, 그것은 현재의 나를 괴롭히지 않는다고 생각할지라도 소용이 없는 우리의 모습과 비슷해 보입니다.

형들의 이런 두려움을 어떻게 해야 할까요? 벤자빈 하디는『최고의 변화는 어떻게 만들어지는가』(Personality Isn't Permanent)에서 나를 괴롭히는 트라우마에서 벗어나는 방법 3가지를 말합니다. 첫째, 내 안에 진짜 두려움을 마주하라고 합니다. 두려움은 피하지 말고 진짜 두려워하는 것을 마주하라는 것이죠. 정체를 알아야 하기 때문입니다. 둘째, 불안정한 첫 감정에서 빠져나오라고 말합니다. 실수나 고통스러운 경험에 최대한 덜 붙어 있어야 탈출할 수 있다는 것입니다. 마지막 셋째, 나를 위해 모이는 팀 만들기를 하라고 조언합니다. 트라우마 연구자 '피터 레빈'의 말을 인용하면서 "트라우마는 우리에게 일어난 일이 아니라 공감해 주는 증인의 부재로 우리가 속에 품는 것이다."라고 하며, 우리를 공감해 줄 사람이 있다면 트라우마를 극복할 수 있다고 합니다. 좋은 해결책입니다. 사실 우리는 우리가 무엇을 두려워하는지 헷갈리면서 살 때가 많습니다. 수많은 감정의 다발에 파묻혀 감정 돌리기를 하지 않습니까? 슬픔에서 분노로, 미움에서 시기로 수없이 되돌아갑니다. 그렇다 보니 가장 가까운 부부와 부모와 자녀 사이에도 공감이 없습니다.

하지만 하디의 이런 해결은 어느 정도 도움을 받을 수 있지만, 근본적인 답이 될 수는 없습니다. 오히려 완벽한 해결의 추구에서 벗어나야 한다는 강박에서 벗어나야 해결받을 수 있습니다. 형들은 자신들의 안위를 위해서 거짓을 사용하여 평안을 확보하려고 했습니다. 아버지가 죽어 버린 현재, 아버지가 자신들의 방패가 되지 못하는 이상, 자신들의 안전 보장에 쐐기를 박으려고 하지요. 아버지와 요셉의 마지막 말이 무엇이었는지를 모르기 때문입니다. 그렇지만 요셉은 형들의 말이 거짓이라는 것을 알고 있습니다. 이 장면은 우리가 현재의 문제를 해결하려고 동원하는 여러 가지 기재들이 거짓에 휘둘릴 수 있다는 것을 보여 줍니다. 형들은 은혜를 받았어도 여전히 넘어질 수 있고, 좌절될 수 있음을 알고 하나님을 의지하는 방식으로 가야 합니다. 요셉이 이야기하지 않습니까? "내가 하나님을 대신하리까"(19절). 형들에게 두려움은 변하지 않는 현실입니다. 요셉을 볼 때마다 두려움이 떠오를지 모릅니다. 우리의 트라우마는 언제든 작동합니다. 문제가 더 심각한 경우는, 내 안에 있는 '저항'의 힘이 거셀 때입니다. 내가 고통으로부터, 부정적 경험에서 벗어나려고 할 때마다 새로운 도전을 하지 못하게 하는 내 안의 거센 저항 말입니다. 내가 큰 은혜를 받아서, 미워하는 사람을 그리스도의 은혜로 용서한다고 할지라도, 그가 또 미운 짓을 하면 내 안에 있는 미움의 마음이 크게 자리를 잡습니다. 우리 안에 용서의 힘보다 미움의 저항이 거셉니다. 하지만 이런 우리의 마음은 정상입니다. 형들이 아무리 변화되었다고 할지라도, 선한 양심으로 향하여 가더라도, 요셉의 행동이 모두 좋아 보였을 리 없지 않습니까? 요셉 총리는 위기의 시대에 영웅이지만, 평화의 시기에 통제자일 뿐입니다. 이처럼 우리는 다른 사람뿐만 아니라 우리의 마음을 완전히 조절하거나 통제할 수 없습니다.

요셉과 형들의 결정적 차이

우리의 과거는 없어지지 않습니다. 과거의 경험은 현재의 우리를 괴롭힐 수 있습니다. 하지만 미래는 재해석이 가능합니다. 왜냐하면, 하나님께서 자기 자녀를 향한 돌보심을 쉬지 않으시기 때문입니다. 하나님께서 우리의 과거와 현재와 미래의 모든 일상을 통제하시고 펼쳐 가시기 때문입니다. 그래서 아버지의 슬픔을 대하는 요셉과 형들의 결정적 차이가 생깁니다. 바로 '기쁨'입니다. 요셉은 사랑하는 아버지와 헤어짐의 슬픔 가운데 있었지만, 하나님의 나라로 떠나가는 아버지를 보고 있기에 기쁨을 잊어버리지 않았습니다. 하나님의 넓은 돌보심의 품을 알기에 울지 않았습니다. 요셉은 아버지를 먼저 보내며 구푸려 입을 맞추고 다시 만날 날을 기약하며 안녕했습니다. 자기 자신도 아버지의 하나님, 우리 조상의 하나님께서 함께하시사 이 땅의 모든 환난에서 건지시고 돌보실 뿐 아니라, 약속의 땅으로 반드시 이끄실 것을 믿었기 때문입니다(48:15-21).

반면에 형들은 아버지를 잃고 기쁨 대신에 큰 두려움에 휩싸입니다. 이것이 요셉과 형들의 결정적 차이입니다. 우리가 그리스도를 통한 용납과 용서의 은혜를 받았다면, 삶의 무게와 현실의 고통으로 인한 슬픔의 터널을 지날 수는 있어도 기쁨을 빼앗기지는 않습니다. 터널의 끝에 또 다른 안개가 끼어서 보이지 않을지라도 여전히 빛은 비추기 때문입니다. 우리는 하나님께서 요셉을 통해 형들에게 주신 말씀이 우리에게 주신 말씀임을 기억해야 합니다.

> 당신들은 나를 해하려 하였으나 하나님은 그것을 선으로 바꾸사 오늘과 같이 많은 백성의 생명을 구원하게 하시려 하셨나니 당신들은 두려워하지 마소서 내가 당신들과 당신들의 자녀를 기르리이다(돌보리다) 하고 그들을 간곡한 말로 위로하였더라 _ 창 50:20-21

형들이 요셉에게 범한 과거의 죄는 없어지지 않습니다. 형들이 지은 죄에 대한 대가로 현재가 괴로울 수 있습니다. 하지만 하나님께서는 이 모든 것을 합력하여 선을 이루시는 분입니다. 그러므로 우리는 우리의 모든 고통을 포함해서까지 모든 것을 선으로 이루시는 하나님을 의지해야 합니다. 그리스도의 은혜 가운데 있는 우리는 불쑥 일어나는 두려움이라는 나의 감정의 소용돌이에 휘말리지 않고 하나님의 돌보심을 확신하며, 모든 관계의 회복이 하나님 안에 있음을 신뢰해야 합니다. 나 자신의 문제를 완벽히 해결하기 위해서 고통에 휘말리지 말고, 이 땅에서 우리의 고통이 완벽하게 회복되지 않음을 통해 더욱 하나님의 나라를 소망해야 할 것입니다. 그리고 모든 문제는 하나님의 손에 달려 있음을 믿어야 합니다.

야곱의 죽음과 요셉의 죽음

약속 안에서 과거와 현재와 미래가 하나가 됨

요셉이 형들에게 간곡한 말로 위로하면서 하나님의 돌보심을 이야기한 장면은 요셉의 장례를 통해 더 극대화됩니다. 창세기 마지막 50장은 야곱과 요셉의 죽음 이야기로 마무리되는데 야곱과 달리 요셉의 장례는 입관으로 끝이 납니다. 이것은 우리에게 의문으로 다가옵니다. 왜 야곱과 달리 요셉은 약속의 땅으로 가지 않고, 애굽에서 입관하는 것으로 끝나는가? 야곱은 47장부터 가나안 땅인 조상의 묘지에 자신을 묻어 주기로 맹세시키고, 유언으로 신신당부했던 것을 지키는 것을 보여 줬습니다. 마찬가지로 요셉도 야곱의 장자권을 이은 자로서 24-25절에 애굽이 나의 매장지가 아님을 분명히 했지만, 26절을 보면 요셉의 장사는 뒤로 미뤄지고 애굽에 입관하여 마무리됩니다. 이것이 바로, 우리를 돌보시는 하나님의 놀라운 사랑입니다.

야곱의 장례를 마치고 자신들의 방패가 사라졌다는 현실을 마주한 형들이 두려움에 떨었습니다. 마찬가지로 요셉을 잃은 가족은 사회적으로 그들의 보호자인 요셉의 죽음 자체가 엄청난 두려움이었습니다. 자신들은 애굽인이 가증스럽게 여기는 목축업을 하고 있을 뿐 아니라 자신들만의 독특한 문화를 만들어 분리되어 생활함으로 인한 시기와 도전이 있었을 것이 분명했기 때문입니다. 나중에 요셉을 알지 못하는 왕이 일어났을 때, 우려가 현실이 되지 않습니까?

이스라엘 자손은 생육하고 불어나 번성하고 매우 강하여 온 땅에 가득하게 되었더라 요셉을 알지 못하는 새 왕이 일어나 애굽을 다스리더니 그가 그 백성에게 이르되 이 백성 이스라엘 자손이 우리보다 많고 강하도다 자, 우리가 그들에게 대하여 지혜롭게 하자 두렵건대 그들이 더 많게 되면 전쟁이 일어날 때에 우리 대적과 합하여 우리와 싸우고 이 땅에서 나갈까 하노라 하고 _ 출 1:7-10

하나님께서 조상들에게 주신 약속처럼 생육하고 번성하는 축복을 한없이 주셔서 애굽 사람에게 시기와 질투의 대상이 됩니다. 이런 예상되는 문제 앞에 요셉의 죽음은 두려움일 수밖에 없습니다.

하나님께서는 우리의 자연스러운 염려를 알고 계셨습니다. 그래서 요셉을 통해 그들이 하나님의 돌보심을 확신하도록 요셉을 애굽에 남겨 두신 것입니다. 야곱의 죽음과 장례 행렬을 통해서 영원한 하늘나라를 소망하며 다시 오실 영광스러운 부활하신 주님의 개선 장면을 보여 주셨다면, 요셉의 죽음을 통해서는 우리를 고아와 같이 내버려 두지 않고 끝까지 돌보시고 함께하시는 하나님의 선하신 손길을 보여 주신 것입니다. 이런 하나님을 잘 알고 있던 요셉은 자기 죽음 앞에서 다음과 같이 확신하며 말합니다. "요셉이 그의 형제들에게 이르되 나는 죽을 것이나 하나님이 당신들을 돌보시고 당신들을 이 땅에서 인도하여 내사 아브라함과 이삭과 야곱에게 맹세하신 땅에 이르게 하시리라 하고"(24절). 요셉은 힘주어 말합니다. "하나님께서 반드시 당신들을 돌보실 것입니다." 25절도 반복합니다. "하나님이 반드시 당신들을 돌보시리니"(50:25) 하나님께서는 당신의 약속 안에서 과거와 현재와 미래가 하나 되고 있음을 선언하고 있습니다.

지금 요셉은 언약의 하나님을 믿는 믿음 안에 있습니다. 요셉은 이 믿음 안에서 현재를 살아가는 자녀들에게, 그리고 오늘 우리에게 말씀하고 있습니다. "하나님은 당신의 백성을 돌보신다." 하나님께서 자신의 증조할아버지인 아브라함에게 하신 언약을 통해 말씀하시기를 후손들이 430년이 지나면 약속의 땅인 가나안으로 돌아오게 될 것이고, 자신은 해골이 되어서라도 이 언약에 동참할 것이라는 믿음 말입니다. 그러므로 요셉이 애굽에 입관되는 것은 장례의 끝이 아닙니다. 하나님께서 조상에게 주신 언약을 반드시 기억하시고 돌보시기에 자기 해골을 반드시 가나안으로 미래의 후손들과 함께 행진하며 입성할 것입니다. 그리고 실제로 미래의 역사는 오늘 요셉의 믿음으로 성취됩니다. 출애굽기 13장 18-19절을 봅시다.

그러므로 하나님이 홍해의 광야 길로 돌려 백성을 인도하시매 이스라엘 자손이 애굽 땅에서 대열을 지어 나올 때에 모세가 요셉의 유골을 가졌으니 이는 요셉이 이스라엘 자손으로 단단히 맹세하게 하여 이르기를 하나님이 반드시 너희를 찾아오시리니 너희는 내 유골을 여기서 가지고 나가라 하였음이라 _ 출 13:18-19

그리고 정말로 요셉의 해골은 가나안에 들어갑니다. 여호수아

24장 32절입니다.

> 이스라엘 자손이 애굽에서 이끌어 낸 요셉의 뼈를 세겜에 장사하였
> 으니 이곳은 야곱이 세겜의 아비 하몰의 자손에게 금 일백 개를 주고
> 산 땅이라 그것이 요셉 자손의 기업이 되었더라 _ 수 24:32

하나님께서는 창세기 50장의 마지막을 통해서 오늘 우리에게 요셉의 믿음 안에서 확신을 주시고, 같은 언약을 받은 자로서의 믿음을 요구하고 있습니다.

사랑하는 여러분! 하나님께서는 자신의 언약으로 우리를 돌보십니다. 하나님께서는 우리가 어떤 상황에 있더라도 이 믿음으로 살아가라고 하십니다. 하나님이 돌보신다는 말은 방문하신다는 말, 기른다는 말로 다시 번역할 수 있습니다. 하나님께서는 우리를 어떤 경우에라도 나 몰라라 내버려 두지 않으시고, 어떤 상태에 있는지 파악하기 위해 심방하시고 돌보신다는 말입니다. 여러분! 돌봄의 가장 큰 힘은 함께하는 것입니다. 고통받는 사람들 곁에서 계속 같이 있는 것입니다. 그래서 애굽에 남아 있는 이스라엘 민족에게 요셉의 시신은 하나님의 돌보심 역할을 합니다. 그 뒤로 하나님의 돌보심은 쉼이 없었습니다. 출애굽 한 백성에게는 구름 기둥과 불 기둥으로, 성막을 통해서 함께하시며 돌보셨습니다. 다윗 왕을 통해서, 성전을 통해서, 선지자를 통해서 말씀으로 우리와 함께하셨습니다. 그리고 드디어 약속된 예수 그리스도께서 이 땅에 오심으로 임마누엘로서 직접 돌보시고, 부활 승천하신 이후에는 보혜

사 성령을 통해 우리를 돌보고 계십니다. 그러므로 하나님께서는 반드시 언약 백성인 우리를 돌보십니다.

결론

하나님의 돌보심

우리는 요셉과 그의 형제들의 마지막을 살피며 야곱의 죽음을 슬퍼하는 사람들과 두려워하는 사람들의 모습, 그리고 야곱과 요셉의 죽음의 차이를 통해서 하나님의 돌보심을 확인했습니다. 하나님께서는 우리를, 이 땅의 삶이 끝이 아니고 사망 권세를 이기고 다시 사신 그리스도를 좇아 영원한 하나님 나라를 소망하는 존재로 부르셨습니다. 하지만 영원한 하나님의 나라는 지금 바로 즉시 누리지 못합니다. 이 땅에서 가난과 질병, 멸시, 천대, 눈물, 고통, 두려움 등의 현실을 통과하고 가게 됩니다. 이 모든 것은 우리를 절망과 혼돈 가운데 믿음의 길이 아닌 불신과 두려움의 길을 걷게 합니다. 때로는 믿음의 길을 걸어가나 요셉의 형들처럼 죄책감으로 절뚝거릴 수 있습니다. 하나님의 위대한 용서가 있음에도 불구하고 여전히 확신하지 못하여 용서의 깊은 능력과 자유로움과 기쁨의 삶이 되지 못할 수 있습니다. 그리스도 안에서 하나님의 무한한 자비와 은혜를 받아들이지 못할 뿐 아니라, 죽음의 공포 가운데 희망과 평화의 유일한 근원인 그리스도의 죽음과 부활에 의존한 채, 우리 자신이 용서를 얻으려고 계속 노력하는 실수를 할 수 있습니다. 그래서 하나님께서는 오늘 창세기의 마지막을 통해서 우리에게 다시금 당신의 약속을 분명하게 확신시키시고, 우리를 향한 하나님 아버지가 주신 약속의 신실함을 확증하고 있습니다.

우리의 현실 속에 있는 모든 일에 슬퍼하고, 애곡하고, 두려워하고, 힘들어하는 마음이 사라지고, 하나님의 언약으로 말미암은 돌보심을 현실 속에서뿐 아니라 앞으로의 세상에서도 충분히 누리게 될 때가 있을 것입니다. 언제일까요? 요한계시록 21장 3-4절입니다.

내가 들으니 보좌에서 큰 음성이 나서 가로되 보라 하나님의 장막이
사람들과 함께 있으매 하나님이 그들과 함께 계시리니 그들은 하나
님의 백성이 되고 하나님은 친히 그들과 함께 계셔서 모든 눈물을 그
눈에서 닦아주시니 다시는 사망이 없고 애통하는 것이나 곡하는 것
이나 아픈 것이 다시 있지 아니하리니 처음 것들이 다 지나갔음이러
라 _ 계 21:3-4

여기에 다 있습니다. 지금까지 우리가 요셉과 그의 형제들을 통해 살펴본 하나님의 언약, 돌보심, 죽음의 승리, 아픔의 어려움 등등. 이것이 우리에게 주어진 실재입니다. 성령님께서 우리 주 예수 그리스도를 통해 우리에게 주신 것입니다.

존 오웬의 *Death of death in the death of Christ*라는 책이 있습니다. 우리 주 예수 그리스도의 죽음 안에서 죽음의 죽음입니다. 예수 그리스도의 사랑의 능력과 공의의 능력, 화해의 십자가 사역으로, 무

한하신 은혜와 자비 가운데 베푸시는 힘의 능력 가운데 모든 것이 죽어 버린다는 말입니다. 그리고 그리스도 안에서 모든 것이 다시 시작됩니다. 야곱의 죽음이, 요셉의 죽음이, 우리의 죽음이 사망으로 끝나는 것이 아니라 하나님의 약속하신 곳에서 잔치가 될 것이기 때문입니다. 그래서 우리에게 다시는 애통함이나 두려움이나 아픔이 없는 하나님 나라가 주어집니다. 우리는 믿음으로 그 나라를 소망하고 기대하며 오늘을 밟고 설 수 있습니다. 하나님께서는 반드시 당신의 직분자를 통해서 우리를 직분자로 삼으셔서 언약 공동체인 우리를 돌보실 것입니다. 이 확신 가운데, 이 약속 가운데 믿음의 승리가 우리 삶 속에 가득하기를 바랍니다.

저자 조약돌 목사

저자는 교사의 꿈을 품었으나 목사로 부름을 받았다. 고려신학대학원에서 목회자 훈련을 받았으며, 교회사를 전공하여 신학 석사를 마쳤다. 사도들을 통하여 교회 역사에 바르게 전해진 교리 위에 교회 세움을 소원하면서 경기도 평택에 고덕장로교회를 개척하여 즐겁고 행복한 신앙생활을 하고 있다.

저자는 쉬운 일상의 언어를 가지고 기독교 교리를 바탕으로 올바른 성경 해석 가운데 설교하는 목사가 되는 엄청난 꿈을 가지고 있다. 복음이 주는 자유와 기쁨을 만끽하도록 언약의 자녀들을 교육하고 훈련하는 일과 교회 됨의 뿌리인 역사적 신앙고백과 요리문답, 예배모범, 교회정치에 관심이 많다.

저서로는 『하나님이 내 기도를 들으실까』(좋은씨앗)와 공저로 참여한 『가슴 뛰는 교리교육 현장보고서』(지평서원)가 있다.

이메일_ pebble722@gmail.com